dumont taschenbücher

Hermann Leber, geb. 1941 in Ludwigshafen a. Rh. Studium der Kunstpädagogik, Kunstgeschichte, Philosophie und Pädagogik in Mainz und Braunschweig. 1967 Meisterschüler bei Prof. E. Cimiotti. Seit 1967 zahlreiche Ausstellungen. 1971 Studienrat, 1975 Wissenschaftlicher Assistent an der Pädagogischen Hochschule Hildesheim. 1976 Hochschuldozent für das Fach Bildende Kunst an der Pädagogischen Hochschule Hildesheim. 1980 Professor für Bildende Kunst an der Hochschule Hildesheim, 1981 Ordinarius für Kunsterziehung an der Universität Regensburg. Publikationen u. a.: Delacroix als Erzieher, in: Zeitschrift für Kunstpädagogik, 5/73; Vom Nutzen der Betrachtung der Vergangenheit für die Aufgaben der Gegenwart, in: Zeitschrift für Kunstpädagogik, 2/75; Ein Unterrichtsbeispiel über den Terrassentempel der Königin Hatschepsut, in: Festschrift für E. Straßner, Göttingen 1975; Das Aquarell – Technik und Analyse künstlerischer Methoden, in: Malen lernen, Köln 1975 (DuMont Taschenbücher, Bd. 30); Zur Freiheit und Ordnung in der Kunst, in: Hildesheimer Beiträge zu den Erziehungs- und Sozialwissenschaften, Hildesheim/New York 1978; Der Beitrag der Kunstgeschichte zur Erfüllung von Bildungs- und Erziehungsaufgaben des Faches Bildende Kunst, in: Hochschuldidaktik der Kunstpädagogik, München 1978; Aquarellieren lernen, Köln 1980 (DuMont Taschenbücher, Bd. 91); Sehen lernen durch Kunstbetrachtung, Hildesheim/New York 1981.

Jutta Brüdern, geb. 1940 in Braunschweig. Schule für Frauenberufe. Ausbildung zur Fotomeisterin (1972). Seit 1968 am Lehrstuhl für Kunstgeschichte der Technischen Universität Braunschweig (Schwerpunkte: Sächsische Architektur der Romanik und Gotik, Bauplastik). Reproduktive Mitarbeit an: Gerd Selle, Die Geschichte des Design in Deutschland von 1870 bis heute, Köln 1978 (DuMont). Mitarbeit an: Dorn, Mittelalterliche Kirchen in Braunschweig, Hameln 1978.

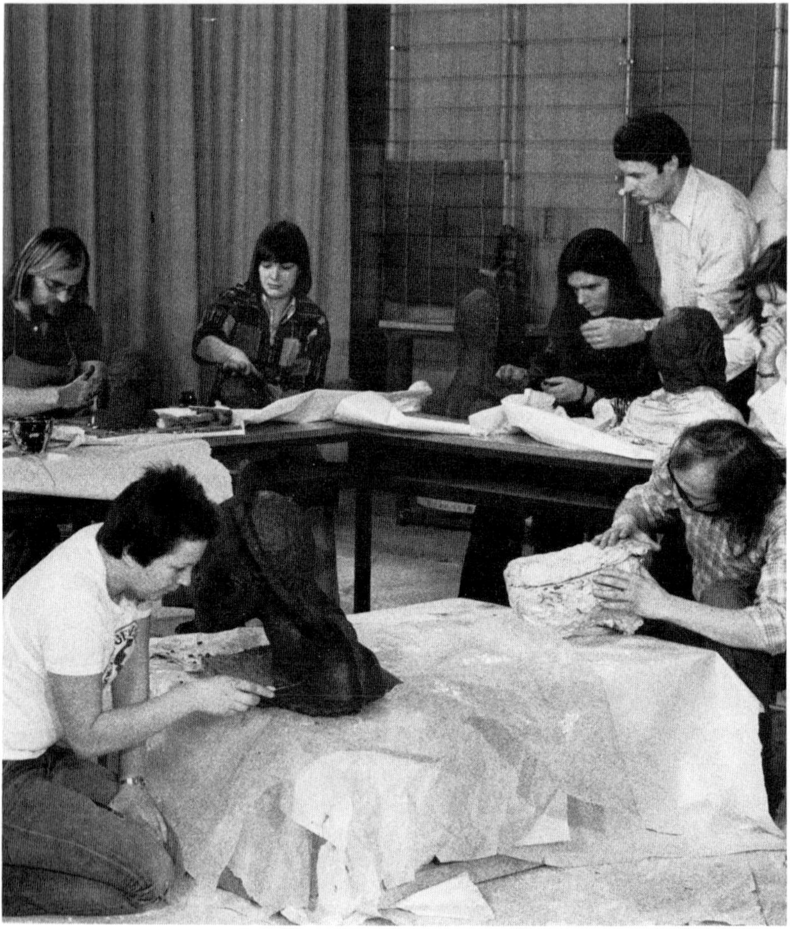

Beim Modellieren

Hermann Leber

Plastisches Gestalten

Technische und künstlerische Grundlagen

Werkfotos von Jutta Brüdern

DuMont Buchverlag Köln

CIP-Kurztitelaufnahme der Deutschen Bibliothek

Leber, Hermann:
Plastisches Gestalten: techn. u. künstler. Grundlagen / Hermann Leber. Werkfotos von Jutta Brüdern. – Erstveröff. – Köln: DuMont, 1979.
(DuMont-Taschenbücher; 84)
ISBN 3-7701-1070-6
NE: Brüdern, Jutta:

Erstveröffentlichung

Druck und buchbinderische Verarbeitung: Boss-Druck, Kleve

Printed in Germany ISBN 3-7701-1070-6

Inhalt

Vorwort

Dem kritischen Beobachter der gegenwärtigen Tendenzen zur Errichtung von Hochschulstudiengängen in Kulturpädagogik, Ästhetischer Erziehung, Museumspädagogik oder gar Freizeitpädagogik mag es so scheinen, als sei nach langen Jahren des eifrigen Bereitstellens immer neuer Lebensgüter und ihres hemmungslosen Konsums jetzt die Stunde gekommen, die innere Öde des Bundesbürgers und das Übermaß seiner unbewältigten Freizeit mit dem Luxus des sogenannten »Ästhetischen« angenehm zu verbrämen.

So zweifelhaft es auch uns ist, ob die bundesweite Neigung zur »Kultur« immer in der Sorge um das produktive Wesen des Menschen ihren Grund hat, so bedeutet doch das gebannte Starren auf die Möglichkeiten des Mißbrauchs Blindheit gegenüber der uns eigentlich angehenden Seite der Medaille, nämlich der Besinnung auf das schöpferische Wesen des Menschen.

Dieser zweiten Seite fühlt sich das vorliegende Buch verpflichtet. Die an uns alle gerichteten Mahnungen der neuzeitlichen Philosophie, wie wir sie durch Marx, Nietzsche und Heidegger kennen, fordern die Wiedergewinnung des schöpferischen Menschen. Die Erkenntnis des zunehmenden Überhangs an Reproduktivem und die daraus folgende Entfremdung des Menschen von seinem produktiven schöpferischen Wesen, die Einsicht in den Verlust jeglicher Maßstabgebundenheit und die Einsicht in die ständig wachsende Determiniertheit des Menschen durch die Technik fordern die Besinnung auf das hervorbringende Wesen des Menschen gerade heute dringender denn je.

Das Schöpferische ist weder die private Angelegenheit weniger durch Beruf oder soziale Bedingung Auserlesener noch nur die Sache der Jahre der Kindheit oder Schulzeit. So dankbar die gesicherten Erkenntnisse der modernen Entwicklungspsychologie (Piaget, Nickel, Montessori, Ljublinskaja, Lörf u. a.) über die Bedeutung praktischer, besonders taktilmotorischer Erfahrungen für den Zusammenhang von Wahrnehmungsdifferenzierung, Spracherwerb und Entwicklung des Gesamtvermögens der kognitiven Leistungen bei Kindern anerkannt wird, so wenig darf außer acht gelassen werden, daß Entwicklung auch während des ganzen menschlichen Lebens nicht nur erlitten, sondern Ergebnis aktiver Auseinandersetzung im handelnden Umgang mit den Dingen ist.

Entsprechend diesen Grundsätzen will daher die vorliegende Einführung in die *technē* – in das Handelnde-sich-Auskennen – im Bereich des Plastischen Gestaltens keineswegs nur dem Studierenden der Bildhauerei Hilfe bieten, sondern sie will allgemein den Lernenden und Lehrenden künstlerischer und erzieherischer Fachrichtungen zur Auseinandersetzung anregen. Der Laie, der die Lust zum bildnerischen Ausdruck mitbringt, ist ebenso angesprochen wie der zukünftige Handwerker als Former in einer Gießerei oder als Steinmetz in einer Werkstatt. Lediglich dem Spezialisten kann außer gezielten Hinweisen auf weiterführende Literatur wenig Neues geboten werden. Hier findet das vorliegende Buch seine Grenze an einer Fülle vorhandener Spezialuntersuchungen, die allerdings weniger den Fragen des künstlerisch Gestaltenden als denen des Ingenieurs, Chemikers oder Physikers Antwort geben.

Die vorliegende Einführung in das Plastische Gestalten richtet ihr Interesse *zum einen auf die Darstellung der grundlegenden technischen Verfahren in den wichtigsten Gebieten der Plastik und der Bildhauerei.* (Lediglich die Holzbildhauerei ist ausgeschlossen. Hierzu verweisen wir auf das im DuMont Verlag erschienene Taschenbuch »Gestalten mit Holz« von Heinrich Hüning.)

Aufgrund eigener langer Erfahrung als Plastiker und Bildhauer und auch als Lehrer des Faches Bildende Kunst ist es dem Verfasser möglich, so genaue Beschreibung der einzelnen technischen Verfahren zu geben, daß jeder Interessierte danach erfolgreich arbeiten kann. Als besonders glückliche Bedingung kommt diesem Unternehmen zugute, daß es möglich war, in freundschaftlicher Zusammenarbeit mit der Fotomeisterin Jutta Brüdern vom Kunstgeschichtlichen Institut in Braunschweig fast alle Verfahren im Entstehungsprozeß fotografisch festzuhalten. Die für die alleinige Beschreibung mit Worten häufig zu komplizierten technischen Abläufe finden so durch zahlreiche, zweifelsfrei verdeutlichende Bilder zusätzliche Erklärung.

Die zweite Seite, auf deren Verdeutlichung unser Buch zielt, ist *die Darstellung von grundlegenden Problemen der Gestaltung.* Die Einführung in bestimmte Techniken sollte immer den Weg zur Gestaltung mitbedenken. Soweit der Umfang des Buches es erlaubte, wurde deshalb der Zusammenhang zwischen technischem Prozeß und künstlerischer Methode ungetrennt gelassen. In dem ersten Hauptkapitel, das die Entstehung eines Tonmodells schildert, werden entsprechende Grundfragen der Gestaltung am allgemein bedeutenden Thema »Menschlicher Kopf« in unmittelbarem Zusammenhang mit der Beschreibung der technischen Vorgänge erörtert. Der Vergleich bedeutender Darstellungen des »Menschlichen Kopfes« aus Vergangenheit und Gegenwart der Kunst führt in die gerade heute wieder aktuellen Fragen nach der *Nachahmung der Natur durch die Kunst und nach der Einheit des Kunstwerks.* In den beiden anschließenden Kapiteln folgt die exakte Beschreibung der verschiedenen Gußverfahren (Gipsguß, Betonguß, Bleiguß, Polyesterguß, Siliconguß, Wachsguß, Bronzeguß), die zur endgültigen Realisierung der künstlerischen Arbeit des Plastikers dienen können. Das Abschlußkapitel ist den Techniken des Skulptierens (Arbeit mit Ytong, Speckstein, Kalkstein, Sandstein, Marmor und Granit) gewidmet. Im Zusammenhang mit der Darstellung der künstlerischen Methoden der antiken Bildhauer, Michelangelos und Rodins wird Einblick in die Wandlungen und in das Gleichbleibende der künstlerischen und technischen Aufgaben und Probleme der Bildhauerei zu geben versucht.

Obwohl alle Kapitel in sich abgeschlossen sind, glauben wir doch, durch einen systematischen Aufbau der gesamten Darstellung, die vom Einfachen zum Schwierigen aufsteigt, allen Interessierten die größte Hilfe zu geben zu einer Arbeit, die als schöpferische Tätigkeit zwar durch die Freiheit von äußeren Zwecken gekennzeichnet, aber gerade deshalb nicht ohne Ernst ist.

Hermann Leber

I Die Entstehung eines Tonmodells

Die Notwendigkeit von Grundsätzen für die Tätigkeit des Gestaltenden

Betrachtet man den Wandel der Anleitungen, Kenntnisse, Vorstellungsarten, Grundsätze und Theorien allein zur Bildenden Kunst des 20. Jahrhunderts, so scheint fast nichts festzustehen außer dem ziemlich gleichbleibenden Ziel aller künstlerisch Tätigen: Jeder will ein guter Künstler sein oder werden. Die Mittel aber, durch die man zu diesem Ziel gelangt, sind umstritten.

Um hier nicht zum Spielball zufällig herrschender Neigungen oder Abneigungen zu werden, bedarf es klarer Grundsätze. Damit die eigene Willkür bei der Aufstellung solcher Grundsätze nicht zum Maßstab höchster Werke der Kunst, sondern möglichst verhindert wird, muß versucht werden, ob sich die an alten und jüngeren Kunstwerken und Theorien erfahrenen Grundsätze bei der Beurteilung neuer Werke bewähren, die ja durch ihre Verflochtenheit mit persönlichen Verhältnissen naturgemäß am schwersten zu würdigen sind. Besonders wichtig ist uns diese Einschränkung bei der Darlegung des die gesamte Kunstgeschichte vielfältig bestimmenden Verhältnisses von Natur und Kunst, das seit dem 19. Jahrhundert besonderem Mißverständnis ausgesetzt, gerade heute wieder die Gemüter erhitzt und den alten Streit »abstrakt« oder »gegenständlich« neu entfacht. Aber auch bei sehr viel einfacheren Problemen spielt die Frage der Grundsätze eine Rolle.

Herrschaft des Materials oder Vorrang der Gestaltung?

Es ist noch nicht sehr lange her, daß die sogenannte »Materialgerechtigkeit« als ein oberster Maßstab für die Beurteilung einer Plastik galt. Selbst ein so bedeutender Bildhauer wie Henry Moore schreibt dazu 1930, also im Alter von 32 Jahren: ». . . So wurde der Bildhauer zu der Erkenntnis seines Materials befreit, und das *direkte Behauen* ermöglichte ihm, in seinem Material zu denken und aus diesem heraus zu gestalten. So gelangte er zu einem Einverständnis mit dem Material, ohne dessen Struktureigentümlichkeiten zu verfälschen und damit zu schwächen. *Es wurde ihm bewußt, daß eine Steinskulptur redlich dem Stein gleichen müsse, daß der Versuch, sie wie ein Wesen aus Fleisch und Blut aussehen zu lassen, mit Haaren und Grübchen, den Bildhauer auf das Niveau eines Taschenspielers herabdrückt.*« (S. 35 – Hervorhebungen vom Verfasser)

So verständlich die hier vorgetragene historisch bedingte Abwehr einer nur noch die Außenhaut der Dinge nachmachenden naturalistischen Kunst sein mag, so unhaltbar ist sie. Indem man die Struktur des Materials, des Stoffes an die Stelle des erfindenden Künstlers setzt, behebt man nicht die Schwäche einer Kunst, der sich die Natur entgeistigt hat. Richtig ist aber andererseits, daß der Künstler nicht ungestraft gegen die Gesetze des Materials verstoßen wird. Die dichte und glänzende Oberfläche von Bronze bildet zum Beispiel Formen viel deutlicher für das Auge erkennbar ab als die Oberfläche von Sandstein. Bronze muß also zu anderen Zwecken verwendet werden als der stumpfe Stein, sonst kann das beste Werk nicht zur Wirkung gelangen.

Welcher Grundsatz herrscht nun zu Recht? Ist die Materialgerechtigkeit das entscheidende Kriterium oder soll der Künstler dem Stoff das Gesetz aufdrücken? Es ist schön, daß von Henry Moore 1951 selbst an anderer Stelle seiner Schriften die zunächst verkehrte Ordnung der Dinge wiederhergestellt worden ist: »Vor dreißig Jahren, als ich meine ersten Skulpturen schuf, war es notwendig, die Lehre von der Materialgerechtigkeit zu verfechten (d. h. die *Notwendigkeit des direkten Arbeitens in Stein und die Berücksichtigung des jeweiligen Materialcharakters*). Damals neigte mancher von uns dazu, daraus einen Fetisch zu machen. Ich glaube immer noch an die Wichtigkeit dieser Doktrin, doch sollte sie kein Kriterium für den Wert einer Arbeit bilden – sonst käme man dazu, den Schneemann eines Kindes auf Kosten Rodins oder Berninis zu loben. *Das strenge Befolgen der Doktrin bringt den Bildhauer unter die Herrschaft des Materials. Der Bildhauer sollte der Meister des Materials sein, jedoch kein harter Meister.*« (S. 53 – Hervorhebungen vom Verfasser)

Wie steht es mit der »Doktrin« des *direkten Behauens des Steins,* diesem zweiten, bei Moore betonten Grundsatz, der in unmittelbarem Zusammenhang steht mit der jetzt zu stellenden Frage: Soll der Anfänger im Bereich des Plastischen Gestaltens mit der Bearbeitung eines Steins oder mit dem Modellieren in Ton beginnen? Wiederum läßt sich das Postulat des direkten Behauens des Steins von verschiedenen Seiten betrachten. Der kleinliche Neid der florentinischen Bildhauerkollegen Michelangelos, der in dem Vorwurf gipfelte, Michelangelo mache die Modelle seiner Figuren klein, damit kein anderer danach arbeiten könne, ist bekannt und läßt darauf schließen, daß hier ein altes Postulat neu erhoben wird. Das Herstellen einer exakten Modellvorlage, das die schöpferische Arbeit des Bildhauers zur stumpfsinningen Reproduktion derselben Sache, nur in anderem Material, herabsetzt, ist der Punkt der Verkommenheit, dem Moore mit seiner »Doktrin« begegnen will. Damit berührt Moore eine Hauptachse der Begründung eigenen plastischen Gestaltens. Das unmittelbare Erleben des Zusammenhangs von Ursache und Wirkung, die lebendige, selbsterlebte Erfahrung und nicht erst die durch ein dazwischengeschaltetes Medium vermittelte oder verstellte »Erfahrung« mit einem Gegenstand, einem Problem oder einem Material ist in den vielfältigen Situationen heutigen Lebens so rar geworden, daß die Rede von der Entfremdung des modernen Menschen sich nicht erst im Zusammenhang mit dem häufig zitierten Fließbandarbeiter erweisen ließe. Die lebendige, unverstellte Begegnung mit den Dingen muß allein von daher als ein anzustrebender Wert gelten. Aber läßt sich die Antwort auf unsere Frage nach dem richtigen Anfangsmaterial daraus ableiten? Zunächst läßt sich leicht vorstellen, daß die sinnlichen Erfahrungen bei der Arbeit mit Stein, das Erfahren des Widerstandes der spröden Materie, das Erlebnis der eigenen Anstrengung beim Erringen der Form eine so erhebliche Intensität besitzen, daß es verständlich scheint, wenn manche Bildhauer alles übrige Material lediglich als unvollkommenen Ersatz gelten lassen. Der Liebhaber des weichen Tons könnte dagegen einwenden, daß die Intensität des plastischen Urerlebnisses beim Verformen eines Klumpens Ton durch die vielfältigen Tätigkeiten des Hineindrückens, Herauswölbens, Zusammenquetschens, Schlagens, die ja alle als bleibende oder wieder austilgbare Spur der arbeitenden Hand unmittelbar erlebt und wahrgenommen werden, mit nichts zu vergleichen sind.

Es sieht so aus, als sei der Grundsatz der Unmittelbarkeit der Bearbeitung des Materials nicht die Instanz, von der unsere Frage nach dem Anfangsmaterial entschieden werden kann; denn beide Materialien und viele andere auch, besitzen starken Aufforderungscharakter. Auch in diesem Fall muß von anderer Warte entschieden werden und das ist wieder diejenige der Gestaltung, denn die sinnliche Erfahrung ist eine notwendige Bedingung sowohl des Kunsthervorbringens als auch des Kunstverstehens, aber sie ist nicht das herrschende Prinzip. Derjenige Künstler, der die sinnliche Erfahrung zum höchsten Ziel erhebt, wird unter die Herrschaft des Materials geraten, ebenso wie dasjenige Kunstwerk, das zu den Sinnen nicht klar spricht auch nicht rein zum Geist reden wird. Ziehen wir das Fazit: Die Arbeit am Stein erfordert ein hohes Maß an Erfahrung im Gestalterischen, abgesehen von notwendiger Kraft und Ausdauer. Wenn es um mehr geht als um das Ausprobieren des Materials, sollte die Steinarbeit nicht am Anfang der Arbeit im Bereich des Plastischen stehen. Die Bildhauerstudenten der ersten Semester, die man bei einer Rundreise zu den Kunstakademien Deutschlands dabei beobachten kann, wie sie möglichst ohne Modell einen möglichst großen Stein behauen, pervertieren im Genuß des Steinschlagens den richtigen Grundsatz der Unmittelbarkeit des künstlerischen Arbeitens. Im Laufe der Arbeit gewöhnt man sich daran, die aus Not gefundenen Formen der Willkür als höheres Prinzip der Gestaltung auszugeben, um den Zeit- und Geldverlust und die in Wahrheit erfahrene Frustration zu kaschieren, falls nicht eigene Einsicht oder der rechtzeitige Eingriff eines hilfreichen Lehrers auf den stufenweise zu begehenden Weg zur Gestaltung zurückführen.

Ton als ideales Material für den Anfänger und den erfahrenen Plastiker

Der leicht formbare, preiswert zu beziehende Ton ist das am besten geeignete Material, um diesen Weg zu begehen. Ton ist sowohl für den Anfänger als auch für den künstlerisch Fortgeschrittenen unentbehrliches Hilfsmittel. Für den Anfang mag der billige, oft aber auch unentgeltlich zu beziehende Ton aus einer ortsansässigen Ziegelei hinreichen. Frisch in die Form handlicher Ziegelsteine gepreßt, besitzt er die richtige Feuchtigkeit zum Plastizieren. Der einzige Nachteil des Ziegeleitons besteht darin, daß er in der Regel durch seine geringe Elastizität schnell Grenzen für Feinheiten der keramischen Arbeitsweisen setzt. Für hohl aufgebaute Plastiken, die eine gleichmäßige Wanddicke von etwa 2–3 cm nicht überschreiten dürfen, um nach der Lufttrocknung ohne Gefahr gebrannt werden zu können, empfiehlt es sich, Tonware mit exakt bestimmter Brenntemperatur und festgelegtem Schamotteanteil, wie ihn die Firmen anbieten, zu verwenden. Für größere und lebensgroße Plastiken, die nach der Fertigstellung des massiv um ein Innengerüst aus Eisen aufgebauten Tonmodells abgegossen werden sollen, ist dagegen der Ziegeleiton genau das richtige Material.

Aufbewahren des Tons – Halten der Feuchtigkeit – Einsumpfen

Wenn mit größeren Mengen Ton gearbeitet wird, ergibt sich leicht das Problem, wie die Feuchtigkeit während längerer Zeit gleichbleibend zu halten ist, so daß der Ton stets verarbeitet werden kann. Zur Aufbewahrung solch größerer Mengen von Ziegelei- oder feinem Keramikton eignen sich Plastikwannen oder alte, ausgediente Zinkwannen, in denen sich Ton unter feuchten Tüchern und luftdichten Plastiktüchern monatelang gut aufbewahren läßt. Solche Wannen sind auf jedem Schrottplatz für wenig Geld zu erwerben. Man achte nur darauf, daß die Verzinkung des Eisenblechs der Wanne noch intakt ist. Besonders wichtig ist die Bodenfläche, da sie beim Durcharbeiten des Tons mit der Schaufel am meisten aushalten muß. Für anfallende trockene Tonreste sollte man eine zweite Zinkwanne zur Verfügung halten, um den Ton bei Bedarf einzusumpfen. Das Einsumpfen von trockenem Ton ist eine mühselige und zeitraubende Arbeit. Hier empfiehlt es sich, Wasser in richtigen Dosierungen für sich arbeiten zu lassen. Zuviel Wasser erzeugt einen Tonsumpf, dessen Trockenlegung neue Mühe bereitet. Falls zu naß gewordener Ton rasch getrocknet werden soll, so hilft das Ausbreiten auf selbstgegossenen Gipsplatten. Bei normal verlaufendem Einsumpfen wird die teils durch die Wasserzugabe genäßte Tonmasse mit den noch trockenen Teilen über mehrere Tage hin mit einer Schaufel umgewendet, bis eine gleichmäßige Knetfähigkeit erreicht ist.

Statt in provisorischen Behältnissen, wie Plastik- oder Zinkwannen, kann Ton natürlich auch in handelsüblichen Tonkisten aufbewahrt werden. Sie übertreffen das Provisorium jedoch keineswegs von vornherein. Die üblichen Modelle sind recht kostspielig, in der Regel zu klein und mit zu dünnem Zinkblech ausgeschlagen, so daß die wasserdichte Zinkwandung beim Umwenden des Tons sehr leicht durchstoßen werden kann. So empfiehlt sich als beste Lösung die Anfertigung nach eigenen Angaben (beim Schreiner) und das Ausschlagen

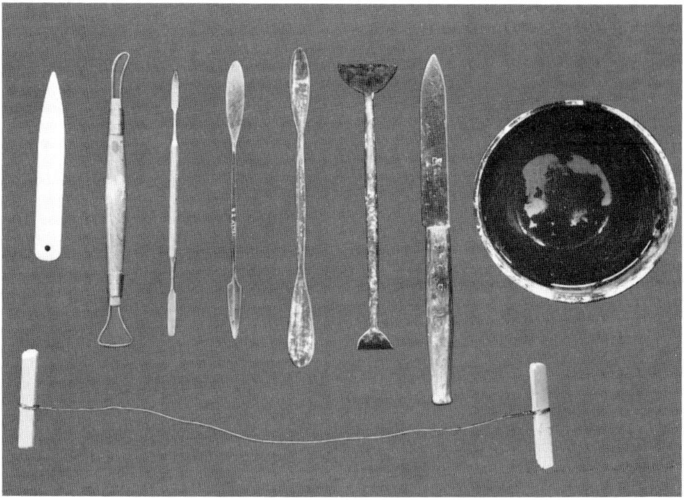

1 Die wichtigsten Werkzeuge für die Tonarbeit. *Oben (von links nach rechts):* Modellierholz, Antragsschlinge, Feinmodellierwerkzeug, Feinmodellierwerkzeug mit flachem und geschweiftem Ende, Gipsspachtel, Flächenkratzer, Tonmesser, Gummibecher – *Unten:* Tonabschneider

mit mindestens 1 mm starkem, reinen Zinkblech (kein verzinktes Eisenblech verwenden!).

Von der Anschaffung einer Tonkiste hängt natürlich nicht das Gelingen der Arbeiten des Plastikers ab. Für den Anfang wird eigentlich nichts weiter benötigt als eine ausreichende Menge Ton, ein Unterlegbrett, um die Arbeit ungefährdet bewegen zu können, ein altes Küchenmesser, ein Stück Draht und die Hände als Werkzeuge, alte Tücher und Plastiktüten zum Abdecken der Arbeit gegen Austrocknung. Drehscheibe, Modellierbock, Drahtschlingen, Modellierhölzer u. ä. (Abb. 1) können nach und nach angeschafft werden. Was der zukünftige Plastiker notwendiger braucht als diese technischen Hilfsmittel, ist ein gutes Thema, eine Vorstellung von dem, was er gestalten will.

Die exemplarische künstlerische Aufgabe »Menschlicher Kopf«

In der Kunsterziehung und an den Kunstakademien hat man in den letzten 30 Jahren viel von den »künstlerischen Problemen« sprochen, die sich dem Gestaltenden als Aufgabe stellen. Von Struktur, Bildgleichgewicht, Kontrasten, Reihung, Verdichtung, Auflockerung, Modellierung, Modulation, Abstraktion, Konkretion usw. war die Rede. Nur in Ausnahmefällen wurden der lebendige Ausdruck des Organischen, die Gesetzmäßigkeit in der Gestalt von Pflanze, Tier und Mensch als »künstlerisches Problem« diskutiert. Obwohl die Verfechter der abstrakten Kunst in Cézanne, Klee, Beckmann, Moore, Janssen und vielen anderen entweder die sie legitimierenden geistigen Väter oder doch wenigstens Autoritäten der Moderne sahen, wurde die Nachahmung der Natur durch die Kunst weitgehend tabuisiert, obwohl diese bedeutenden modernen Künstler in kaum zu übersehender Weise, wie wir noch zeigen werden, immer wieder vom Künstler gefordert haben, sich an die Natur zu halten, sie zu studieren, etwas ihr ähnelndes »Geistig-Organisches« hervorzubringen. Es scheint, als habe sich in der neuerlich beobachtbaren Hinwendung der Gegenwartskunst zum Gegenständlichen das Blatt zu wenden begonnen. Es wäre erfreulich, wenn sich die immer stärker andeutende Wendung zum Humanen, wie sie von Moore schon 1951 bedacht wurde, tatsächlich durchsetzen sollte: »Ich denke, daß von nun an die am stärksten ›lebendige‹ Malerei und Plastik ›menschlicher‹ sein wird, obwohl es im Augenblick mehr Abstrakte denn je gibt.« (S. 93)

Diese allgemeine Aussage, die durch den berühmten Satz Paul Klees von 1919, »Die Zwiesprache mit der Natur bleibt für den Künstler conditio sine qua non« (S. 244), erweitert wird, bezieht Moore im zitierten Text von 1951 bestimmter auf die menschliche Gestalt: »Meiner Auffassung nach ist das lange und gründliche Studium der menschlichen Figur die notwendige Grundlage des Bildhauers.« (S. 53) Diese Aussage wiegt um so mehr, als Moore ebenso wie Klee über jeden Zweifel eines platten Naturalismus erhaben ist. Im Sinne der von Moore vorausgesehenen Gesamtentwicklung möchten wir pointieren: *Die menschliche Gestalt und damit die menschliche Natur ist der höchste und eigentliche Gegenstand der Bildenden Kunst.*

Wir glauben, daß die Darstellung des Menschen, die ja vom Gestalter wie vom Betrachter unmittelbare Auseinandersetzung mit sich selbst fordert, die allgemeine Kenntnis der organischen Natur und auch der unorganischen Körper nicht nur zuläßt, sondern geradezu fordert. Es liegt uns fern, die Errungenschaften der abstrakten Moderne zu mindern, aber wir meinen, daß bisher abstrakt aufgefaßte bildnerische Probleme in einer richtig verstandenen naturnachahmenden Kunst mitaufgehoben sind, und zwar in einer Art, die ihnen, statt Illustration von Begriffen, erst optische Qualität verleiht.

Die menschliche Gestalt von der Moore sagt, »daß sie überaus vielgestaltig und subtil [sei], es ist schwierig, sie in den Griff von Form und Konstruktion zu bringen – darum ist sie die anspruchsvollste Form für das Lernen und Begreifen« (S. 53), soll zum Thema der ersten plastischen Auseinandersetzung werden. Wie kann der Anfänger diesem Anspruch gerecht werden? – Wenn er sich nicht verlieren will, muß er stufenweise fortschreiten. So wie die menschliche Gestalt im ganzen durch Gebärden spricht, so sind auch Arme, Hände und Finger, der Rumpf und die Gliedmaßen, das Gesicht mit seinen feineren Regungen befähigt, etwas auszusagen.

Ohne also Grundsätze zu verletzen, kann man mit dem Studium der Teile der menschlichen Gestalt beginnen, um sie zuletzt wieder als ein Ganzes zu betrachten. Von dem Teil des Menschen, der dazu bestimmt ist, das Ganze der menschlichen Gestalt zu *regieren,* dürfen wir dabei die tiefsten Einblicke in die Zusammenhänge der menschlichen Natur erwarten. Der menschliche Kopf ist das wohl faszinierendste Thema, das sich dem Anfänger anbietet, das aber später auch die Fortgeschrittenen nicht mehr so leicht loslassen wird. Trotz des zugegebenen hohen Ranges der Aufgabe gibt es auch für den Anfänger keinen Grund zur Entmutigung, wie insbesondere die abgebildeten Beispiele der Kapitel I und II illustrieren, die zum überwiegenden Teil von Lehrerstudenten der Hochschule Hildesheim geschaffen worden sind, die noch nie vorher plastisch gearbeitet hatten und die entsprechend ihren Studienzielen keineswegs eine besondere künstlerische Begabung von vornherein mitbrachten.

Jeder Mensch hat eine gewisse Erfahrung des eigenen Körpers, besonders aber des eigenen Gesichtes und Kopfes, und verfügt also auch über ein bestimmtes Maß an bildhafter Vorstellung. Zumindest meint er, genaue Kenntnis, mindestens, was sein Gesicht betrifft, zu besitzen. Obwohl der Gestaltende bei der künstlerischen Arbeit meist sehr schnell merkt, daß er eigentlich wenig über das eigene Gesicht oder den eigenen Schädel weiß, ist diese »naive Unbefangenheit« des Anfängers nicht negativ zu bewerten. Sie ist sogar eine Art Vorbedingung jeglichen künstlerischen Produzierens. Gerade weil ein Plastiker, der einen menschlichen Kopf wirklich erfassen will, eine Gesamtvorstellung von der Form des menschlichen Schädels schon besitzen muß oder als Anfänger erwerben muß, wäre es falsch, ihn durch ausführliche theoretische Vorklärungen über die Größenverhältnisse von Hirn zu Gesichtsschädel, Anordnung von Knochen, Sehnen, Knorpeln, Fleisch u. ä. zu belasten oder gar selbst erlebte Erfahrung, die beste Bedingung für eine klare Vorstellungsbildung, zu verhindern.

Die Technik der keramischen Hohlaufbauweise

Es geht ja um die *eigene Entdeckung* im Bereich der Gestaltbildung und nicht um die Übersetzung bzw. Illustration von Begriffen. Entsprechend muß unsere Darlegung dem Ablauf des künstlerisch technischen Geschehens zu folgen suchen, um immer dann, wenn bestimmte Probleme sich stellen, die Wege zu ihrer Lösung zu suchen. Am Anfang steht daher Anleitung zur Technik des keramischen Hohlaufbaus aus Ton guter Qualität, die aus noch zu nennenden Gründen für die ersten plastischen Arbeiten unbedingt empfohlen wird.

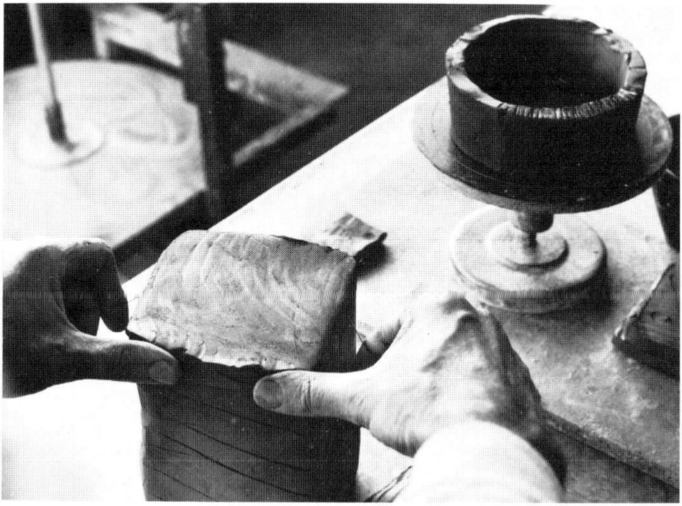

2 Abschneiden gleichmäßiger Scheiben vom Tonquader

Zunächst werden weiche Tonstücke mit Hilfe einer Holzlatte zu einem Quader etwa der doppelten Größe eines Ziegelsteins zusammengeschlagen: Die Tonmasse muß so verdichtet werden, daß keine Risse oder gar Luftlöcher innerhalb des Quaders bleiben. Durch ein letztes kräftiges Aufschlagen des Tonklotzes auf den ebenen Boden werden die Flächen des Quaders geglättet. Mit einem selbstgefertigten Tonabschneider aus starkem Nylon oder Draht und zwei Haltegriffen aus Holz (Abb. 1) werden von dem aufrecht gestellten Tonquader gleichmäßig dicke Scheiben abgeschnitten. Damit die Tonscheiben überall gleichmaßig stark werden (hier etwa 1–1,5 cm), wird der Tonabschneider waagerecht an der dem Arbeitenden abgewandten Seite angesetzt und gleichmäßig auf die als feste Haltepunkte angedrückten Daumen hin durch den Ton gezogen (Abb. 2).

Aus den rechteckigen Scheiben werden mit dem Messer Streifen geschnitten, die, zu einer zylindrischen Tonmauer

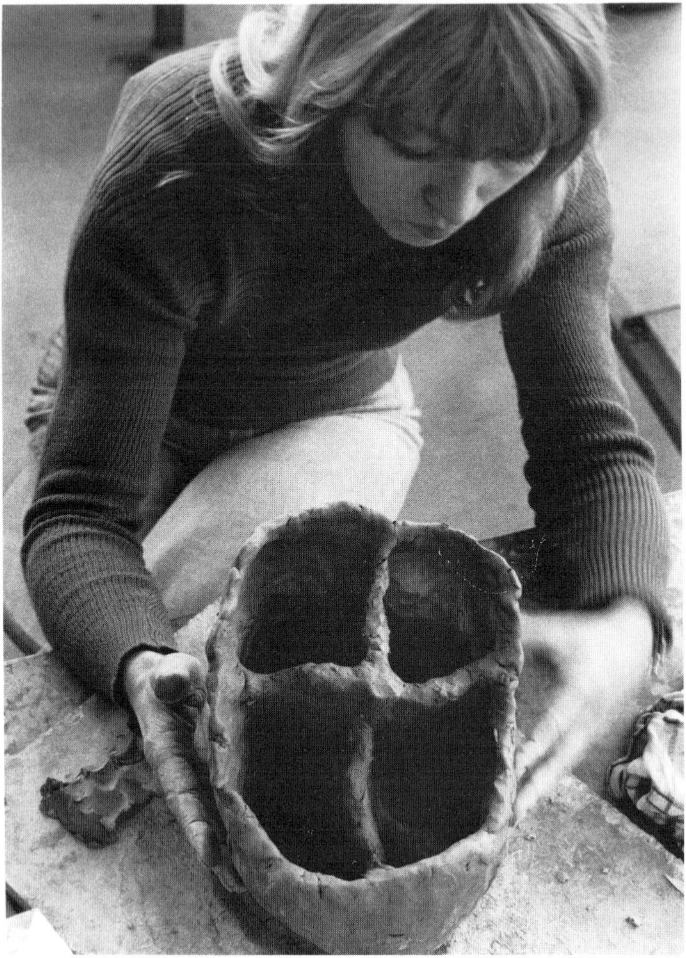

3 Verfestigung der Hohlform durch ein Innenkreuz aus Ton

verbunden, die Grundform für den Hals bilden. Auf die Verbindungsstellen der Tonstreifen, sowohl an den senkrechten als auch an den waagerechten Nahtstellen, ist insbesondere bei Schrägneigung der Wandungen, wie sie sich zum Beispiel in der Zone des Kinns oder der Wangenknochen ergeben, größte Sorgfalt zu verwenden. Die aneinanderstoßenden Teile der Tonstreifen müssen so ineinander gearbeitet werden, daß eine homogene Masse entsteht. Bei größerer Belastung durch die wachsende Größe, bei stärkerer Verformung der Anfangsform im Fortschreiten der Arbeit zur Gesamtform eines Kopfes und schließlich beim Trocknen der Plastik rächt sich jede handwerkliche Nachlässigkeit durch Risse, die die Zerstörung der gesamten Arbeit bewirken können. Werden dagegen die Verbindungsstellen sorgfältig gearbeitet, können bei entsprechender Wandstärke (3 cm) sehr große Plastiken geformt werden, wie die bis heute erhaltenen Riesenvasen der Kreter und Griechen und die überlebensgroßen Tonfiguren der Etrusker bezeugen. Kommt, wie in unserem Beispiel, ein festigendes Innenkreuz (Abb. 3) hinzu, das von unten her mit eingebaut wird, dann ist eine hohe Belastbarkeit der Form gewährleistet.

Durch kräftiges Zusammendrücken der einander überlappenden Streifen kann bei senkrechten Nähten schon eine innige Verbindung der Tonstreifen erreicht werden. Es besteht allerdings die Gefahr des unmerklichen Einschlusses von Luft, die eventuell die Form während des Brennvorgangs platzen läßt. Deshalb sollte man stets die sichere Methode, die bei den waagerechten Nahtstellen schon aus statischen Gründen unerläßlich ist, anwenden (Abb. 4): Man rauht die schmalen Flächen, an denen die Tonstreifen aneinanderstoßen, durch leichte Einschnitte von 1–2 mm Tiefe auf, beträufelt sie mit ein paar Tropfen Wasser und drückt die auf diese Weise präparierten Berührflächen so nachhaltig gegen- und ineinander, daß Homogenität gewährt ist. Überschüssige Tonmasse wird mit dem Messer oder den Fingern verstrichen. Übergänge von der senkrechten zu einer schrägen oder waagerechten Richtung der Tonwandung (Hals und Kinn) können leicht durch die Abschrägung der Schnittflächen der Streifen bestimmt werden.

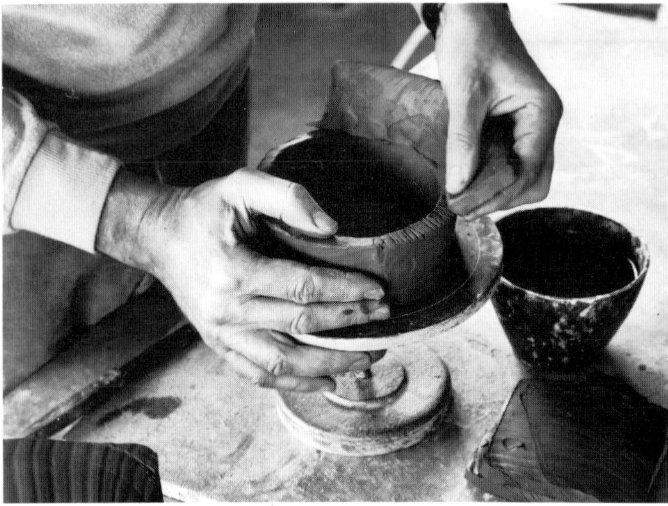

4 Aufrauhen der Berührflächen sichert die zuverlässige Verbindung der Tonstreifen

An der Übergangszone von Hals zu Kinn und Hinterkopf fangen die eigentlichen Probleme der Gestaltung an. Die verschiedene Höhe des Ansatzes und der Grad der Winklungen, das Maß der Auswölbung müssen bestimmt werden. Dies ist mit den bisher zur Verfügung stehenden Mitteln und Einsichten nicht zu leisten. Über die Lust am Kneten und die Anwendung einer einfachen Fügungstechnik hinaus erfährt der Anfänger, aber auch der erfahrene Plastiker, bei diesem eigentlichen Beginn des Gestalterischen das Spezifische des Plastischen Gestaltens.

Obwohl die Natur das menschliche Auge im Laufe der Jahrtausende zu einem Organ von unerhörter Fähigkeit gebildet hat, muß jetzt der Tastsinn hinzugenommen werden. Wir *begreifen* den Gegenstand Kopf erst durch die fein unterscheidende Abstastbewegung der Hände, die ihn in seiner ganzen Gestalt erfassen, indem sie immer wieder an ihren Ausgangspunkt zurückkehren können, wenn das Gedächtnis es verlangt. Obgleich die Wahrnehmungsintensität des Auges dadurch enorm gesteigert werden kann, ist dennoch klar, daß wir mit dem Auge allein niemals den Begriff Körper erfahren können. Das Volle und das Leere erleben wir erst, sobald wir uns bewegen und diese Bewegung als durchführbar oder nicht durchführbar erfahren. Für die Wahrnehmung der Körper ist das Empfinden des Druckes, der Schwere, Unnachgiebigkeit, Undurchdringlichkeit Grundbedingung. Im Alltag nehmen wir Körper wahr, ohne sie wirklich in die Hand zu nehmen und zu begreifen, wir erinnern uns lediglich beim Anblick der Körper aufgrund langer Erfahrung, an die Möglichkeit der Bewegung oder der Bewegungshemmung und urteilen daraufhin über den Körperwert oder den Raumwert. Das Sehen plastischer Körper besteht also darin, in der Vorstellung eine durch das optische Bild bestimmte Abtastbewegung nachzuvollziehen. »Vorstellungen werden ... als Erinnerungsbilder früherer Wahrnehmungen im Grad ihrer Klarheit von den ihnen zugrundeliegenden sinnlichen Erfahrungen bestimmt.« (H. Nickel, S. 224) Der höchste Grad an Klarheit der Vorstellung ergibt sich durch die Unmittelbarkeit der sinnlichen Erfahrung und die sie beurteilende Tätigkeit des Verstandes; wie sie im Begreifen des Gegenstandes in seiner Gegenwärtigkeit zur bildnerischen Tätigkeit gehört und darin ihre Stärke gegenüber dem Sprechen über den erinnerten Gegenstand erweist.

Die Diskrepanz zwischen verwirklichter Formvorstellung und objektiv Wahrnehmbarem am Beginn des Wegs zur Gestaltung

Wie notwendig Wahrnehmungserziehung, *Ästhetische Erziehung,* auf der Grundlage präziser Vorstellungsbildung ist, dokumentiert eine studentische Arbeit, die in halbfertigem Zustand gezeigt wird (Abb. 5). Obwohl die Arbeit auch in diesem Zustand eine beachtliche Leistung für einen Anfänger darstellt, ist doch die Diskrepanz zwischen bereits verwirklich-

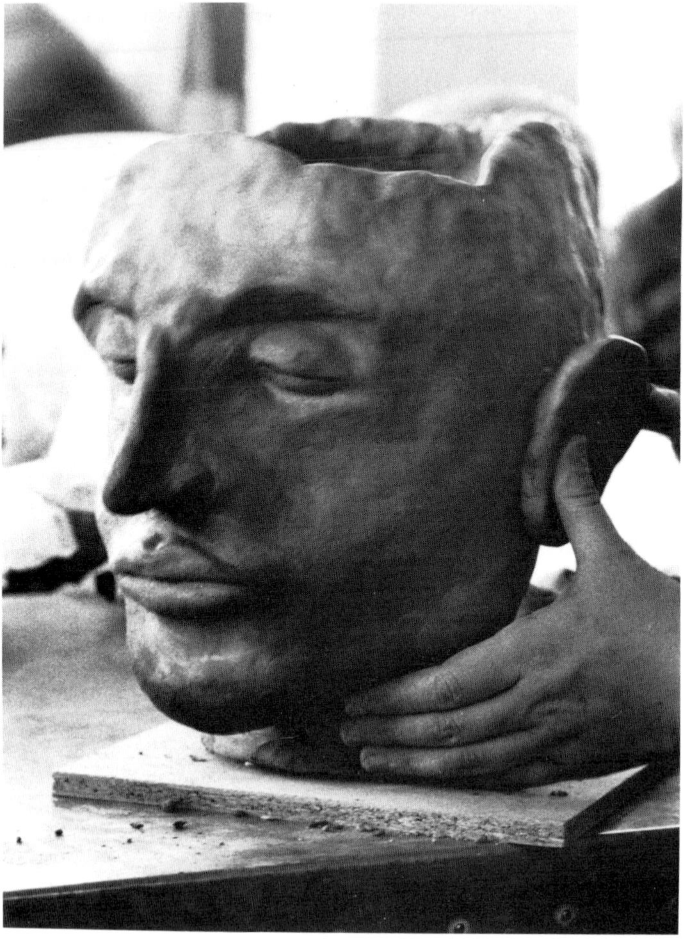

5 Am Anfang der Gestaltung: Noch ist nicht gefühlt, wo Knochen, Fleisch und Knorpel die Form bilden

ter Formvorstellung, die ja nicht herumschweifender Phantasie überlassen ist, sondern ständig an der Natur überprüft werden kann, und dem durch Abtasten des Kopfes objektiv Wahrnehmbaren erheblich. Gegenständlich, buchstäblich sind fast alle wichtigen Gesichtsformen vorhanden, aber kaum eine Form ist »verstanden« ausgedrückt. Es ist noch nicht gefühlt, wo Knochen, Fleisch oder Knorpel die Form bilden. Kinn, Unterkiefer und Stirn sind fleischig und weich gebildet. Statt nach außen gelenkter plastischer Härte und Spannung, wie wir sie als psychologischen Gehalt seit Jahrtausenden der menschlichen Entwicklung mit aus dem Innern drängenden, stoßenden und ziehenden Formen verbinden, müssen wir uns vorerst noch mit unbestimmten Formen aus weichem Ton zufriedengeben. Das für den Bau des Gesichtes hochwichtige Jochbein existiert überhaupt nicht, ist also auch noch nicht wahrgenommen. Lediglich in den am leichtesten zu bewältigenden Partien, dem Nasenbein, der Kante des Augenbrauenknochens und in der Weichheit der Formen um das Auge zeigen sich Ansätze zur plastischen Bewältigung. Die schwierigen Formen der Augen und des Mundes beweisen dagegen wieder eine einfache Stufe der Wahrnehmungsdifferenzierung. Der Mund ist nicht aus dem Zusammenhang des Gesichtsschädels entwickelt, sondern als isolierte Form, die aus zwei nahezu gleichartigen Formelementen besteht, die darüber hinaus fast flach bleibend (vgl. dazu Abb. 12) aufgesetzt sind. Auch die Augen zeigen nicht etwa den gewollten und erreichten Ausdruck des Schlafens, wie ein Detailblick vermuten machen könnte, sondern die eigentlich angestrebte Absicht, *sehende Augen* zu bilden, konnte noch nicht erreicht werden. Insgesamt beherrscht das Gesetz des weichen Materials Ton noch die gesamte Arbeit, und die Formen sind nicht durch die Klarheit der Vorstellungen des Plastikers, sondern durch das vorsichtig tastende Suchen der »richtigen« Formen gekennzeichnet, die auf weitere Entwicklung hoffen lassen.

Die Vorteile der keramischen Hohlaufbautechnik für die Korrektur

Die Technik des Hohlaufbaus ermöglicht weitgehende Korrekturen. Solange das Schädeldach nicht geschlossen ist, bleibt zum Beispiel das vorsichtige Herausdrücken des fehlenden Jochbeins, das die plastische Verbindung vom Ohr zur Augenhöhle bilden kann, leicht möglich. Während mit den Fingern oder einem Modellierholz von innen die Wölbung des Knochens herausgedrückt wird, wird von außen *gleichzeitig* die Höhlung der Schläfe oberhalb und die Höhlung der Wange unterhalb des Jochbeins hineingedrückt. Ohne daß zusätzliche Tonmasse aufgetragen werden muß (selbstverständlich kann aber auch Ton von außen angetragen werden, falls keine extreme Wandstärke dadurch entsteht), kann dieser Vorgang solange wiederholt werden, bis die Form zufriedenstellend gelingt. In diesem Prinzip des *gleichzeitigen Formens von Wölbung* (Positivform) *und Höhlung* (Negativform), das immer plastisch stimmige Zusammenhänge ergibt und relativ leicht Veränderungen erlaubt, liegt der erhebliche Vorteil des Hohlaufbauverfahrens gegenüber der Massivbauweise mit Innengerüst, die nicht nur ein sicheres Formempfinden, sondern ja auch noch die endgültige Realisierung des Tonmodells in einer Gußtechnik fordert, wo der »Keramiker« nach der Lufttrocknung lediglich seine Form im Brennofen hart brennen muß.

Vor allem läßt die Hohlaufbauweise auch relativ viel Spielraum für größere Veränderungen des Formaufbaus, deren Notwendigkeit sich während des Arbeitens oder aber erst nach der Ausführung des ursprünglichen Plans herausstellt. Müßte beispielsweise Kopf und Hals durch eine hinzukommende Schulterpartie ergänzt werden, so können die beiden getrennt gearbeiteten Figurenteile auch noch nach dem Abschluß der Modellierarbeit am Kopf zusammengefügt werden. Müßte die Gesamthöhe oder -breite einer Form erheblich verändert werden, so kann nach einer Längs- oder Querteilung des Ganzen ein Zwischenstück eingearbeitet werden. Auch das »Schrumpfen« zu groß geratener Formen oder auch die Verpflanzung ganzer Formteile läßt sich bewerkstelligen.

Die Technik der Gerüstbauweise

Sobald jedoch von den Hauptformen frei und weit in den Raum ragende Teile, wie vorgreifende Arme oder über die senkrechte Hauptachse vorragende Köpfe (Abb. 6), an einer Plastik vorkommen, enden die Vorteile der Hohlbauweise. Nur sehr umständliche äußere Stützkonstruktionen könnten das dann notwendige innere Gerüst notdürftig ersetzen. An ein wirklich freies Arbeiten wäre dann nicht mehr zu denken, denn die Hauptsorge würde der Statik statt der Gestaltung gelten müssen.

Ein gut durchdachtes Innengerüst (Abb. 7) aus Vierkanteisenstangen oder runden Baustahlstangen erlaubt dagegen auch extrem freie Ausragungen. Von entscheidender Bedeutung für die Tragfähigkeit des Gerüstes ist die richtig bemessene Stärke der Eisenstangen (bei lebensgroßen Figuren nicht unter 1–1,5 cm Durchmesser), die Unbeweglichkeit der Gerüstteile untereinander, die Zuverlässigkeit der Befestigung der Gerüstteile an der tragenden Grundplatte und das sorgfältige Einarbeiten der Tonmasse in das Gerüst. Verfügt der Plastiker über Schweißkenntnisse, dann sind die ersten drei Bedingungen leicht zu erfüllen. Besteht keine Schweißmöglichkeit, dann können zuverlässige Gerüste mit relativ einfachen Mitteln gebaut werden.

Ausgehend von der vorher im Modell festgelegten Form (Tonskizze, Zeichnung o. ä.), werden zunächst die wichtigsten Abmessungen (Proportionen) der Plastik durch Kreidepunkte auf den geraden Eisenstangen markiert. Die Markierungspunkte sind Umschlagpunkte für Richtungsveränderungen innerhalb der Plastik (z. B. Ellbogengelenk des Armes oder Abwinklung des Halses gegenüber der Schulter). Ist das gesamte »Gerüst« vermessen und die Winkel der einzelnen Eisenstangen mit Hilfe eines Schraubstocks zurechtgebogen, dann

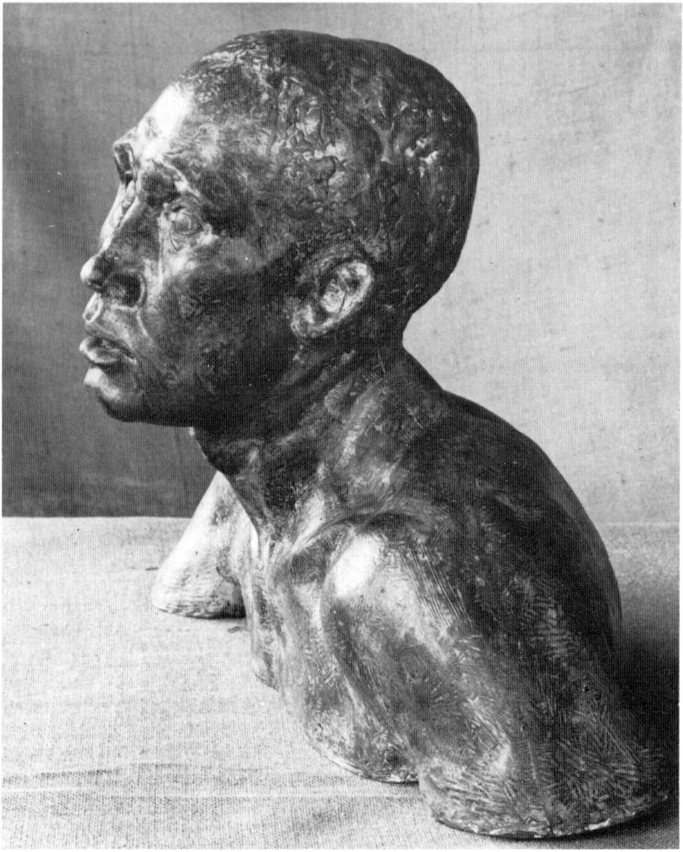

6 Weit und frei vorragende Formen benötigen ein Innengerüst

bleibt als wichtigste Aufgabe die feste Verbindung der senkrecht oder gewinkelt auftreffenden Gerüststangen mit der Bodenplatte aus Holz. Abb. 8 zeigt die hierzu notwendige Winkelfolge am »Fuß« des Gerüsts (ein einziger rechter Winkel würde Beweglichkeit nach zwei Seiten zulassen). Die flach aufliegenden Fußwinkel werden mit Nägeln auf dem Bodenbrett

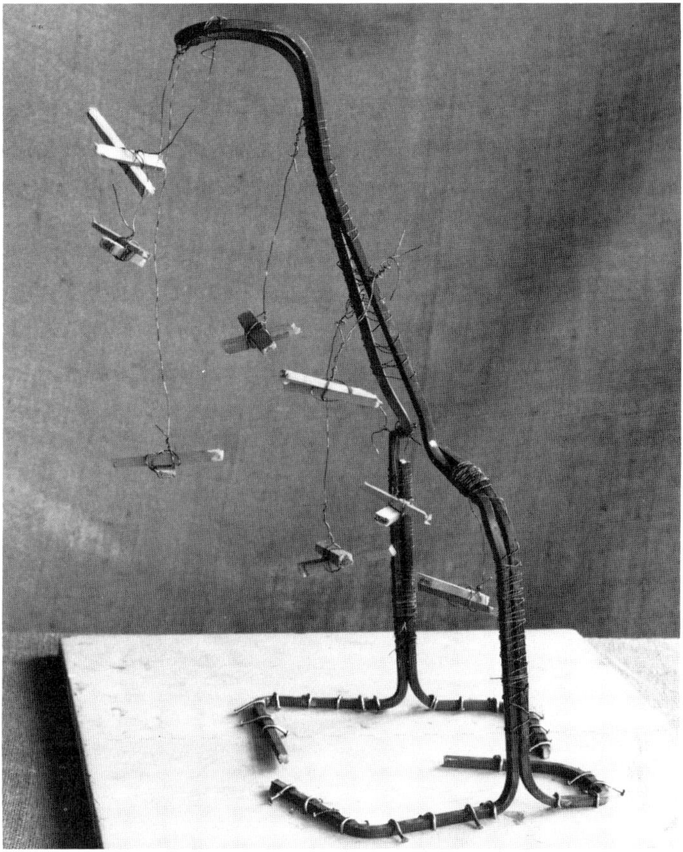

7 Innengerüst für die in Abb. 6 und Abb. 18 gezeigte Arbeit von H. Leber

befestigt, und durch die dichte Drahtverbindung der Einzelstangen zu sich gegenseitig stützenden Paaren wird die endgültige Festigkeit des Gerüsts erreicht.

Wenn die möglichst starre Festigkeit des Skelettgerüstes erreicht ist, werden die beweglichen Teile des Gerüstes angebracht. Locker um die glatten Vierkantstangen, aber auch um

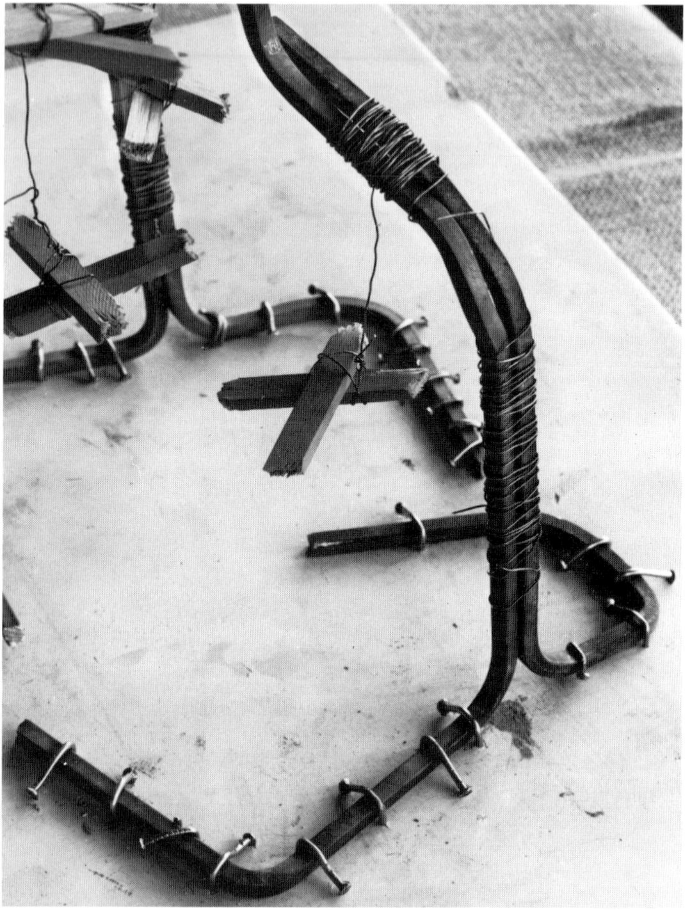

8 Befestigung der Fußwinkel und Drahtverbindung der Gerüststangen

die spiralig gedrehten Baustahlstangen gewundener Draht und kleine Holzkreuze verhindern das Absinken und Reißen der ja oft zentnerschweren Tonmasse. In dieses Gerüst aus starren

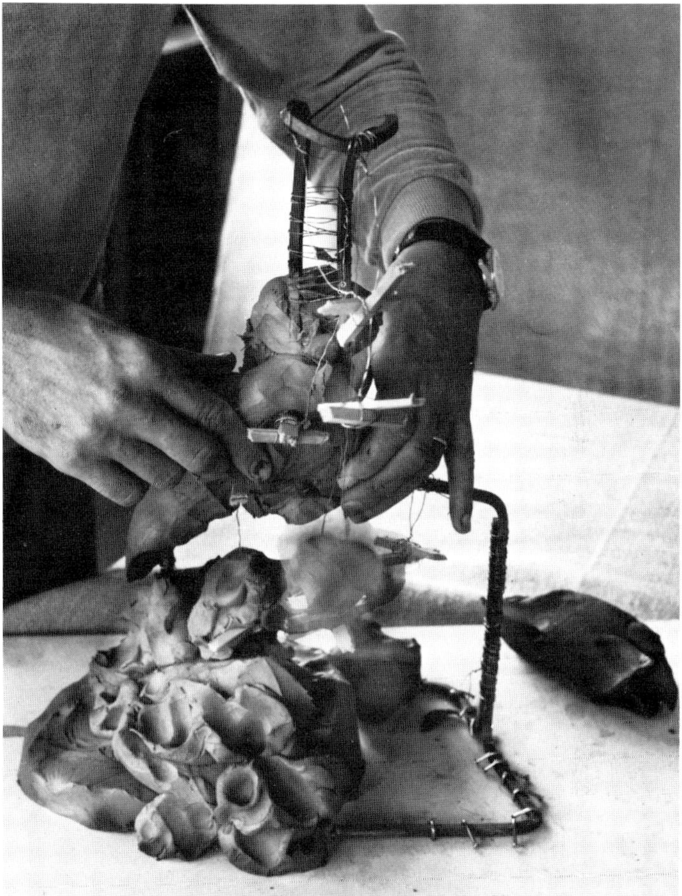

9 Einarbeiten des Tons in die Drahtwicklung und die Haltekreuze des Gerüsts

und beweglichen Teilen wird der Ton sorgfältig hineingearbeitet (Abb. 9), so daß möglichst keine Hohlräume bleiben, die später zu Rissen führen könnten.

Vorteile der Gerüstbauweise für den erfahrenen Plastiker

Die dichte Konsistenz der Tonmasse gewährt in den Oberflächenschichten soviel Zusammenhalt, daß es keines zusätzlichen Halts durch ein Gerüst bedarf. Darin liegt die Möglichkeit ausgedehnter Oberflächenveränderung, die ihre Grenzen lediglich in den starren Teilen des Gerüsts findet. (Kommen bei Oberflächenveränderungen Holzkreuzchen zum Vorschein, können sie mit dem Hammer ohne Schaden ins Innere der Plastik getrieben werden.) Die größere Beweglichkeit in der Bearbeitung der Oberflächen ist für den erfahrenen Bildhauer ein großer Vorteil. Für den Anfänger bietet sie in der Regel Nachteile. Wenn jede Form möglich ist, verliert er sich sehr leicht. Auch die sich bei der Hohlbautechnik ganz wie von selbst ergebende Disziplin der »rundplastischen« Form, die extreme Ausragung nicht nahelegt, ist für den Anfänger eher eine Hilfe als eine Fessel.

Unentwickelte Wahrnehmungsdifferenzierung als Ursache plastisch unbefriedigender Formfindung

Allerdings ergeben sich auch bei dieser Technik nicht alle Formen wie von selbst, wie Abb. 10 und 11 zeigen. Obwohl die gefundenen Formen insgesamt wesentlich straffer organisiert wirken, ist die gesamte Mundpartie doch eine so »kritische« Zone, daß sich eine Vorwölbung der ganzen Zahnzone und die Veränderung der Oberlippe als Korrektur empfehlen. Die Abnahme des gesamten Schädeldaches mit Hilfe der Drahtschnur und das spätere Aufsetzen, nach erfolgter Korrektur, ist jedoch kein unlösbares Problem.

Es ist immer wieder erstaunlich, daß gerade die Mundzone, über die doch jedem Menschen von Kindheit an unzählige Erfahrungen zu eigen sind, für die Vorstellung des unerfahrenen Plastikers so große Schwierigkeiten bereithält. Der vorgewölbte Bogen, den die Zahnreihen an Ober- und Unterkiefer bilden (Abb. 14, 17), wird sehr häufig zugunsten einer einfachen

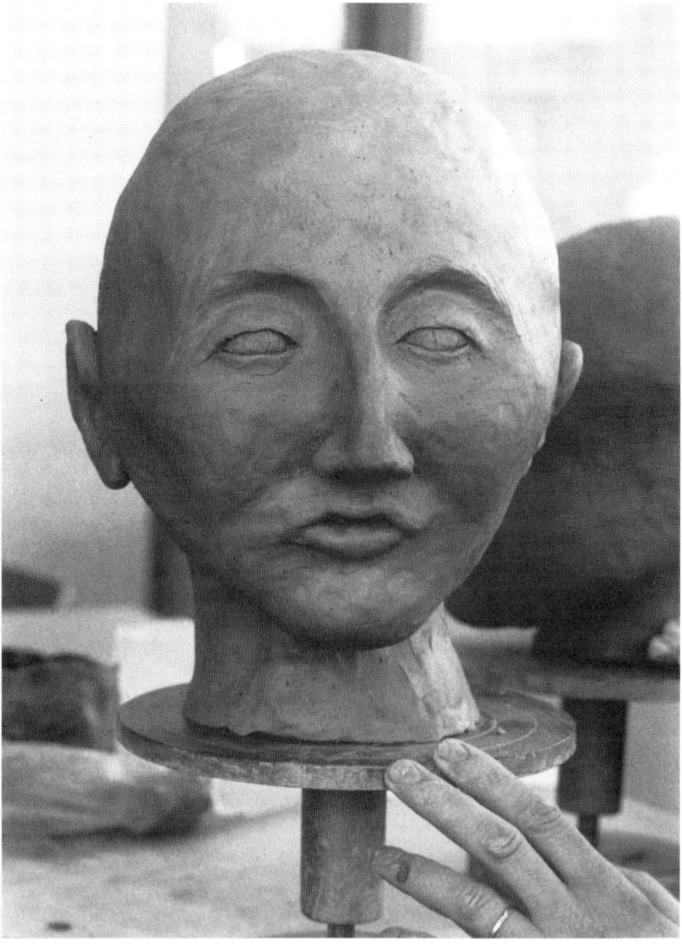
10 Hauptansicht eines Tonkopfes in Hohlbautechnik von A. Markhoff

trennenden Spalte zwischen plastisch unartikulierten Lippenformen belassen. Offenbar beherrscht die relativ simple Funktion des Öffnens und Schließens die unentwickelte Vorstellung so sehr, daß für die Beachtung der zahlreichen anderen Funk-

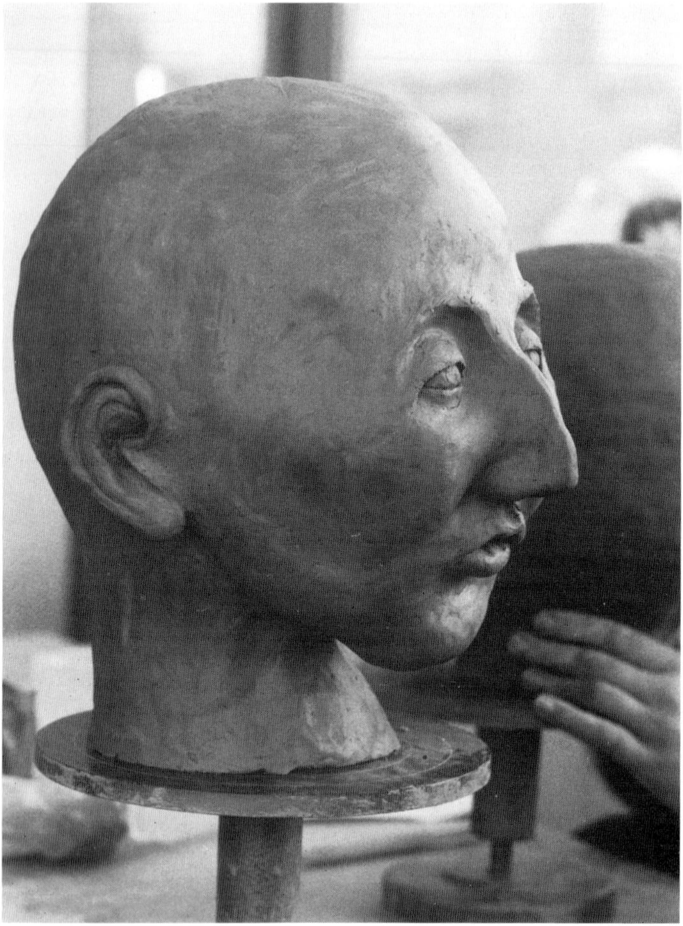

11 Seitenansicht des Tonkopfes in Hohlbautechnik von A. Markhoff (Abb. 10)

tionen des Mundes wie Sprache zu bilden, Nahrung aufzunehmen, Schmerz oder Freude auszudrücken, nur bei intensiver Vorstellungsbildung Raum ist.

Differenzierung plastischer Formen am Beispiel der Gesichtsbildung

Abb. 12 zeigt eine Mundbildung, die manches von diesen Funktionen ausdrückt. Nicht nur die Mundzone ist insgesamt vorgewölbt, es ist auch deutlich unterschieden zwischen oberer und unterer Lippe. Die untere Lippe mit zwei im Volumen volleren Teilen nimmt den von oben herabgreifenden Mittelteil der Oberlippe auf, so daß nicht ein Nebeneinander, sondern ein Miteinander plastischer Formen entsteht. Statt beziehungsloser gleichbleibender Flachheit finden wir feine Differenzierung im An- und Abschwellen der Formen. *Die Formen werden nicht »linear«, sondern »plastisch« vorgestellt.* Mit der Richtungsveränderung der begrenzenden »Linien« der Lippenformen ist immer die Veränderung von Volumen verbunden. Das heißt, »Linien« sind Kanten körperhafter Gebilde. Sie bezeichnen entweder Höhen von Körperformen oder sie bilden als vertiefte Fuge Grenzen zwischen Körperformen (Augenbraue – Oberlid; Oberlippe – Unterlippe; Nasenflügel – Oberkiefer).

Sehr überzeugend ist auch die Einbettung des Augapfels unter dem breiteren, von oben weit herab deckenden Oberlid und dem schmaleren, von unten knapper stützenden Unterlid aufgefaßt. Das hier angewandte Verändern der Breiten mit der Veränderung der Funktion ist bei den Breitenabmessungen der Lippen noch nicht erkannt. Abb. 13 zeigt die Verkürzung der Unterlippe, wodurch die Oberlippe dominiert und die Veränderung des seitlichen Mundwangenbereichs zur Folge hat.

Steigerung der Vorstellungskraft durch den Blick unter die Oberfläche der Erscheinungen

Um über die in dieser Arbeit erreichte Qualität hinaus Fortschritte zu erreichen, müssen neue Wege beschritten werden. Wo der Blick auf die lebendige Oberfläche der Erscheinungen die Vorstellung des Betrachters eher verwirren als klären würde

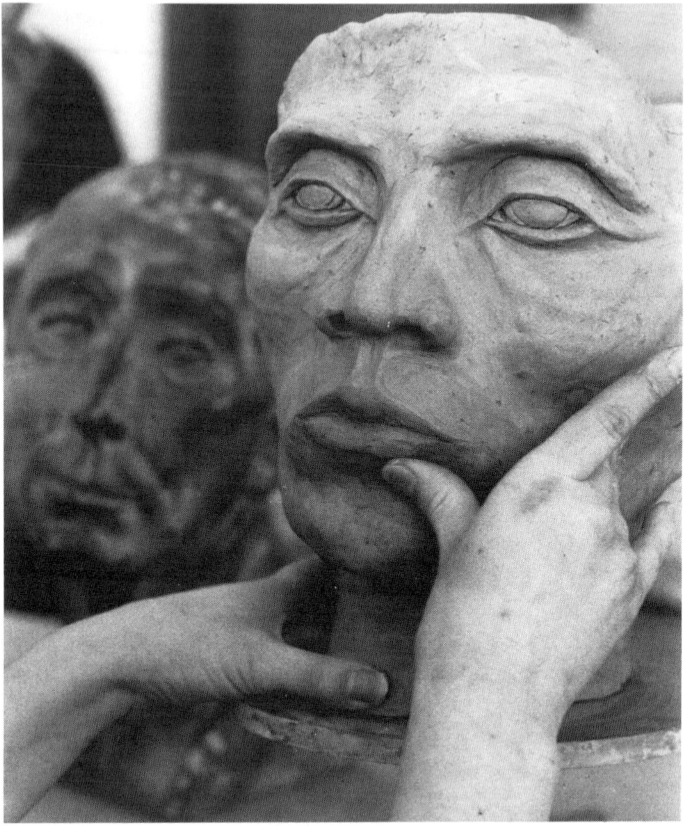

12 Tonkopf in Hohlbautechnik von W. Algermissen

und das unentbehrliche Hilfsmittel des Begreifens durch die Abtastbewegungen der Hände nicht mehr hinreicht, da bedarf es der *Steigerung der Anschauung durch Kenntnis.* Allerdings nicht durch verordnete Kenntnis, sondern durch Kenntnis, für die das vorherige Suchen nach der Einsicht Offenheit erzeugt hat. Insofern kann hier durch die Beschreibung des »exemplarischen Falls« nur der Weg gewiesen werden.

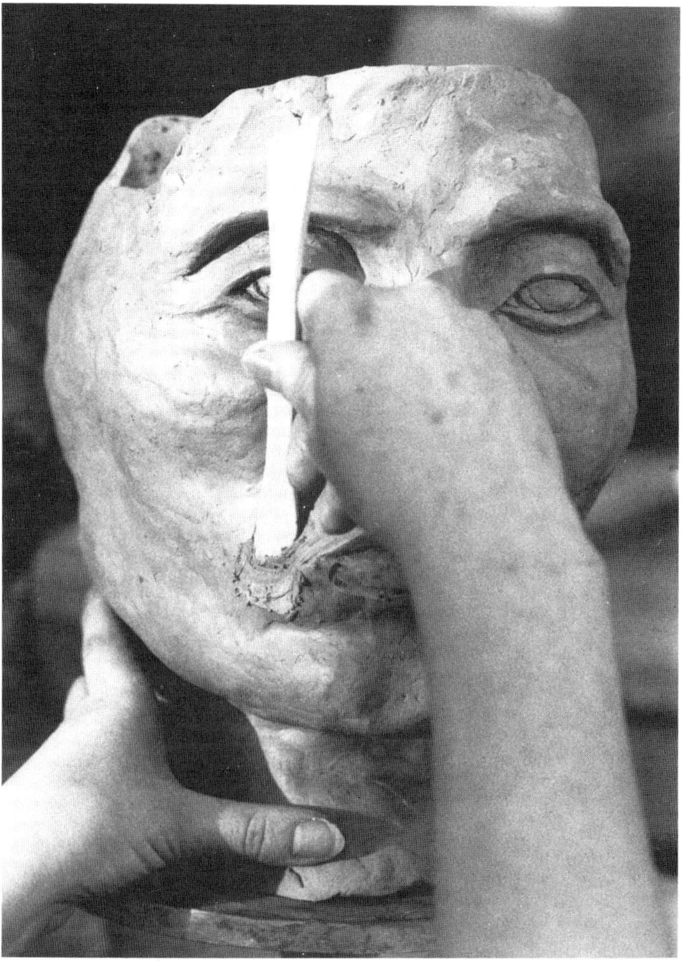

13 Korrektur der plastischen Formen der Mundzone

Jeder, der ernsthaft den Bereich der Erscheinungen als Gestaltender durchforscht, wird irgendwann an die Grenze des Außenblicks stoßen. Er will dann unter die Oberfläche der Erscheinungen schauen, denn: »Die menschliche Gestalt kann nicht bloß durch das Beschauen ihrer Oberfläche begriffen werden, man muß ihr Inneres entblößen, ihre Teile sondern, die Verbindungen derselben bemerken, die Verschiedenheiten kennen, sich von Wirkung und Gegenwirkung unterrichten, das Verborgene, Ruhende, das Fundament der Erscheinung sich einprägen, wenn man dasjenige wirklich schauen und nachahmen will, was sich als ein schönes ungetrenntes Ganzes, in lebendigen Wellen vor unserem Auge bewegt.« (J. W. Goethe, S. 76, 77)

Was liegt unter der Oberfläche der Erscheinungen, was ist ihr Fundament? Nur wer nach der Bildung des Oberkiefers und der Zähne gesucht hat, wird als erstes die Vollkommenheit des gewölbten Bogens der Zähne bemerken (Abb. 14). Der unvoreingenommene Betrachter wird vermutlich über anderes zuerst erstaunen, da der ungewohnte Anblick sich ihm erst nach und nach als menschlicher Schädel zu erkennen geben wird. Wären nicht die Zähne, könnte auch an einen Tierschädel gedacht werden. Würde mehr dem Einblick in die labyrinthischen Höhlungen und Wandungen um den Jochbogen Aufmerksamkeit zugewendet, könnte an vom Wasser ausgehöhlte und blankgescheuerte Felsbildungen gedacht werden. Sehr fremd bleibt dagegen der technische Gegenstand Stahlfeder hinter dem Bogen des Jochbeins. Hier enden die Verwandtschaftsbeziehungen der Formen der organischen Natur. Sonst aber gilt als Ergebnis unseres ersten Einblicks in das uns sonst Verborgene die wichtige Erkenntnis Klees: »Der Gegenstand erweitert sich über seine Erscheinung hinaus durch unser Wissen um sein Inneres.« (S. 246)

Ein Totenschädel als Beispiel für die Anwendung der Prinzipien der Asymmetrie und der Subordination

Es ist aufregend, daß wir zwar buchstäblich Knochen eines Toten vor uns haben, zugleich aber am Anblick des uns sonst

Verborgenen, Ruhenden sehen und begreifen können, *wie die Natur bei der Bildung ihrer Werke vorgeht.* Was wir sehen, ist organisches Wachstum, in bleibender Gestalt festgehalten, damit der Gestaltende ihm seine Gesetze ablauschen kann. Was wir an der wunderbaren Formung dieser menschlichen Knochen, ihrer unerhörten Formspannung, ihren feinen Übergängen von einer Form in die andere erkennen können, ist folgendes: Die allem Werdenden zugrunde liegende Bewegung läßt im Bereich des Organischen die stetig angestrebte vollkommene Symmetrie und geometrische Form (Kreis, Kugel, Ellipse usw.) nicht zu, und zwar um so weniger, je vollkommener das Geschöpf ist. (Nur bei den niederen Geschöpfen, z. B. den Pflanzen, wird das Ziel symmetrischer Verhältnisse häufig annähernd erreicht.) Damit in Zusammenhang steht ein zweites für den Künstler wichtiges Gesetz: *Je vollkommener ein Geschöpf ist, desto unähnlicher sind die Teile des Ganzen.* Je unähnlicher aber die Teile eines Ganzen zueinander sind und je unähnlicher die Teile dem Ganzen sind, um so größer ist der *Grad der Subordination,* und um so vollkommener ist das Geschöpf.

Betrachten wir daraufhin die in diesem Sinn sehr vollkommene Gestalt des menschlichen Schädels genauer, um den Weg vom Studium der Natur zur künstlerischen Form auf sichere Grundlagen zu stellen. Der Blick von oben auf das Schädeldach (Abb. 15) zeigt nicht etwa die Form eines Ovals oder einer Ellipse, wie sie beispielsweise zu einer relativ einfachen Formvorstellung (Abb. 10) passen würde. In der Längsachse würde die fast eckige Ausdehnung auf der rechten Seite des sonst sanft gebogenen Konturs des Hinterhauptschädels symmetrische Teilung verhindern. In der Querachse ist symmetrische Teilung völlig unsinnig. Vielmehr zeigt sich in Abweichung von dem geometrischen Grundmuster der Ellipse ein deutliches Anschwellen der mächtig ausgewölbten Rundung des Hinterkopfes, eine Einziehung der plastischen Form in der Höhe der querteilenden Kranznaht und wiederum ein diesmal jedoch schwächeres Anschwellen in der flacher nach vorn gewölbten Stirnzone.

Eine der Hauptschwierigkeiten des Anfängers, den gesamten Bereich des Hinterkopfes nicht nur materiell an die Zone des Gesichts anzuhängen, sondern einen lebendig organischen Zusammenhang zwischen den Formen zu schaffen, ist relativ leicht zu lösen, wenn der Sinn dieser Gestaltbildung des Schädeldachs gesehen worden ist, das heißt gewußt wird. Am deutlichsten erkennt man den Sinn der gerichteten Form des Schädeldaches aus der Seitenansicht des Schädels (Abb. 16). Den Begriff der Subordination (Unterordnung/Überordnung) veranschaulichend, ist das Ganze des Schädels, das ins Runde strebt, gegliedert in den Hirnschädel und den Gesichtsschädel, dessen Knochen man in der Verkürzung wahrnimmt. Das Hinterhaupt verschließt umhüllend das kostbare Gehirn, während das Vorderhaupt dazu bestimmt ist, sich der Außenwelt aufzuschließen, sie aufzunehmen und zu ergreifen. Dem Gesetz der Subordination gemäß gruppieren sich auch die Gesichtsknochen (Abb. 17) um die beiden großen, nahezu kreisrund begrenzten Augenhöhlen einerseits und die birnenförmige knöcherne Nasenöffnung andererseits. Deren prägnante Form könnte unter den verbergenden Weichteilen der Nase noch weniger durch Abtasten oder Blicken von außen erkannt werden als diejenige der Augenhöhlen. Für die Organisation des Gesichts durch den Gestaltenden ist also wichtig: *Auf dichtestem Raum sind »Gesicht« und »Geruch« beherrschend versammelt.* Etwas darunter, aber auch auf der Achse des Gesichts geortet, findet der Geschmackssinn, der ja sowohl an die Zunge als auch an das Geruchsorgan gebunden ist, seinen Ort. Einen besonderen Platz, entsprechend der andersartigen Funktion, besitzt das Hörorgan, als das vierte der höheren Sinnesorgane.

Weitere Steigerung der Formvorstellung durch die Kenntnis der Zusammenhänge von Muskeln und Knochen

Der Jochbogen, der uns von Anfang an (Abb. 14) wegen seiner Unerwartetheit interessant war, führt uns, vom Gesicht herkommend, zu den Öffnungen der äußeren Gehörgänge unten seitlich an der Schädelbasis. Niemand würde von der Kühnheit dieses frei ausgespannten Bogens durch bloßes Anschauen der Oberfläche des Gesichts eine genaue Vorstellung gewinnen können. Man bekommt fast einen Schrecken wegen der Zartheit und Zerbrechlichkeit dieses weit von der hier nach innen zurückweichenden Schädelwand abgespannten Bogens, der sich für die Tastempfindung so kräftig anfühlt. Die Erklärung für die Täuschung des Tastempfindens beantwortet die Frage nach dem Zurückweichen des räumlich hinter dem Jochbogen liegenden Schläfenbeins (und Keilbeins), das ja schon bei dem

14 Einblick in die Knochenbildung der Wangenzone des menschlichen Schädels

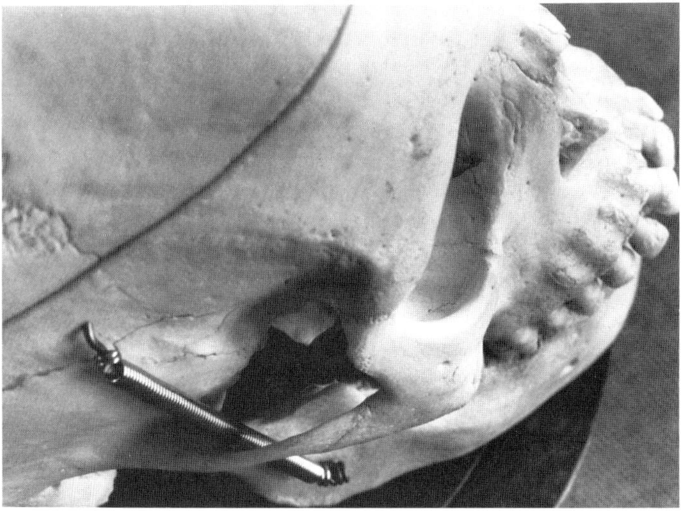

Blick auf das Schädeldach als Einziehung der plastischen Form beobachtet worden war: Der Jochbogen erhebt sich als Brücke über dem Muskelfortsatz des Unterkiefers (der Muskelfortsatz ist die von der Öffnung des Gehörgangs weiter entfernte freie Spitze des hochragenden Teils des Unterkiefers.) und dem daran ansetzenden Schläfenmuskel, dessen Hauptrichtung durch die in Abb. 16 sichtbare Stahlfeder bezeichnet wird. Dieser für die Bewegung des Unterkiefers sehr wichtige Schläfenmuskel wird diagonal übergriffen vom Kaumuskel, der vom Jochbogen und seiner Verbreiterung, dem Wangenknochen oder Jochbein, entspringt und an der Außenseite des Unterkiefermuskels angreift.

Der Jochbogen mit seiner Verbreiterung im Wangenknochen ist aber nicht nur die auffälligste Gestaltbildung der Seitensicht, sondern er ist auch für die Bildung der Gesichtsseite sehr wichtig. Zum einen faßt er die Augenhöhle von der Seite und von unten ein, indem er sich teils an den Oberkieferknochen und teils an das von oben entgegenkommende Stirnbein anlegt, zum anderen bestimmt er wesentlich den Übergang von der Seite des Schädels zum Gesicht. Wie wichtig diese Umschlag- und Eckposition für die Architektur des Gesichts ist, kann durch die Erinnerung an den empfindlichen Mangel dieser architektonischen Qualitäten bei Abb. 5 vergegenwärtigt, oder aber besser durch den Blick auf deren Fülle neu erkannt werden. Bevor entsprechende Kunstbeispiele betrachtet werden, soll jedoch die Stufe des Übergangs vom Studium der Natur zur künstlerischen Form noch einmal bedacht werden.

Die Grenzen des Naturstudiums für den Künstler

Daß die menschliche Gestalt nicht bloß durch die Betrachtung ihrer Oberfläche begriffen werden kann, mag ebenso deutlich geworden sein, wie die Vielfalt möglicher Konsequenzen aus der Einsicht in die Gestaltbildungsgesetze der Natur für die gestalterische Tätigkeit ahnbar geworden sein mag. Aber, wenn nicht der Künstler mit dem Naturforscher identisch sein soll, stellt sich uns jetzt die Frage, wie weit soll sich der Künstler mit Anatomie, Osteologie oder Mikroskopie befassen? »Nur im Sinne der Beweglichkeit. Und nicht im Sinne einer wissenschaftlichen Kontrollierbarkeit auf Naturtreue . . . , sondern im Sinne einer Freiheit, die lediglich ihr Recht fordert, ebenso beweglich zu sein, wie die große Natur beweglich ist.« (P. Klee, S. 248). So lautet die Antwort Klees, mit der er die Grenze gegenüber dem Wissenschaftler betont und sich zugleich gegen die Angriffe Kritik übender »naturgetreuer« Realisten verwahrt. Klee bezieht sich mit dieser Antwort auf die Position Goethes, der, ganz vergleichbar, der möglichen Verwechslung von Künstler und Naturforscher entgegentritt und auch den Begriff der Nachahmung gegen das knechtische Nachmachen sichert: »So wie nun eine genauere Kenntnis der einzelnen Teile menschlicher Gestalt, die er zuletzt wieder als ein Ganzes betrachten muß, den Künstler äußerst fördert, so ist auch ein Überblick, ein Seitenblick über und auf verwandte Gegenstände höchst nützlich, vorausgesetzt, daß der Künstler fähig ist, sich zu Ideen zu erheben und die nahe Verwandtschaft entfernt scheinender Dinge zu fassen.« (J. W. Goethe, S. 77).

Wenn die einzelnen Teile zuletzt wieder als ein Ganzes betrachtet werden, dann fördert das Zergliedern den Künstler. Diese Betonung der Wichtigkeit des *ungetrennten Ganzen* ist uns schon einmal am Beginn unserer Betrachtung des Knochenbaus des Schädels begegnet. Die Kenntnis des sonst verborgenen Fundaments der Erscheinungen war dort als Bedingung *des Schauens und Nachahmens* dessen aufgestellt, was sich als schönes ungetrenntes Ganzes vor unseren Augen bewegen soll.

Über die Nachahmung der Natur durch die Kunst

Das Wiederberühren unseres Ausgangspunktes nehmen wir als ein Zeichen, daß der Kreis unserer Überlegungen soweit abgeschlossen ist, daß wir uns jetzt der Betrachtung von Kunstwerken zuwenden müssen, die als Ergebnisse der Auseinandersetzung mit der Natur alle Grundsätze und Einsichten, die wir auf dem bisherigen Weg erarbeitet haben, in sich enthalten müssen. Daß aber das Kopieren der Naturgestalten nicht die Aufgabe des Künstlers ist, darauf deutet der zweite Teil unseres Zitats, der die Nützlichkeit eines Überblicks über verwandte Gegenstände abhängig macht von *der Fähigkeit des Künstlers, sich zu Ideen zu erheben.* Der Künstler muß in die »Tiefe seines eigenen Gemüts« (Gemüt ist hier als philosophischer Begriff zu verstehen und etwa mit Geist gleichzusetzen) und »in die Tiefe der Gegenstände« dringen, »um in seinen Werken nicht bloß etwas leicht und oberflächlich Wirkendes, sondern, wetteifernd mit der Natur, etwas geistig Organisches hervorzubringen, und seinem Kunstwerk einen solchen Gehalt, eine solche Form zu geben, wodurch es natürlich zugleich und übernatürlich erscheint«, so lautet die entsprechende Kernstelle der Einführung in die Propyläen.

Die Form des Schädeldachs des »Niccolo da Uzzano« von Donatello als Beispiel für »organisch-geistige« Formbildung

Der Blick auf das Schädeldach des von Donatello 1432 geschaffenen Kopfes des Niccolo da Uzzano (Abb. 15) erklärt, was mit den Begriffspaaren natürlich/übernatürlich, organisch/geistig, Tiefe des Gegenstandes/Tiefe des eigenen Geistes gemeint ist. Der Vergleich mit dem parallel angeordneten Totenschädel (Abb. 16) zeigt, daß Donatello die Gesetze organischer Naturen beherrschen und nachahmen konnte. Die Form der Haare ist so eng mit der Schädelform verschmolzen, daß ein ungetrennteres Ganzes nicht so leicht gefunden werden kann. Die Erkenntnis Moores: »Vollrunde Plastik hat an keiner Stelle zwei einander völlig gleiche Ansichten. Das Verlangen nach vollkommen verwirklichter Form steht in Verbindung mit Asymmetrie« (S. 37), und unsere eigenen Aussagen über

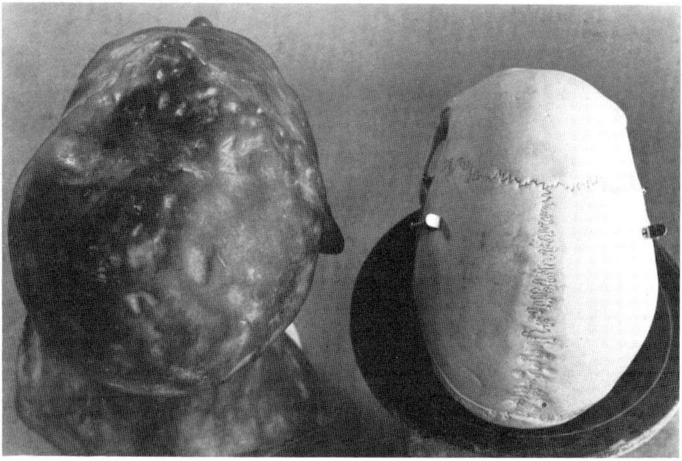

15 Schädeldach des »Niccolo da Uzzano« von Donatello im Vergleich zum menschlichen Schädeldach

16 Vergleich der Seitenansicht des menschlichen Schädels mit Donatellos »Niccolo da Uzzano«

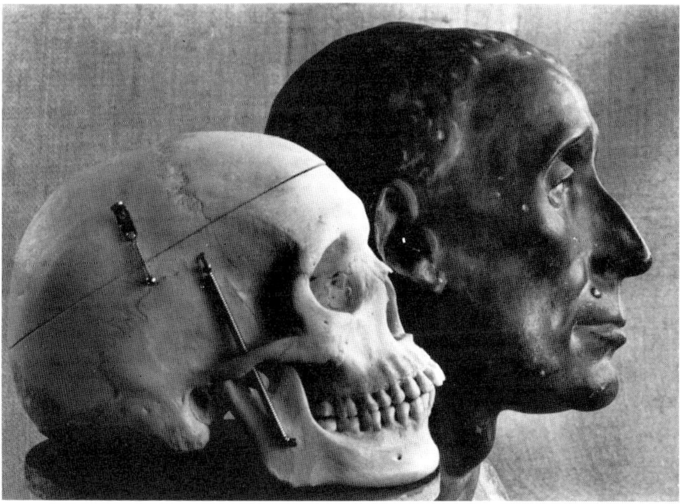

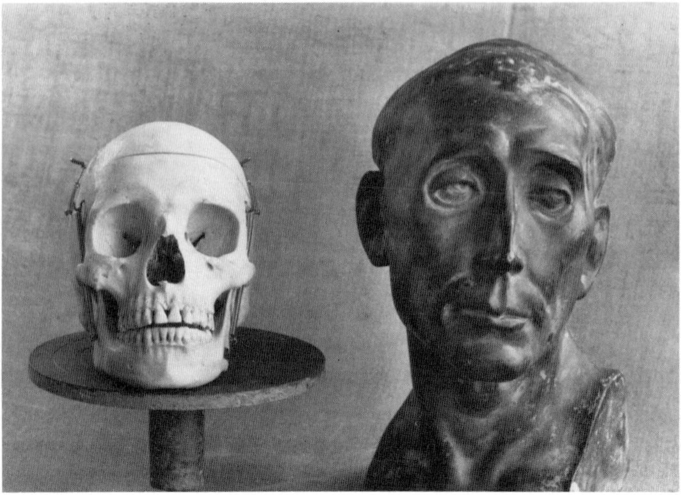

17 Gesichtsknochen beim Menschen im Vergleich zur Frontansicht des »Niccolo da Uzzano« von Donatello

Asymmetrie, angestrebte Symmetrie und Subordination bei organischem Gestalten finden hier ihre Bestätigung.

Aber woran soll das über die Natur Hinausgehende, also die geistige Behandlung des Stoffes, erkennbar sein? Das was für den oberflächlichen Blick wie die anormale Verstärkung der Asymmetrie des vergleichbaren Totenschädels aussehen mag, zeigt eine der Ideen, zu der Donatello sich erhoben hat. Die längsachsiale Richtung des Hinterhauptes, die wir an der Bugspitze der Haarform auf der Stirn ablesen können, wird durch die Richtung des Gesichtsschädels *nicht* aufgenommen. Die Längsachsen beider Bereiche sind wie um einen Gelenkpunkt gegeneinander versetzt. Auf der rechten Seite wirkt sich die entschiedene Richtungsänderung auf die Form des Konturs kaum aus. Nur das *allein* auf dieser Seite sichtbare, weit abgewinkelte und nach vorn gerichtete Ohr ist auffällig. Auf der linken Seite jedoch wird in der Höhe der Schläfenzone der eigentlich nach *außen* zu wölbende Kontur nach *innen* eingedrückt und gebrochen. Hinterhaupt und Vorderhaupt sind also nicht nur gerichtet aufeinanderbezogen, sondern es ist eine entschiedene Spannung zwischen den beiden Hauptteilen des Kopfes erzeugt. Aus der Verdichtung der Rundform des Hinterhauptes und gewissermaßen *gegen* ihren Widerstand wird die *Drehung* des Gesichts in ihrer *Gespanntheit* erzeugt.

Es versteht sich, daß diese »Deformation« – wir denken an Klees »ebenso beweglich sein, wie die große Natur beweglich ist« – nur dem auffällt, dessen Anschauung bereits durch Kenntnis des sonst Verborgenen gesteigert ist. Daß aber die Beobachtung dieses »Übernatürlichen« bei diesem einfachsten Blick auf die Erfindung Donatellos kein Hirngespinst ist, zeigt sich beim Anblick der Hauptseite (Abb. 17). Die Spannung in der Drehung und das gegen den zurückbleibenden Ansatz der Schultern erzeugte *Freiwerden* des Gesichts prägt das Ganze des Kopfes und bildet mit an dem ausgedrückten Gehalt bis in die Richtung und den Ausdruck der merkwürdig verdeckt blickenden Augen.

Einheit im Mannigfaltigen als höchste Leistung des mit der Natur wetteifernden Künstlers am Beispiel des »Niccolo da Uzzano« von Donatello

Es ist nicht einfach, die Rätsel dieser ungemein synthetischen Erfindung Donatellos zu entziffern. Aber schon diese eine Idee »gespannter Drehung« würde ausreichen, um Donatello vom Verdacht der Naturkopierung freizusprechen. »Indem der Künstler irgendeinen Gegenstand der Natur ergreift, so gehört dieser schon nicht mehr der Natur an, ja man kann sagen, daß der Künstler ihn in diesem Augenblick erschaffe, indem er ihm das Bedeutende, Charakteristische, Interessante abgewinnt, oder vielmehr erst den höheren Wert hineinlegt.« (J. W. Goethe, S. 79) Der erste Teil dieses Zitats mag nach der Betrachtung des Schädeldachs des Donatello-Kopfes einleuchten, aber worin besteht das »Bedeutende«, das der Bildhauer als seine geistige Leistung darüber hinaus dem Kopf des Niccolo da Uzzano verliehen hat?

Das »Charakteristische«, das die durchdringende Kenntnis des menschlichen Kopfes in seinen Formen und Funktionen bis zur vollkommenen Verwirklichung des Gattungsbegriffs zur Vorbedingung hat, ist allen Einzelformen des Gesichts abgewonnen. Stirn, Augen, Nase, Mund, Kinn, alle Teile des Gesichts sind durchaus so geformt, daß sie dem Inbegriff der gemeinsamen Merkmale, durch die sich die Gemeinschaft der Menschen zusammenschließt, entsprechen. Aber wer hätte je eine Nase von solch überlanger Schlankheit gesehen? Von der Schmalheit ihres Rückens macht man sich am besten einen Begriff, wenn man die eigene Nase im Spiegel betrachtet. Falls ihm je eine solche Donatello-Nase in der Natur begegnen sollte, wird der Anatom an ihrer Funktionstüchtigkeit zweifeln müssen. Im Gesicht des Niccolo da Uzzano aber hat sie die richtige Form und den richtigen Ort.

Dies ist das eigentlich Aufregende, daß Donatello bei einer sehr auffälligen Form des Gesichts, *die weit über die Norm der Natur hinausgeht,* den Eindruck erzeugt, als sei es eine ganz »natürliche« Nase. Aufregend ist, daß dies auch für die weniger extrem geformten Teile des Gesichts gilt, zum Beispiel für die sehr eigenartig eingebetteten Augen, für die Lippenformen des fest geschlossenen Mundes, für die verhältnismäßig niedere Stirn, die ja entgegen der Normalerwartung keineswegs den Eindruck des Geistlosen hervorruft. Dies ist nur möglich, wenn jede der besonderen Teilformen zur Einheit des Ganzen, die sie eigentlich zersprengen müßte, beiträgt. Darin liegt das eigentlich geistige Verdienst des Bildhauers, daß er die mannigfaltigen charakteristischen Einzelbildungen, die in der Natur, wenn überhaupt, einzeln verteilt vorkommen, als eine individuelle und unverwechselbare Einheit hervorgebracht hat. Dies war nur möglich, weil für Donatello die Einheit der menschlichen Natur als innige Verbindung organischer und geistiger Kräfte unabdingbare Voraussetzung seiner Erfindung war. Fragen wir daraufhin: Zu welcher umfassenden Idee hat Donatello sich bei seinem Bild des Menschen erhoben?

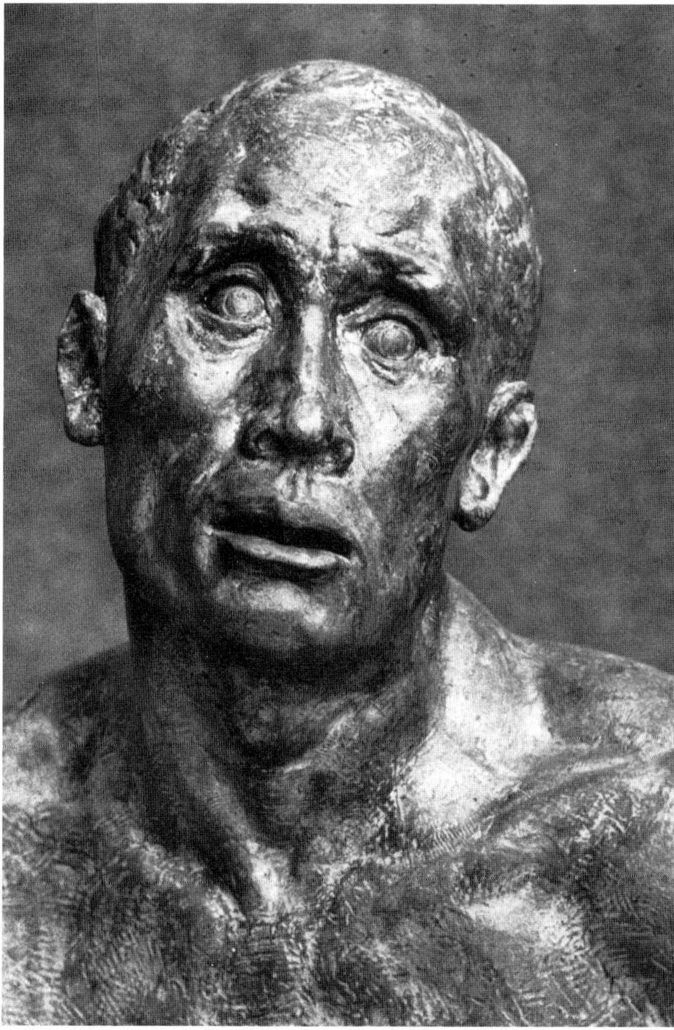

18 H. Leber, Vom Schmerz Getroffener. 1978. Betonguß

Aufgrund der verschiedenen Ansichten (Abb. 15, 17) ahnt man, daß der Hals des Niccolo nicht senkrecht aus dem Schultergürtel aufwächst. Er ist vielmehr erstaunlich weit nach vorn gereckt und verlängert mit einem sehr kräftigen und muskulösen Nacken den Rückenkontur, um so überzuleiten in die gespannt aufmerksame Kopfhaltung. Nicht jugendlich kraftvoller Überschuß oder schmerzliche Gebrochenheit trotz jugendlicher Kraft (Abb. 18), sondern eher Festigkeit, Entschiedenheit, Entschlossenheit beherrschen die nach oben sich herauswendende Kopfdrehung. Im Gegensatz zu dem »Vom Schmerz Getroffenen« wird das unten kraftvoll Begonnene nicht durch den Ausbruch des Schmerzes nach außen entladen, sondern an gebändigter Beherrschtheit gesteigert.

Auch der Bau des Gesichts (Abb. 19) ist von der Spannung über vielfältigen Gegensätzen bestimmt. Wir sehen ein Gesicht von überschlanker edler Feinheit. Aber es ist nicht die Abgezehrtheit des Asketen. Vielmehr hat man den Eindruck ernster Gemessenheit, ungemeiner Klugheit und Erfahrenheit, aber keineswegs denjenigen der Gebrochenheit. Es herrscht die *Spannung zwischen der Potenz zum Feinen, Schmalen,* besonders in der Bildung der Knochen, wo sie greifbar scheinen unter der dünnen Schicht straff gespannter Haut, *und der Möglichkeit zum Vollen, Muskulösen* an Wange, Kinn und Mund.

Bedeutend ist das Hauptmotiv der Augen. Unter den dachartig vorspringenden Augenbrauenknochen (nicht etwa Augenbrauen) liegen die Augen vertieft in ihren Höhlen. Die knochigen Ränder der Augenhöhlen des Totenschädels (Abb. 17) wirken mit am Ausdruck des Lebendigen. Es gelingt dadurch eine erhebliche Steigerung der Möglichkeit zum Schauen. Der innerste Kreis der Iris wird von dem Pupillenring, den Lidern und der abschließenden Form der vorspringenden Kanten der Augenhöhle jeweils steigernd umringt. Alle Formen sind regiert von der Richtung des »aufsteigenden« Blicks bis in die steil steigenden Formen der Augenbrauenknochen und der Oberaugenbrauenbögen der Stirn. Aber das Merkwürdige ist, daß das so vorbereitete Blicken nicht frei werden soll, sondern

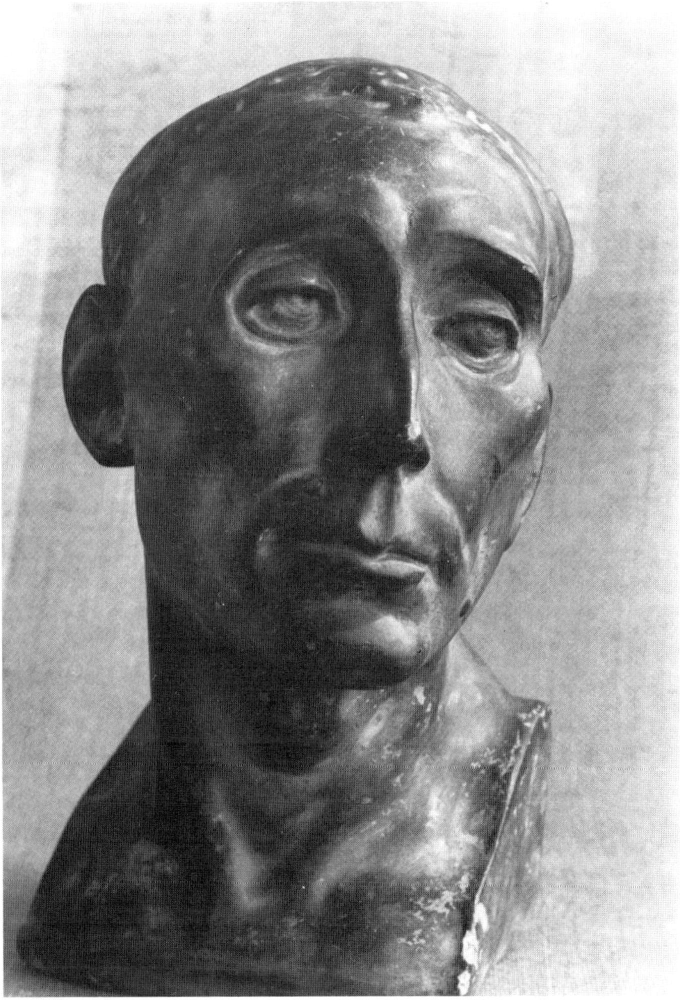

19 Donatello, Niccolo da Uzzano. 1432. Gipsabguß nach dem Original

daß die oberen, fast halbkugelig ausgebildeten Augenlider den Augapfel und sogar einen Teil der Iris so bedecken, daß ein rasches weites Öffnen der Augen schwer denkbar erscheint. Der Blick folgt zwar der gesamten Gebärde von Hals und Kopf schräg nach oben, aber Donatello will weder einen schmerzlich geweiteten Blick (Abb. 18) noch rasches unbefangenes Blicken aus weit geöffneten Augen, sondern sinnend bewußte Zurückhaltung im Verschließen des Blicks.

Auch bei der Bildung der Nase, die zum aufsteigenden Hauptmotiv des Blickens das Hinab setzt, geht es nicht nur um organischen Formzusammenhang. So wie bei den Gegensätzen der Augenformen geistig organische Bildungen vorliegen, so sagt auch die Form der Nase, wie sie von der Einkerbung zwischen den Augenbrauenknochen in einem Bogenschwung bis in die feine Spitze und die dünnwandigen Nüstern führt, viel über das Selbstbewußtsein und die Empfindungsfähigkeit ihres Besitzers aus.

Das messerscharfe Herabteilen der Nase, deren erstaunliche Bildung erst im Zugleich von Haupt- und Seitenansicht (Abb. 16, 17, 19) erfaßt werden kann, wirkt sich bis in die Formen des Mundes und in die zum kugeligen Kinn führenden Mundfalten aus. Der Mund ist fest geschlossen. Die angespanntere Oberlippe wirkt fast fleischlos im Gegensatz zur weiter vorragenden und fast üppigen Unterlippe. Die Mundwinkel sind herabgezogen, aber kaum aus Bitterkeit, eher klingt hier das Vermögen zu feiner Ironie an.

Wie dicht die Einheit des »Natürlichen« mit dem »Übernatürlichen« ist, verdeutlicht auch der Blick auf die uns besonders vertraute Wangenknochenzone (Abb. 16). Wer die Formen von Jochbogen, Wangenknochen und seitlicher Augenhöhle durch den Blick unter die Oberflächen kennt, wird stutzen, denn es sieht so aus, als habe der Bildhauer gerade unseren Modellschädel, den wir zufällig zur Verfügung hatten, studiert, so genau sind die Übereinstimmungen, die sich bis in den Verlauf der Außenkonturen nachweisen lassen. Aber gerade diese unmittelbare Vergleichbarkeit zeigt, wie weit Donatello davon entfernt war, die beiden Bereiche Natur und Kunst für austauschbar zu halten. Weder wird der Anblick des Knochenmanns noch die Kenntnis der Anatomie vorgezeigt, sondern im dichtesten Zugleich der sonst verborgenen Formen der Knochen mit der lebendigen, buchstäblich in »Wellen« bewegten Oberfläche spüren wir das von Donatello erzeugte lebendige Gesetz. Folgen wir dem Ablauf des Bogens der Augenhöhle in die Gegenkurve des Wangenknochens, so werden wir wie von selbst weitergeführt in die dem Augenbogen entsprechende konkave Bogenform der Wangenfalte. Bemerken wir zugleich die vollkommene Regelmäßigkeit der drei Kurvenabschnitte zueinander und beobachten wir außerdem, wie exakt Auge, Öffnung des Ohrs, Jochbogen, Nasenspitze, Fuge der Lippen auf die Punkte der größten Schwingungsweiten der drei Kurven bezogen sind, dann ist kaum ein Zweifel daran angebracht, daß dem natürlich wirkenden organischen Zusammenhang ein *strenges Gesetz* zugrunde liegt, das zugleich so frei gehandhabt wird, wie die »große Natur« bei ihren Bildungen frei ist.

Wir möchten behaupten, daß Donatello in der Erfindung des »Niccolo da Uzzano« ein Werk hervorgebracht hat, das sowohl *in die Tiefe der menschlichen Natur dringt* als auch einen Begriff davon geben kann, was es bedeutet, *in die Tiefe seines eigenen Geistes zu dringen.* Wir wollen sehen, welchen Weg andere gefunden haben, um die hier angesprochene Einheit des Subjektiven mit dem Objektiven und das von Donatello verwirklichte Prinzip der *Einheit im Mannigfaltigen* auf ihre Weise zu erfüllen.

Selbsterfahrung und Selbstverwirklichung in der eigenen künstlerischen Arbeit

Dem einen oder anderen kritischen Leser mag es so erscheinen, als sei der Bogen überspannt, wenn die Bilderfindung von einem der berühmtesten Künstler des 15. Jahrhunderts zum Maßstab eigener bescheidener Versuche erhoben wird. Hier liegen Mißverständnisse nahe. Zunächst darf daran erinnert werden, daß in den Künsten wie in den Wissenschaften ein Begriff sich erst in seinen Grenzen rein darstellt. Erst das Treiben bis an die Grenze zeigt die Dinge in ihrer Klarheit. Insofern wird gern eingeräumt, aber nicht eingestanden, daß die Fragen, die sich im Fortschreiten des Gedankens ergaben, am klarsten durch die Betrachtung des Donatello-Kopfes Antwort finden konnten, und zwar deshalb, weil er innerhalb der bisher betrachteten Gestaltungen den höchsten Grad vorbildlicher Gestaltetheit besitzt.

Einen großen Künstler wie Donatello als Maß für die eigene Bemühung zu nehmen, ist weder hochmütig noch niederschmetternd, wenn Klarheit darüber besteht, daß auch der größte Künstler vom »Normalmenschen« im Wesen seiner Natur nicht prinzipiell, sondern graduell unterschieden ist. Der Anerkennung des Großen liegt ein Menschenbild zugrunde, das davon ausgeht, daß kein Mensch nur ein reproduzierendes, sondern seiner Natur entsprechend ein *produzierendes* Wesen ist. Im Gegensatz zu Wahrnehmungstheorien und darauf aufbauenden Erziehungstheorien, die auf die leichtere Verwertbarkeit des Menschen im Produktionsprozeß abzielen (bezeichnenderweise wird das Wort Produktion dann mit der Tätigkeit von Maschinen verbunden), kommt es uns deshalb darauf an, eine alte, seit Platons Dialog »Theaitetos« gewußte Wahrheit zu erneuern: *Es gibt keine Erfahrung, die nicht produziert, das heißt, hervorgebracht wird.* Dies gilt im alltäglichen Leben; in besonderem Maß gilt es für die künstlerische Tätigkeit, die von der *Selbsterfahrung und Selbstfindung* nicht zu trennen ist.

Vor diesem Hintergrund bedeutet der Ausblick auf drei weitere Plastiken von Studenten der Wissenschaftlichen Hochschule Hildesheim nicht Abstieg von den Höhen der Kunst in die Niederungen der Anfänger, sondern ein erstaunliches Dokument für die hervorbringende Kraft des menschlichen Geistes, der jedem einzelnen die Auseinandersetzung des Subjektiven mit Objektivem zum Ziel setzt. Abb. 20–22 zeigen, daß in der künstlerischen Auseinandersetzung immer das individuelle innerliche Bild der jeweiligen Gegenstände hervorgebracht wird. Obgleich, wie bei den anderen Studentenarbeiten, auch hier Erstarbeiten mit dem allgemeinen Thema »Menschlicher Kopf« vorliegen, zeigt das Ergebnis sehr individuelle *Selbstbildnisse*. Obwohl alle Studenten am gemeinsamen Studium des Totenschädels teilnahmen, obwohl durch den eingehenden Vergleich von Schädel, Donatello-Kopf und lebendigem Gesicht die Aufmerksamkeit immer wieder auf den Vergleich eigener und fremder Formbildungen gelenkt wurde, zeigt das Ergebnis der Auseinandersetzung nichts Fremdes oder Allgemeines, sondern die *Findung des eigenen Ich*. Man kann sich das Erstaunen der Teilnehmer des Plastikkurses vorstellen, als sich nach und nach immer deutlicher zeigte, daß alles künstlerische Ausdrücken so sehr Abdruck der eigenen Identität ist, daß bei der Gestaltung des ersten Kopfes fast immer ein Selbstbildnis entsteht. Verblüffend ist bei den vorliegenden Beispielen weniger die Übereinstimmung der Einzelformen der Plastiken mit den dazugehörigen Zügen ihrer Urheber. Dies wäre noch relativ leicht zu erlernen. Verblüffend ist vielmehr die Sicherheit, mit der jeweils der lebendige Ausdruck des eigenen Gesichts getroffen ist, obwohl ja nachweisbar nicht die Absicht zum Selbstporträt bestand (Abb. 20 zeigt die Darstellung eines Kinderkopfes, Abb. 21, 22 Männerköpfe). Jeder, der auf der Grundlage längerer künstlerischer Tätigkeit an einem Selbstporträt gearbeitet hat, weiß, wie schwer es ist, den »richtigen« Ausdruck zu finden. Er wird den Anfänger um diese erste Leistung beneiden.

Ohne die schwer zu ermessende Kluft zwischen diesen Anfangsarbeiten und dem Kopf des Niccolo da Uzzano von Donatello verwischen zu wollen, darf doch etwas über diese Arbeiten gesagt werden, was sie in das Gebäude der Kunst einbezieht, das viele Stufen besitzt. Trotz mancher vielleicht sogar lächerlichen Ungeschicklichkeit im einzelnen fällt etwas an diesen Gebilden auf, was sie von den *leicht gemachten Dingen* unterscheidet. Sie besitzen alle eine Inständigkeit, einen so großen Ernst, daß sie fast gegen ihren Willen eine Schönheit bekommen, die man nicht leicht für möglich gehalten hätte bei ersten Werken.

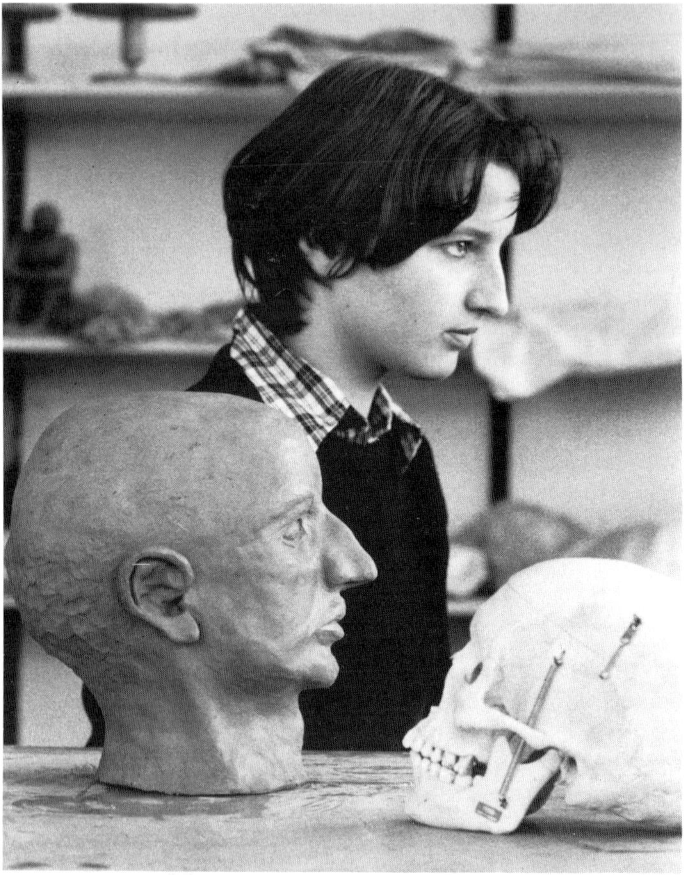

20 Der Zusammenhang zwischen Totenschädel, unbeabsichtigtem Selbstporträt und Urheberin

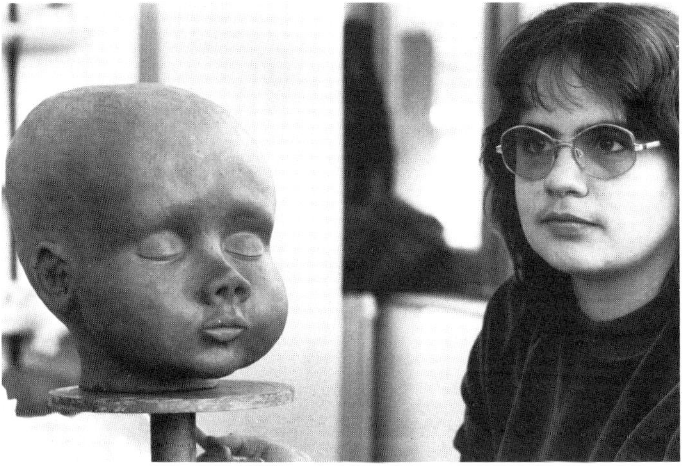

21 Vergleich eines Werkstücks mit dem Gesicht der Urheberin

22 Die Übereinstimmung zwischen Tonmodell und dem Aussehen der Urheberin umfaßt die äußere Form und den seelischen Ausdruck

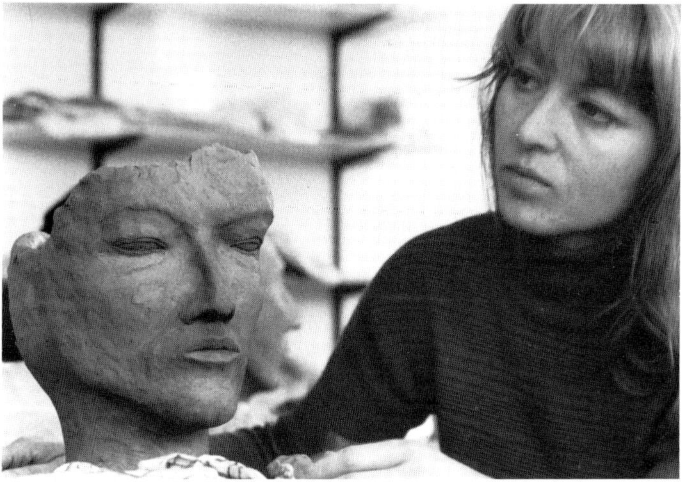

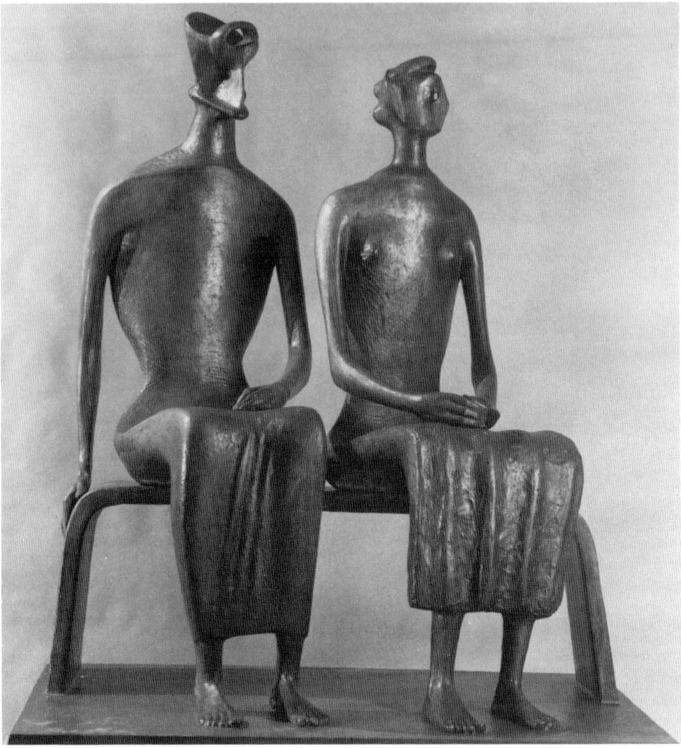

23 Henry Moore, König und Königin. 1952/53. Bronze, 163,8 × 138,4 × 84,4 cm. London, Tate Gallery

Dieses selbst Mit-Liebe-Getan-Haben ist noch aus anderen Gründen wichtig. Es eröffnet den Weg zum verständnisvollen Anschauen der Dinge über sich selbst hinaus und verhindert den zerstörerischen Blick des ewigen Kritikers, der sich daran gewöhnt hat, alles Gestaltete nach seinem kleinlichen Maß einzuebnen, was meist darauf hinausläuft, an Donatellos Werk mit Not das Grundschema des menschlichen Gesichts wiederzuerkennen und an einem äußerlich naturfernen Werk, wie Moores »König und Königin« (Abb. 23) lediglich einen

Haufen willkürlicher Formen zu sehen, wo es im einen Fall ein Wunderwerk der Kunst zu erkennen gibt und im anderen Fall die versinnlichte Idee eines herrscherlichen Menschenpaares, das eine Herausforderung bereithält in der Spannung zwischen den vertrauten Formen der Körper und der Fremdheit der alles versammelnden und beherrschenden Häupter.

Auguste Rodins neues Menschenbild und dessen Bedeutung für die Moderne

Für die vielen, die zeitlebens gegen solche Blindheit ankämpfen mußten, ohne bitter zu werden, soll neben Henry Moore der Bildhauer gestellt werden, mit dem die Moderne in der Plastik begonnen hat: Auguste Rodin. Sein Jugendwerk »Der Mann mit der zerbrochenen Nase« (Abb. 24), zu dem Rodin ein einfacher Mann von der Straße mit dem Spitznamen »Bibi« Modell gestanden hat, ist ganz und gar ein Werk auch unserer Zeit. Aber es ist deshalb doch nicht abgetrennt von den Prinzipien, die den Werken naturnachahmender Künstler aller Epochen zugrunde liegen. Rodin zeigt uns in seinem Werk seine Verehrung der Natur; zugleich ist es die vornehmste Anrufung Michelangelos und der Antike, die wir in der Moderne kennen. Wer das Bildnis Michelangelos von der Hand Daniele da Volterras und den Kopf Homers (wie er in Goethes »Schriften zur Kunst« beschrieben ist) mit der Darstellung des Mannes mit der zerbrochenen Nase vergleicht, wird das Bildnis Homers mit den Zügen Michelangelos erblicken. Neu gegenüber Antike und Renaissance ist das Übergewicht der von außen wirkenden Kräfte bis fast zur Auflösung des inneren festen Kerns des Schädels. Daß Rodin ein Gesicht erfindet, das das Ruinöse nicht nur vorzeigt, *wie es ist,* sondern enthüllt, *wie es geworden ist,* trennt ihn nicht von Donatello, sondern verbindet ihn sowohl mit diesem wie mit anderen großen Künstlern. Aber daß die von innen nach außen dringende Festigkeit, die Architektur des Schädels dem von außen Kommenden nahezu unterliegt, verrät eine besondere Auffassung vom Menschen.

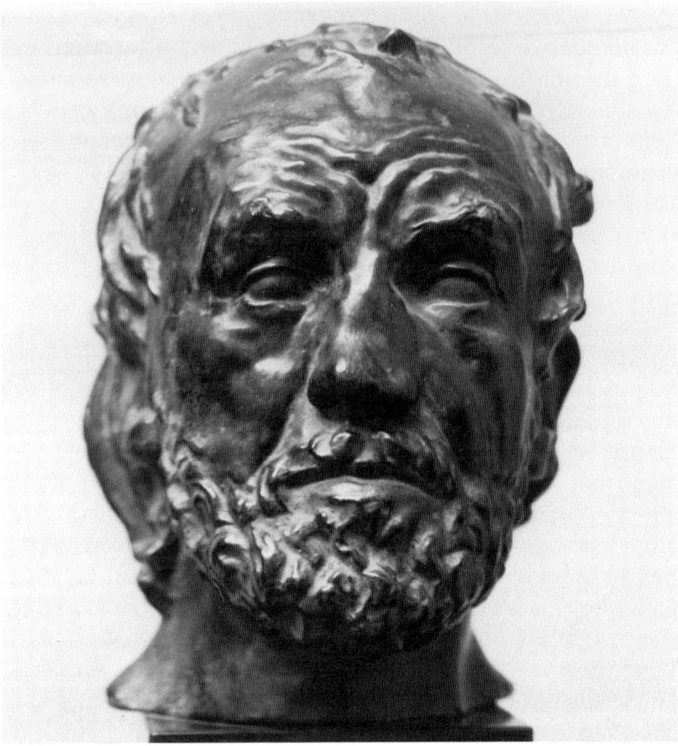

24 Auguste Rodin, Der Mann mit der zerbrochenen Nase. 1864. Bronze. Paris, Musée Rodin

Dieser Unterschied zu den großen Vorgängern ist nicht genau genug mit dem Begriff »modelé« zu fassen. Gerade auch Donatello hat uns, besonders in seinen Alterswerken, einen Begriff davon gegeben, wie Licht von der Plastik in Besitz genommen wird, wie es ist, wenn das mannigfaltig abgewandelte Gefälle der Oberflächen die Bewegung des Lichts zu eigen nimmt, daß es bald matt, bald scharf glänzend erscheint. Der Unterschied liegt vielmehr im gegensätzlichen Verhältnis der Bildhauer zu dem, was wir mit dem Begriff *Architektur* bezeichnen, der sich sowohl auf innere als auch äußere Festigkeit der hochorganisierten Natur der Kunst bezieht. Da, wo bei Rodin das stetige Aus- und Einatmen der Oberfläche auf wankendem Grund, an wichtigen Kulminationspunkten zu menschlich bedeutender Form drängt (Mund, Nase und Augen unseres Beispiels) oder als menschlich gesteigertes Handeln (Höllentor) hervortreten will, finden wir unter Donatellos reich gegliederten Oberflächen immer Festigkeit des tragenden Fundaments.

Rilke hat die besondere Tat Rodins für die Kunst, aber auch ihre Gefährdetheit, die immer noch die unsere ist, in einem Vortrag so ausgedrückt: »Ich wiederhole es, und es scheint mir immer noch wunderbar, daß es einen Menschen gibt, dessen Arbeit zu solchen Maßen angewachsen ist. Aber ich kann doch nicht den erschreckten Blick vergessen, der mich einmal abwehrte, als ich in einem kleinen Kreis mich dieses Ausdrucks bediente, um die ganze Größe Rodinschen Genies für einen Moment gleichzeitig heraufzurufen. Eines Tages begriff ich diesen Blick ... Und seither sehe ich die Tragik dieses Werkes auf dem Grunde seiner Größe. Ich fühle deutlicher als je, daß in diesen Dingen die Skulptur unaufhaltsam zu einer Macht angewachsen ist wie niemals seit der Antike. Aber diese Plastik ist in eine Zeit geboren worden, die keine Dinge hat, keine Häuser, kein Äußeres. *Denn das Innere, das diese Zeit ausmacht, ist ohne Form, unfaßbar: es fließt. Dieser hier mußte es fassen. ... Er hat all das Vage, Sich-Verwandelnde, Werdende, das auch in ihm war, ergriffen und eingeschlossen und hingestellt wie einen Gott.*« (R. M. Rilke, S. 34–36 – Hervorhebungen vom Verfasser)

Daß aus dem »Sich-Verwandelnden« der Gestaltbildungen Rodins sehr rasch abstrakt allgemeine Übergänglichkeit werden konnte, zeigt der Gang der Geschichte der Kunst. Weil wir wissen, daß in den Zeiten, wo nur noch der Reiz delikater, aber menschlich bedeutungsloser Oberflächen gesucht wurde, nicht nur das Erbe Rodins in Gefahr war, bedarf es menschlich bedeutender Kunst. *Um sie hervorzubringen, ist die Zwiesprache mit der Natur ebenso unerläßliche Bedingung wie die Beherrschung des Handwerks.*

II Gusstechniken auf der Grundlage von Negativformen aus Gips

1 Die Herstellung der Negativformen

Die verlorene Form

Jede gegossene Skulptur setzt die Herstellung einer Gußform voraus, in die jeweils geeignetes Material vergossen werden kann. Ähnlich wie leicht formbarer Modellierton das verbreitetste Ausgangsmaterial des Plastikers ist, so ist der handelsübliche Stuckgips das am häufigsten verwendete Material für die Herstellung von Gußformen. Diese Gußformen können im Normalfall nur ein einziges Mal verwendet werden. Es sind sogenannte *verlorene Formen,* denn nach dem Erstarren des Gießmaterials wird die Gußform vom originalen Einzelguß abgeschlagen. (Um eine Serie der gleichen Plastik herzustellen, müßten neue Gußformen von diesem Original abgenommen werden.) Nur im Falle besonderer Beschaffenheit geht die Gußform nicht verloren (vgl. Kapitel III). Das Verfahren, nach dem verlorene Formen hergestellt werden, ist prinzipiell stets das gleiche: Das fertige Tonmodell wird mit Gips umkleidet, der nach Bedarf durch Armierungen verstärkt werden kann. Dieser starre Gipsmantel muß die vollständige Entfernung des Modelliertons ermöglichen (wie es z. B. bei einem einfachen Flachrelief gegeben wäre), damit er fehlerlos vollgegossen werden kann. Sobald ein Modell untergriffige Formen aufweist, die von der Grundfläche des Reliefs so abstehen, daß der flüssige Gips unter diese Teilformen laufen kann, ist jedoch ein Abbilden der Oberflächen mit einer einzigen Negativform wenig ratsam, da die unterschnittenen Formen beim Abnehmen der Mantelform abgerissen würden. Vielmehr müssen Stückformen angefertigt werden, die leicht ablösbar und wieder exakt zusammensetzbar sein sollen. Je nach Kompliziertheit des Modells wird die Negativform aus nur zwei Stückformen oder aber aus einer Hauptform und mehreren kleineren Stückteilen bestehen. Hier liegt der Grund für sich stets neu stellende Probleme beim Abformen, deren Lösung die genaue Kenntnis der zweckmäßigen Herstellung »verlorener Formen« für den Plastiker unumgänglich macht.

Die Herstellung der sogenannten *verlorenen Formen* für Gips-, Beton-, Blei- und Polyesterguß beginnt für alle Verfahren auf die gleiche Weise. Auf dem Tonmodell (Positivform) markiert man durch zartes Einritzen die Einteilung des Negativformmantels in Haupt- und Stückformen. Damit sie möglichst gut vom Modell ablösbar sind, müssen die Trennlinien auf den Höhenlinien des Modells verlaufen. Die Stückformen können durch Tonstreifen oder durch Blechstreifen voneinander getrennt werden. Die Tonstreifentechnik ermöglicht sehr zarte Gußnähte, erlaubt jedoch kein gleichzeitiges Abgießen aller Stückformen, da die Tontrennmauern nach der Herstellung jeder Teilform abgenommen werden müssen. Bei der Blechstreifentechnik müssen breitere Gußnähte in Kauf genommen werden, dafür ist ein gleichzeitiges Abgipsen aller Teilformen möglich, da die Trennbleche bis zur Abnahme der erhärteten Stückformen im Tonmodell steckenbleiben.

a) Die Tonstreifentechnik

Bei der Tonstreifentechnik werden etwa 1 cm starke Tonstreifen leicht auf die zuvor festgelegten Trennlinien für eine Teilform aufgedrückt und zusammengefügt (Abb. 25). Flache, in regelmäßigem Abstand eingedrückte, halbkugelförmige Ver-

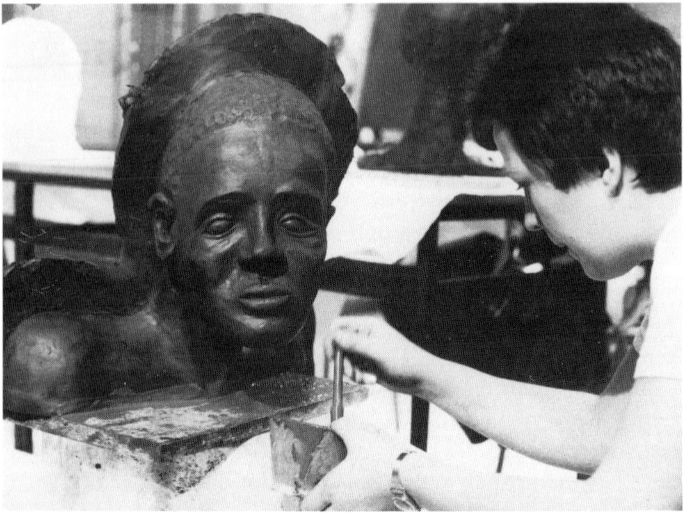

25 Vollendetes Tonmodell mit aufgesetzter Tontrennwand

26 Blick von der Seite auf das in Abb. 25 gezeigte Modell

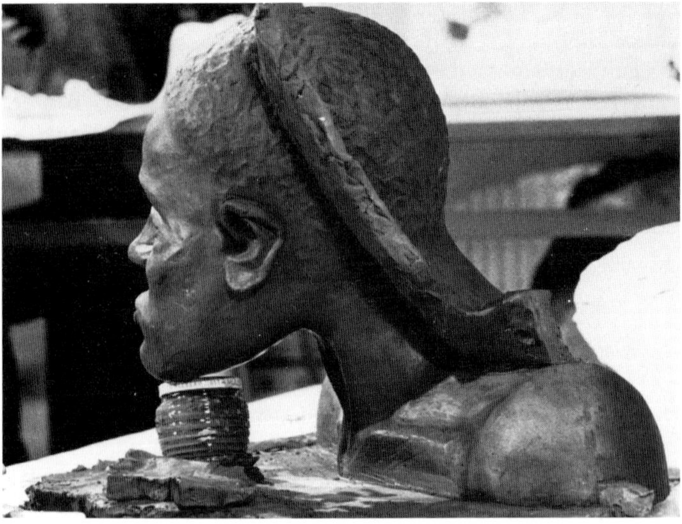

tiefungen (Abb. 26) sind die Garantie dafür, daß die verschiedenen Stückformen später beim Zusammensetzen vor dem Guß exakt aneinanderpassen.

Die Zubereitung des Gipses

Danach kann der Gips für die erste Stückform zubereitet werden. Da zunächst eine etwa 0,5 cm starke Warnschicht angeworfen werden soll, muß das Wasser mit Pulverfarbe gefärbt werden. (Vorsicht bei zuviel Farbansatz im Anmachwasser. Farbe setzt die Festigkeit herab!) Dann wird *Stuckgips* so lange möglichst schnell und locker in das Wasser gestreut, bis er nicht mehr untersinkt, sondern endgültig auf der Oberfläche liegen bleibt. Die Mengen des aufgenommenen Gipspulvers und des aufnehmenden Wassers verhalten sich ungefähr wie 1:1, wenn der Gips vorschriftsmäßig »ertrinkt«. Der Gipsbrei, der in diesem Zustand die Konsistenz ungeschlagener Sahne haben muß, wird sogleich kräftig mit der Hand durchgerührt. Die durch ungenügende Benetzung des Gipsmehls entstandenen Klumpen werden zerdrückt, bevor der Gips auf das Tonmodell aufgeworfen wird. Die Konsistenz des Gipsbreies kann je nach Anforderung verändert werden. Dünnflüssig angemachter Gips ist geeignet zum Ausgießen feiner Formen. Er hat aber geringere Festigkeit als dickflüssig angerührter Gips, der außerdem schneller abbindet. Auf keinen Fall darf während des Abbindens des Gipsbreies (Steifwerden) zusätzlich Wasser zugegeben werden, da durch die chemische Aufnahme des Wassers das Abbinden gestört und das richtige Erhärten verhindert würde (zur Verzögerung des Abbindens ohne Beeinträchtigung des Härtens vgl. *Der Gipsguß*).

Das Auftragen der Gipsschichten

Der Gips wird am zweckmäßigsten mit der Hand oder auch mit Gipsspachteln angeworfen: Mit gezieltem Schwung wer-

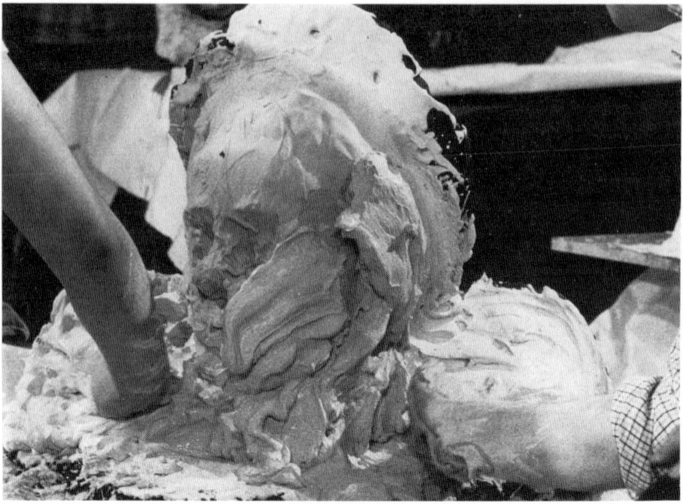

27 Auf die bereits abbindende dünne, farbige Warnschicht wird die dickflüssige zweite, weiße Gipsschicht aufgetragen

den kleine Mengen des frischen farbigen Gipses von unten nach oben auf die Oberfläche des Tonmodells geworfen, bis überall eine gleichmäßig dünne Schicht aufgetragen ist. Die noch nicht erhärtete erste, farbige Gipsschicht muß *sofort* durch Blasen in die feinsten Vertiefungen der Oberfläche hineingetrieben werden (vgl. Abb. 33), um eine exakte Abbildung der Modelloberfläche zu erhalten. Besonders gefährdet sind die Bereiche unter überhängenden Formen, da sich dort leicht Luftblasen bilden.

Während die Warnschicht abbindet, bereitet man eine zweite, dickflüssigere Menge ungefärbten Stuckgipses zu, die solange aufgetragen wird, bis die endgültige Wandstärke erreicht ist (Abb. 27, 28). Bei einem lebensgroßen Kopf sollte sie 3–4 cm betragen, falls nicht eingearbeitetes Jutegewebe oder armierende Eisenstäbe dünnere Wandstärken erlauben.

Nach dem ausreichenden Erhärten des Gipses – nach etwa 10–20 Minuten – kann die Tonmauer vorsichtig abgenom-

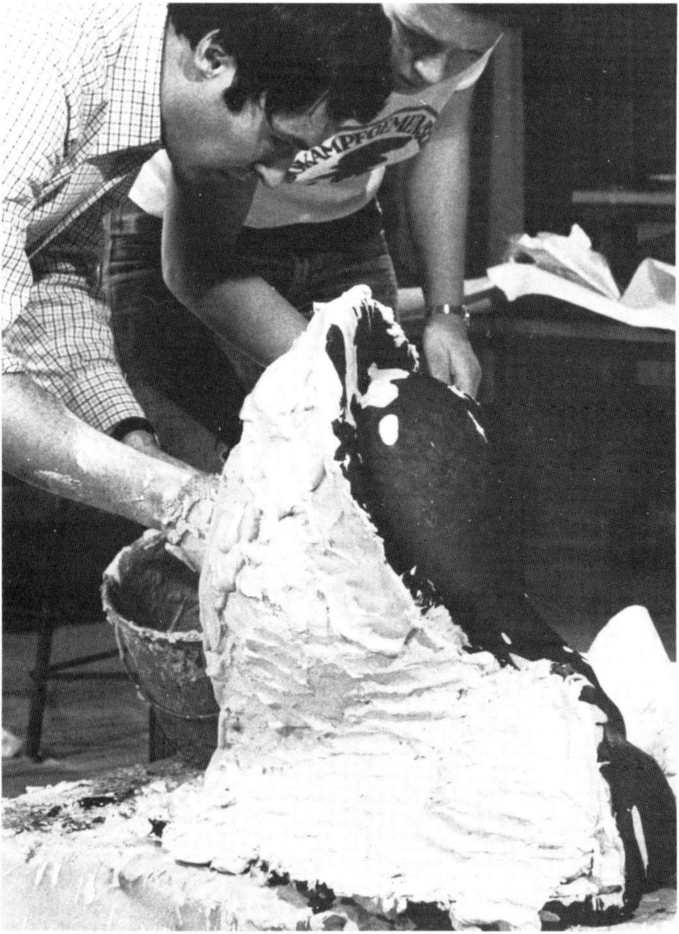

28 Die endgültige Wandstärke der Negativform wird durch die Höhe der Trennwand bestimmt

men werden, um die Stoßkante der ersten Stückform freizulegen. Ein dünner Tonfilm bleibt auf ihr haften. Er würde ausreichen, um die zweite Stückform von der ersten zu isolieren und ein gutes Voneinanderablösen der Formen zu gewährlei-

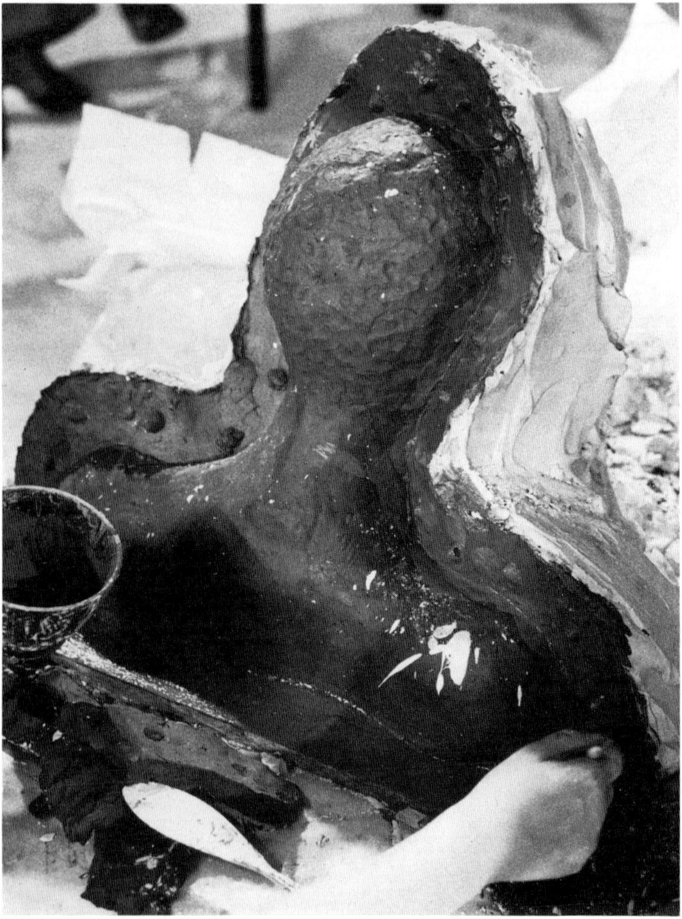

29 Freigelegte und bereits mit Tonschlick isolierte Stoßkante der fertigen Stückform. Deutlich sind die halbkugeligen Passer zu erkennen

sten. Sicherheitshalber kann man den Tonfilm aber mit Tonschlick noch verstärken (Abb. 29), bevor die nächste Stückform in genau derselben Weise hergestellt wird wie die erste (Abb. 30).

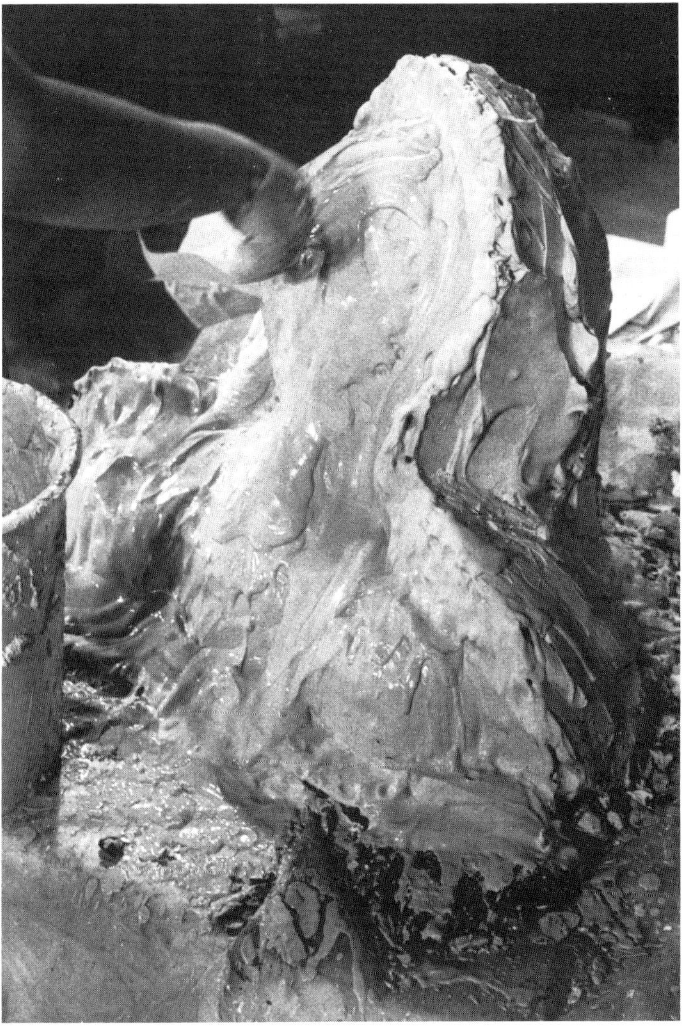

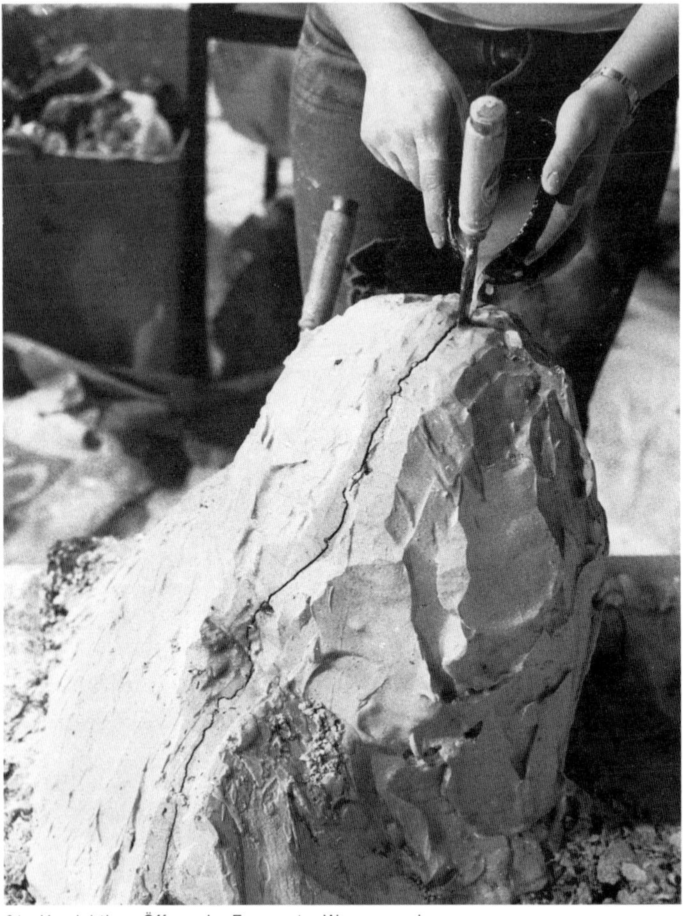

31 Vorsichtiges Öffnen der Form unter Wasserzugabe

Ist das gesamte Tonmodell mit einem Gipsmantel bedeckt, der je nach Bedarf aus reiner Warnschicht, Armierungen und einer genügend starken Gipsschicht besteht, sind außerdem die Nähte freigeschabt, dann wird die Form eine Stunde oder länger zum Erhärten stehengelassen.

Das Öffnen der Gipsnegativform

Nach frühestens einer Stunde kann die erhärtete Mantelform geöffnet werden. An einer hochgelegenen Stelle werden ein oder mehrere breite Stecheisen (Mindestbreite 2,5 cm) zwischen die Stöße getrieben, bis die anfänglich haarfeine Trennlinie zwischen den Stückformen in einem etwa 1 mm breiten Spalt auseinanderklafft (Abb. 31). In diesen Spalt wird nach und nach Wasser gegossen. Es verteilt sich zwischen dem Tonmodell und den Stückformen und bildet eine Gleitschmiere, die das Abziehen der Formen vom Modell ermöglicht. Beim Ablösen der Stückformen ist Geduld nötig, da die feinen Gipsformen des Negativs (z. B. an Ohr und Nasenloch) bei unsanfter Behandlung abbrechen. Je feuchter das Tonmodell ist und je härter die Gipsformen sind, um so risikoloser verläuft das Öffnen der Form. Falls das Tonmodell ziemlich hart und trocken war, muß die gut erhärtete Gipsmantelform samt dem eingeschlossenen Tonmodell über Nacht in eine Wasserwanne zum »Einweichen« gelegt werden, bevor am nächsten Tag die Form in der beschriebenen Art geöffnet werden kann. Nach dem Öffnen wird die Form gereinigt, Fehlstellen ausgebessert und der Guß vorbereitet. Falls die im folgenden geschilderten Arbeitsgänge nicht anschließend durchgeführt werden können, müssen die Stückformen so zusammengestellt werden, wie sie sich am Tonmodell befunden haben. Werden sie gelegt, wie es gerade gefällt, verziehen sie sich, vor allem, wenn Armierungen fehlen.

Arbeitsgänge zur Herstellung verlorener Formen für Gipsguß, Betonguß und Polyesterguß mit Hilfe der Tonstreifentechnik

1. Einritzen der Haupt- und Stückformen auf dem Tonmodell.
2. Herstellen der Tonstreifen für eine Tonwand, die die einzelnen Stückformen begrenzen soll.

3. Befestigen der gleichmäßig dicken, geglätteten Tonstreifen auf dem Modell mit langen Nadeln oder durch leichtes Andrücken. Eventuell bleibt eine Abstützung der Tonwandstreifen an der abgewandten Seite unerläßlich. Am geeignetsten ist hierzu das Material Ton selbst. Eindrücken der Verzahnungen.
4. Herstellen des ersten Stückteils aus dünner farbiger Warnschicht und dicker Hauptschicht (Armierung) bis zur vollen Stärke.
5. Entfernen der Abstützung und der Tonstreifen nach dem Erhärten des Gipses.
6. Überarbeiten (Glätten) der freigelegten Stoßkanten. Einarbeiten einer Verzahnung, falls nicht vorher nach Abschluß der unter Punkt 3 genannten Arbeitsvorgänge mit einem Löffelstiel oder ähnlichem Werkzeug eine Verzahnung in dem Tonstreifen vorbereitet wurde.
7. Einpinseln der freigelegten Stoßfläche mit Trennmittel (Tonschlick).
8. Herstellen weiterer Teile der Gesamtform durch erneuten Aufbau von Tonmauern, wobei von der zuerst gewonnenen Stückform aus weiter fortgeschritten wird. Besteht die gesamte Negativform nur aus zwei Teilen, so wird jetzt die zweite Hälfte aufgetragen.
9. Ablösen der Stückformen nach dem Erhärten. Bei einfachen Tonmodellen ist bei vorsichtigem Ablösen der Gipsformen ein zweiter oder dritter Abformvorgang möglich. Die Wassermenge zum Lockern der Haftung zwischen Modell und Gipsform soll in diesem Fall möglichst gering gehalten werden.
10. Säuberung der Negativformen (Entfernen des Modelltons, des Stützgerüstes usw., Auswaschen der Form mit weicher Bürste und Wasser).
11. Ausbessern der Formoberflächen (Luftblasen). Vergipsen eventuell gebrochener Formen.
12. Nässen und Isolieren (Tonschlick) der Formen als Vorbereitung zum Guß aus Gips oder Beton.

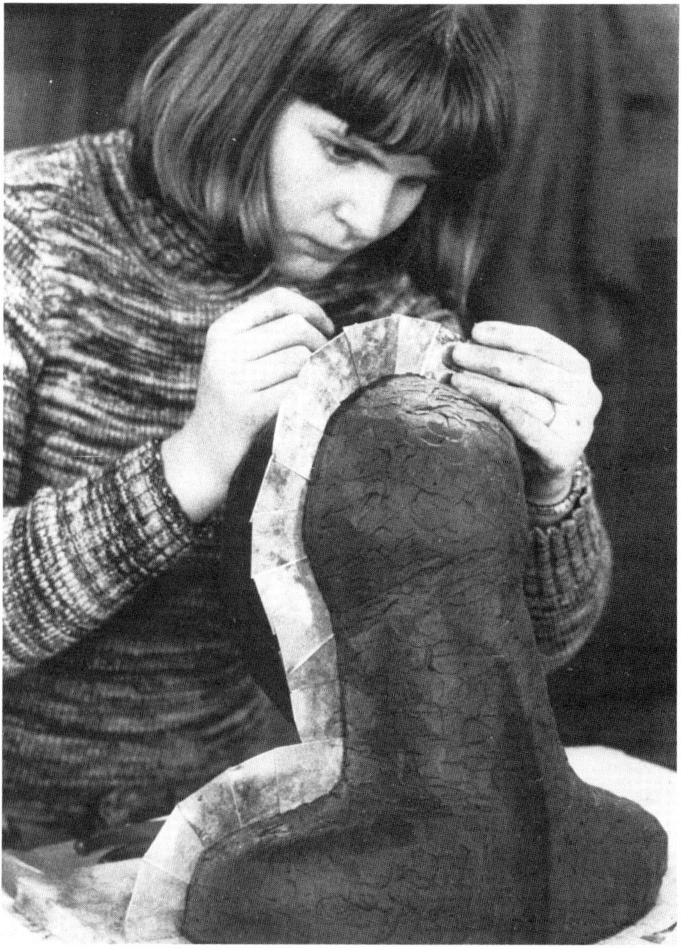

32 Trennwand aus Weißblechstücken

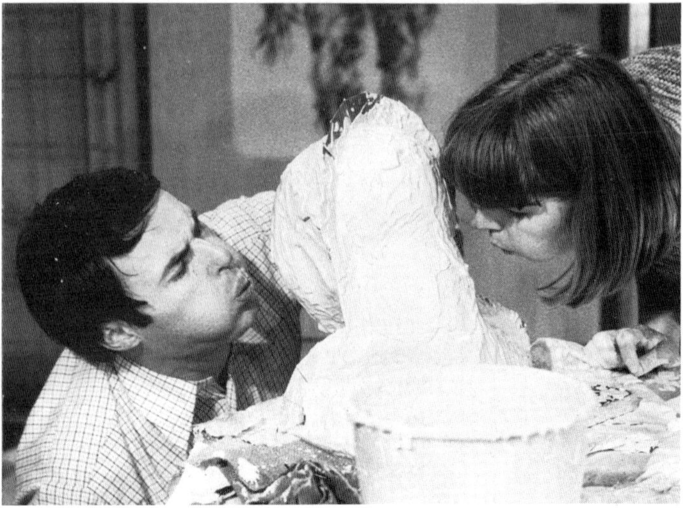

33 Die auf beiden Seiten der Trennwand zugleich aufgetragene Warnschicht wird in die feinen Vertiefungen der Oberfläche geblasen

b) Die Blechstreifentechnik

Erscheint die Befestigung der Tonstreifen auf dem Modell zu schwierig, so eignet sich die Blechstreifenmethode als Trennmethode. Blechstreifen aus dünnem Weiß- oder Zinkblech werden etwa 3 mm tief an den Einteilungslinien in das Tonmodell eingedrückt, so daß eine Art »Heiligenschein« um den Kopf herumläuft (Abb. 32). Die Blechstreifentechnik hat den Vorteil, daß alle Stückformen gleichzeitig gefertigt werden können (Abb. 33). Dies geht natürlich nur, wenn die einzelnen Blechstücke so dicht aneinander gesteckt werden, daß eine einwandfreie Trennung der Teilformen gewährleistet ist. Die Außenkanten der Bleche müssen während des Gipsens von Zeit zu Zeit freigeschabt werden. Nach der einstündigen Härtezeit der Gipsformen werden an mehreren hochgelegenen

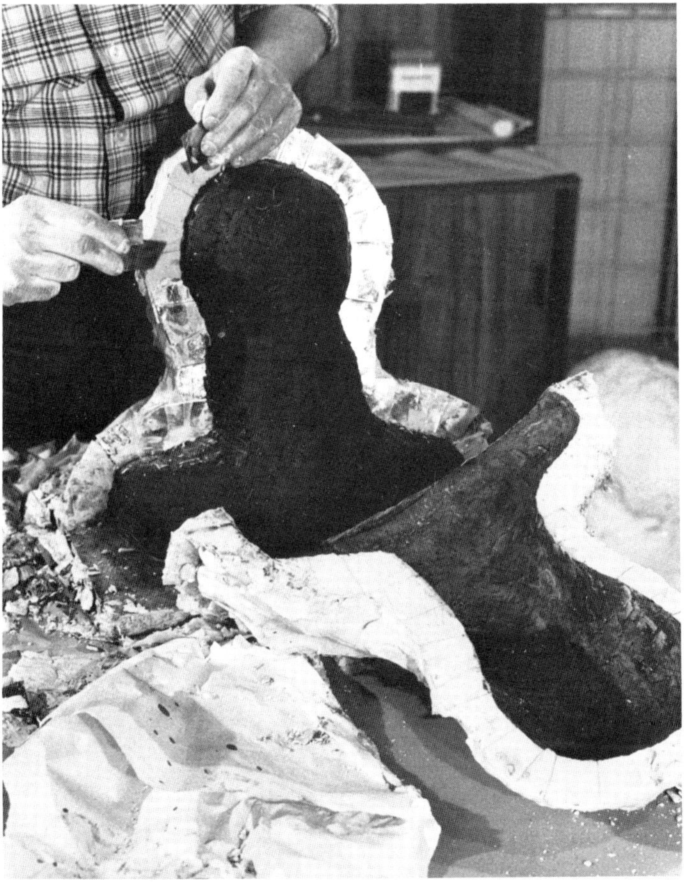

34 Die an den Stoßkanten klebenden Blechstreifen der bereits geöffneten Form werden entfernt

Nahtstellen einzelne Trennbleche mit einer Zange herausgezogen. In die entstehenden Lücken wird Wasser gegossen, bis sich die Stückformen leicht vom Modell lösen lassen. Die restlichen Trennbleche, die an den Stoßkanten haften, können mühelos entfernt werden (Abb. 34).

Arbeitsgänge zur Herstellung verlorener Formen für Gipsguß, Betonguß und Polyesterguß mit Hilfe der Blechstreifentechnik

1. Einritzen der Haupt- und Stückformen auf dem Tonmodell.
2. Zuschneiden der Blechstreifen und Eindrücken in die Trennlinien (3 mm). Auf Dichte der Trennwand und glatten Verlauf ihres oberen Randes achten.
3. Herstellen aller Stückteile mit Warnschicht und Hauptschicht (Armierung) bis zur vollen Stärke. Falls das Modell zu groß ist, kann natürlich Stück für Stück begipst werden. Wichtig ist der Aufbau der Formen von unten nach oben.
4. Freilegen des oberen Randes der Blechtrenneinlagen durch Abschaben mit einem Stecheisen.
5. Mindestens einstündiges Erhärten der Form.
6. Ablösen der Stückformen mit Hilfe von Wasser.
7. Säuberung der Negativformen.
8. Ausbessern der Formen.
9. Vorbereitung der Formen zum Guß.

Das Ausbessern der Gipsformen

Das Ausbessern von Oberflächenschäden (Abb. 35) ist unproblematisch. Die schadhaften Stellen müssen genäßt und frei von isolierenden Schichten sein, dann verbindet sich frischer Gips gut mit schon erhärtetem Gips. (Solange aus ins Wasser gelegten Gipsteilen, die miteinander verbunden werden sollen, noch Luftblasen aufsteigen, sind die Teile noch nicht genügend genäßt.)

Auch das Flicken zerbrochener Stückformen stellt keine besonderen Anforderungen an den Plastiker. Die Bruchstücke werden von außen entlang den Nähten mit einer kräftigen Gipsschicht (3 cm) bedeckt, nachdem sie vorher in der ursprünglichen Ordnung nebeneinander gelegt wurden. Mit Modellierton können bei komplizierten Brüchen die Einzel-

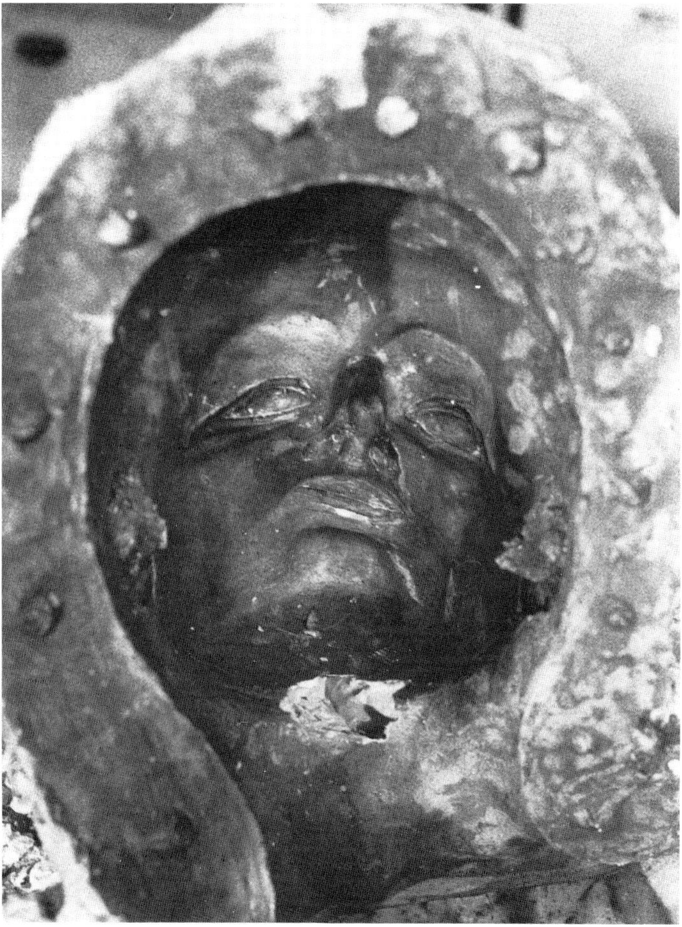

35 Gußschaden an einer Stückform des in Abb. 25 gezeigten Modells

stücke unterlegt werden, damit sie während des Vergipsens ruhig liegen. Zweckmäßig ist eine Verstärkung der Flickschicht durch Jute, Sackleinen oder Baustahlstücke, falls die Form beim Gießen stark beansprucht werden muß. Im Vergleich zu

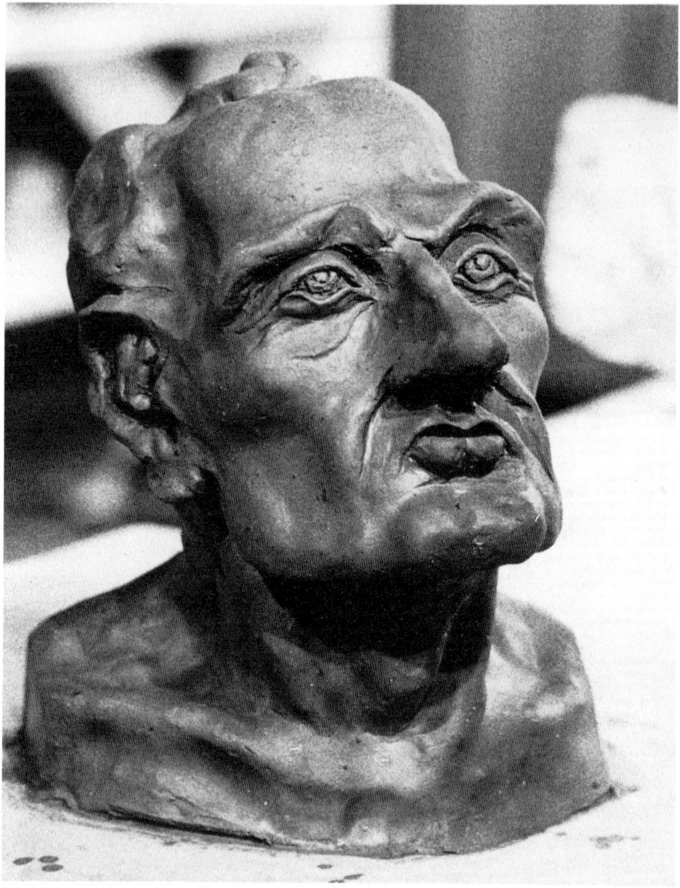

36 Tonmodell zu einem Kopf von H. Prodlik

diesen Beschädigungen der Form sind abgebrochene zarte Vorsprünge oder Kanten schwieriger zu flicken, da die Bruchstellen meist so klein sind, daß nur schwache Verbindungen möglich sind. Dünner flüssiger Gips, der zwischen die Bruchteile getupft wird, dient in solchen Fällen als Klebemittel. Sind die

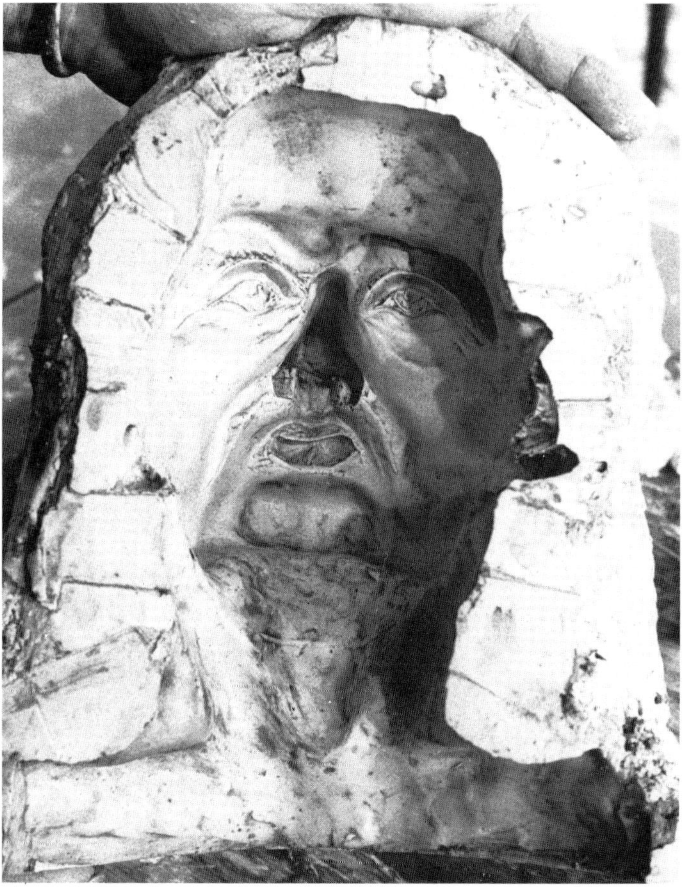

37 Die Negativform des in Abb. 36 gezeigten Kopfes erlaubt trotz ihrer Umkehrung im Raum eine genaue Beurteilung der plastischen Formen

abgebrochenen Teile sehr fein, dann lohnt sich das Ankleben nicht. Sinnvoller ist dann, das überschüssige Gußmaterial am gegossenen Positiv zu entfernen.

Bei frei in den Raum ragenden Formteilen (z. B. Arme) genügt Gips allein als Flickmaterial nicht. In die zusammenzufügenden Bruchflächen werden konisch zulaufende Löcher möglichst tief eingebohrt. Nur die Ränder der Bruchflächen bleiben davon unberührt. Eisennägel oder (je nach Größe des zu flickenden Objekts) Armierungen werden eingepaßt und so eingegipst, daß die Form durch eine Art inneren »Knochen« Halt bekommt.

Daß neben ausbessernden Arbeiten auch die verbessernde künstlerische Weiterarbeit an den Negativformen möglich ist, zeigt die Gegenüberstellung von Abb. 36 und Abb. 37.

c) Die Herstellung der Negativformen für den Bleiguß

Die Negativformen für Gips-, Beton- und Polyesterguß erfordern nur bei großen Plastiken Verstärkung durch eingearbeitetes Sackleinen (Jute), Baustahlmatten oder ähnliche Materialien. Dagegen sind Armierungen aus Sackleinen oder ähnlich strukturierten Geweben bei der Herstellung von Gipsnegativformen für den Bleiguß unentbehrlich, da diese Formen beim Trocknen und beim Guß hohen Belastungen ausgesetzt sind.

Auf die gerade erhärtete ungefärbte Gipsschicht werden Gips-Stoff-Schichten aufgetragen. Hierzu wird Gewebe in frisch angerührten Gips getaucht und in *dichten Lagen* sorgfältig aufgelegt (Abb. 38), bis eine Wandstärke von maximal 2 cm erreicht ist. Die geringe Wandstärke der Formen ist notwendig, um ein gutes Trocknen zu garantieren. Nach einstündiger Härtezeit kann die Gipsmantelform, die entweder mit Hilfe der Tonstreifen- oder der Blechtrenntechnik hergestellt wurde, geöffnet werden.

Ein nächster entscheidender Schritt ist das Erstellen der Hohlformen, in die das flüssige Metall hineingegossen werden soll. Hier trennen sich die bisher prinzipiell gleich verlaufenden Verfahren.

Aus gewichts-, kosten- und gußtechnischen Gründen müssen Bleigüsse als Hohlgüsse durchgeführt werden. Eine Ausnahme bilden Kleinplastiken. Das Formkern-Verfahren, wie es

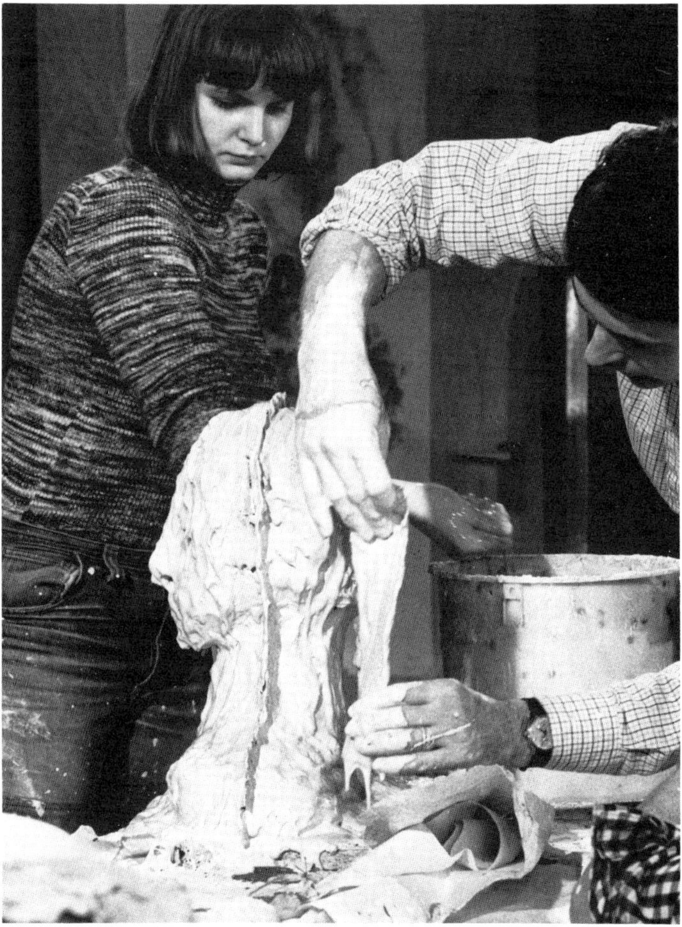
38 Aufbringen der Jute-Gips-Lagen auf der Warnschicht

beim Bronzeguß benutzt wird, eignet sich nicht für dünnwandige Bleihohlgüsse, wenn Gips als Formmasse verwendet wird. Ein Formkern aus Gips (z. B. bei einem lebensgroßen Kopfmodell) könnte nicht ausreichend getrocknet werden, so daß

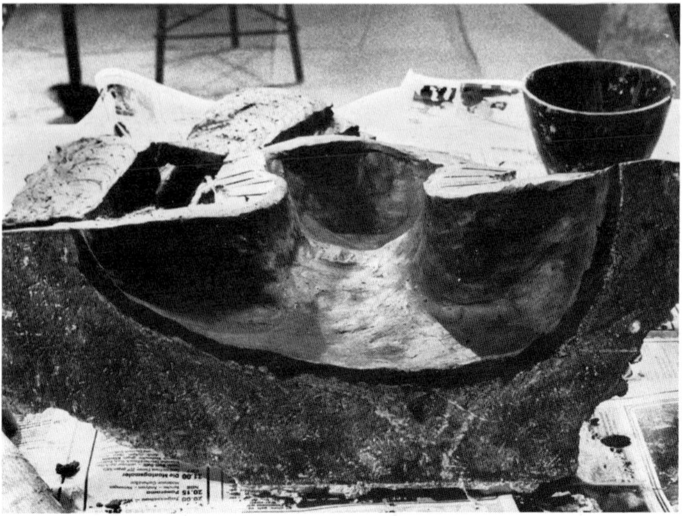

39 Die eingelegte geglättete Tonschicht, die mit den Stoßkanten der Negativform abschließt, bestimmt die Dicke des zukünftigen Gußstücks

mit Sicherheit Gußfehler auftreten würden. Das hier beschriebene Verfahren erlaubt dagegen fehlerlose Güsse, setzt weder hohe Temperaturen noch besondere Geldausgaben voraus.

Zunächst werden die einzelnen Stücke der Negativform jeweils mit einer 0,5–1 cm dicken Schicht aus Ton ausgelegt (Abb. 39). Die Stärke der eingelegten Tonschicht gibt das Maß für die spätere Dicke der Bleiwandung. Deshalb muß die eingelegte Tonschicht sehr präzise mit der Stoßkante abschließen. Die Stoßkante wird dann mit Tonschlick isoliert. Danach werden die mit Ton ausgelegten Negativformen und die isolierte Stoßkante mit dichten Lagen aus Gips und Jute so überformt (Abb. 40), daß zu jeder Stückform eine Gegenform entsteht. Sie sollte ebenfalls nicht dicker als 2 cm sein.

Nach dem Erhärten werden die Formteile voneinander gelöst (Abb. 41) und der in die Negativform eingelegte Ton sorgfältig entfernt. Die Stückformen und ihre Gegenformen

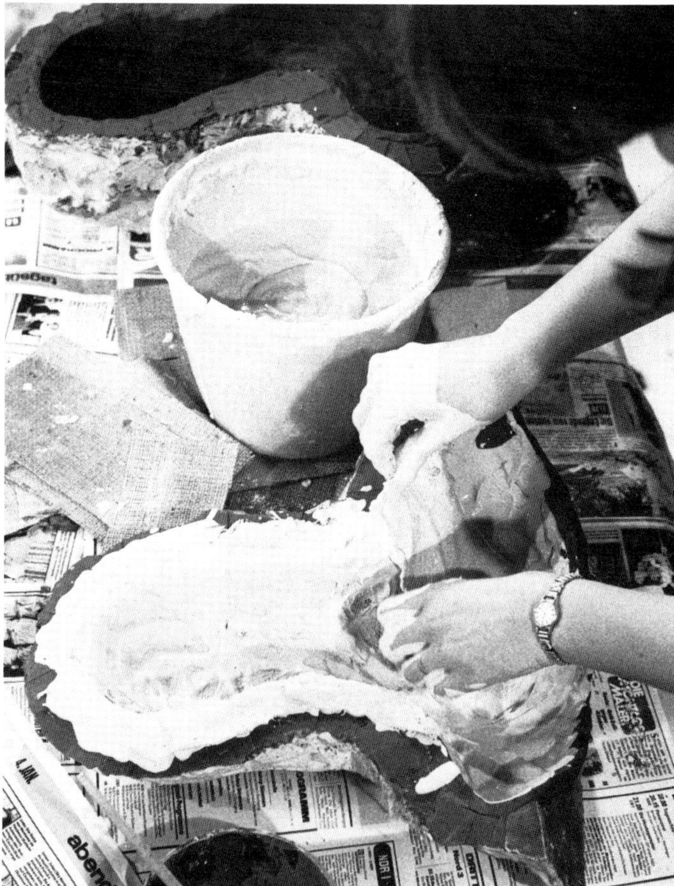

40 Überformen der in Abb. 39 gezeigten Negativform

werden zu Hohlformen aufeinandergelegt und mit Gips und Jute verbunden. Eine große Öffnung für das Eingießen des Bleis und das Entweichen der Luft muß offenbleiben. Sie muß sogar aus gußtechnischen Gründen noch künstlich zu einer Art Gußtrichter aus Gips und Jute vergrößert werden (Abb. 42).

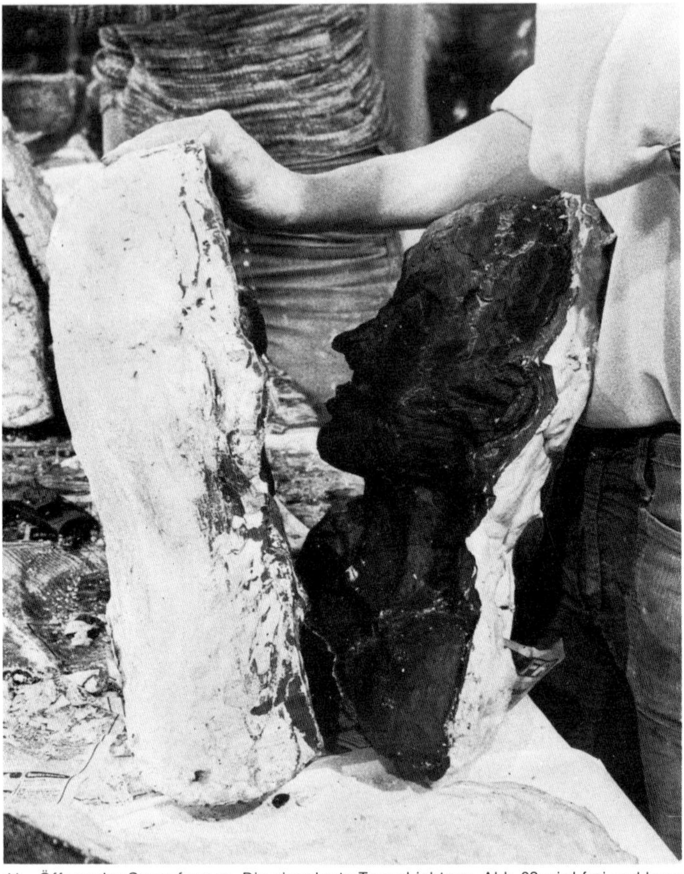

41 Öffnen der Gegenformen. Die eingelegte Tonschicht von Abb. 39 wird frei und kann entfernt werden

Dieser Eingußtrichter muß fest mit der übrigen Form verbunden sein (Abb. 43). Keinerlei isolierende Tonschicht darf zwischen den Gipsmengen, die miteinander verbunden werden, verbleiben, da dieser Trichter sich sonst beim Trocknen von der eigentlichen Gußform löst.

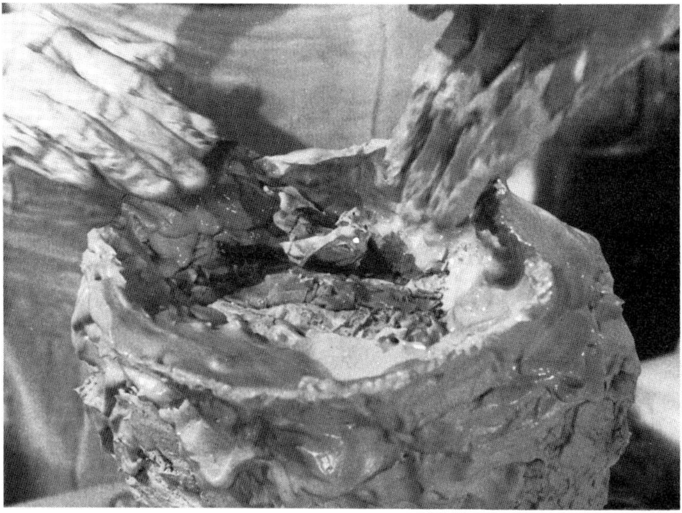

42 Aufbau des Gußtrichters aus Gips und Jute. Die Öffnung der Gießform ist zur Sicherheit während der Arbeit mit Papier verstopft

43 Gußtrichter und Gießform müssen nahtlos verbunden werden

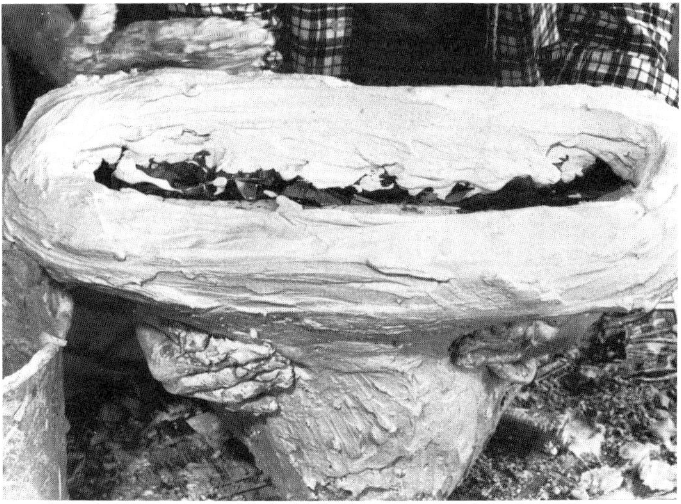

Das Trocknen der Formen

Das Trocknen der Formen ist einer der wichtigsten Arbeitsschritte vor dem eigentlichen Bleiguß. Nach dem Vortrocknen über einer Heizung oder ähnlichem müssen die Formen bis zur Grenze des Auseinanderfallens stetiger und allmählich gesteigerter Hitze ausgesetzt werden, da sonst das Gießmaterial beim Guß kräftig sprudelt und schadhafte Gußstücke entstehen. Ohne eingearbeitete Jute und bei zu schnellem Erhitzen ergeben sich grobe Risse, aus denen beim Guß flüssiges Metall wegfließen würde.

Auf einem normalen Elektrokocher müssen die Formen mindestens eine volle Woche hindurch bei mittlerer Hitze ununterbrochen allseitig »vorgekocht« werden, bis Haarrisse sie ganz überziehen. Unmittelbar vor dem Eingießen des Metalls hat es sich bewährt, sie auf offenem Holzfeuer etwa eine halbe Stunde mürbe zu brennen. Kurzzeitiges Erhitzen der Gipshohlformen vor dem Guß zur Verringerung der Temperaturdistanz zwischen flüssigem Metall und Gußform ist in jedem Fall unverzichtbar. Wird das Brennen der Formen im offenen Holzfeuer sorgsam durchgeführt, kann auf das »Vorkochen« verzichtet werden.

Ausgezeichnete Ergebnisse lassen sich auch durch eine Variation des eben beschriebenen Verfahrens erzielen: Die Negativstückformen und ihre Gegenformen werden dabei *nicht* zu Hohlformen vergipst, sondern unverbunden belassen und vor dem Guß im offenen Holzfeuer gebrannt. Sind die Formen mürbe gebrannt (Anzeichen: Haarrisse und Abplatzen dünner Schichten an der Oberfläche der Außenseiten, die länger der Hitze ausgesetzt werden können), werden sie zusammengelegt und fest verschnürt (Hanf, Draht). Die offenen Fugen werden mit Modellierton abgedichtet, da sonst das flüssige Material ausfließen würde.

Arbeitsgänge zur Herstellung einer verlorenen Form für den Bleiguß

1. Herstellen der Stückformen mit der Tonstreifen- oder Blechtrenntechnik (Armierung aus Jute/Sackleinen ist unabdingbar).
2. Säubern und Ausbessern der Negativformen.
3. Erstellen der Hohlformen (Gegenformen).
4. Aufbauen des Gußtrichters.
5. Vortrocknen und Brennen der Hohlformen.

2 Der Gipsguß

Neben Negativformen aus Gips werden Formen aus Wachs, Holz, Metall (z. B. Münzen) oder aus Silicon, Gelatine und Leim für den Gipsguß in der Form verwendet. In jedem Fall muß die jeweilige Negativform gegenüber dem Gußmaterial so isoliert werden, daß eine leichte *Trennung* des Gußstücks von der Negativform gewährleistet ist. Darüber hinaus muß die Isolierung schädliche Veränderungen der Konsistenz des Gießmaterials durch das Material der Negativform verhindern. Eine Veränderung der Oberfläche der Negativformen muß möglichst vermieden werden, denn selbst bei vorsichtiger Anwendung von Schmiermitteln werden die feinsten Züge der Form leicht verstopft und die Abgüsse dadurch ungenau.

Trennmittel für den Gipsguß

1. Ideales Trennmittel ist eine dünne Tonschicht (Film), die auf die sorgfältig gewässerten Formen aus Gips vor dem eigentlichen Gipsguß aufgepinselt werden kann. (Ohne Nässen und Isolieren würde dem Gießmaterial das Wasser entzogen.)

2. Ebenfalls ein gutes Trennmittel auf einer vorher gewaschenen Gipsoberfläche ist eine nichttrocknende Mischung aus Schmierseife und Öl. *Anleitung:* Schmierseife aufkochen, dann in die Formoberfläche einbürsten, bis sich Schaum bildet; 20 Minuten einwirken lassen; danach die Seife mit Wasser und Bürste entfernen; jetzt noch einmal einseifen und einen dünnen Ölfilm (Rizinusöl oder reines Maschinenöl) auf die gesamte Oberfläche auftragen.
3. Das früher sehr gebräuchliche Trennmittel aus in Spiritus gelöstem Schellack kann aus Kostengründen nur bedingt empfohlen werden. (Seit 1976 sind die Preise für Schellack unverhältnismäßig gestiegen.) Falls Gipsrückstände auf der Oberfläche des Gußstückes jedoch nicht anhaften dürfen, dann ist das Schellack-Flüssigwachsverfahren das beste Isolierverfahren. Die *halbtrockene* Gipsform wird mit in Spiritus gelöstem Schellack versiegelt. Ist die Schellackschicht getrocknet, wird Flüssigwachs (z. B. Fußbodenpflegemittel) als Isolierschicht aufgetragen, das mit Terpentin später von der Oberfläche der Skulptur entfernt werden kann. Statt Flüssigwachs kann auch eine salbenartige Schmiere aus in wenig Wasser aufgelöster Seife und Olivenöl benutzt werden. Die Güsse aus solchen geschmierten Formen werden nach dem Guß mit schwachem Chlorwasser von den Schmiermitteln gereinigt. Statt der Schmiere nur reines Öl zu nehmen, ist nicht empfehlenswert, da das Öl sich in den feinen Vertiefungen der Form sammelt. Der Gips erhärtet an diesen Ölstellen nicht, sondern bleibt zerreibbar. Auch bei diesem Isolierverfahren ist ein Nässen der Gipsformen vor dem Guß zu empfehlen.
4. Formen aus Holz werden mit in Spiritus gelöstem Schellack und der unter 3. genannten Mischung aus Öl und Seife isoliert.
5. Das sehr intensive Anhaften des Gipses an Formen aus Wachs wird durch Bepinseln mit einer Lösung aus Chlorzink verhindert.

Das Gipsgießen in der Form

Formen, die aus mehreren Stückformen bestehen, werden mit Stricken vor dem Guß fest zusammengebunden, so daß sie beim Gießen dem Druck des Gipsbreies ohne Lockern widerstehen und auch während des Gießens beliebig umgewendet

44 Mit Jute zu einer Mantelform zusammengegipste Stückformen

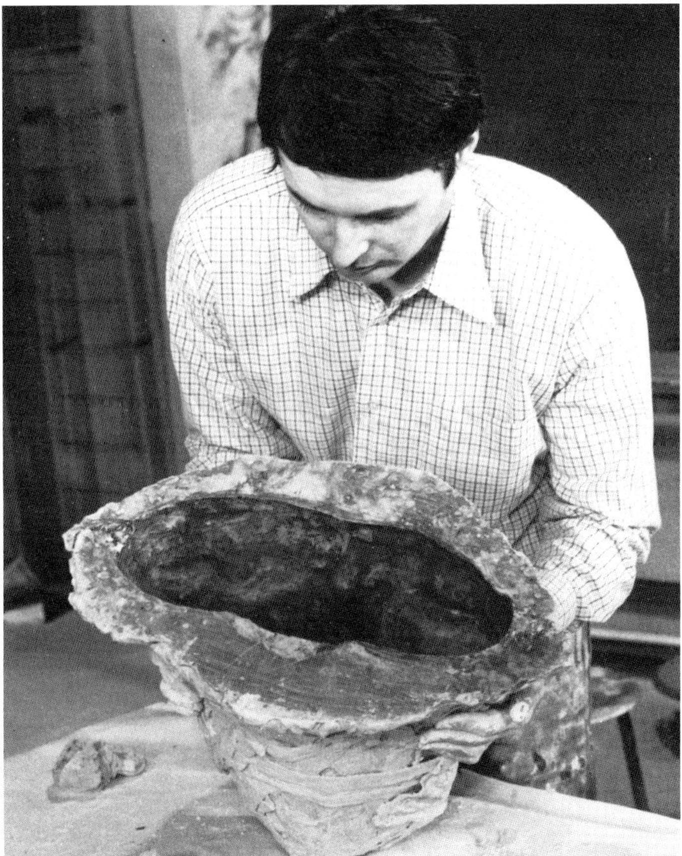

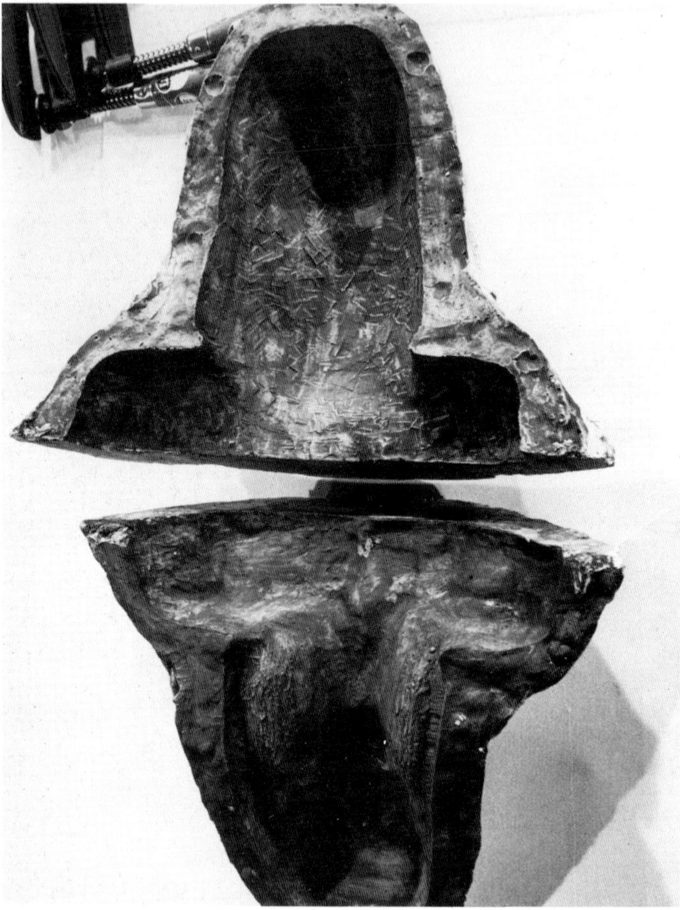

45 Zwei mit Tonschlick isolierte Negativformen, die mit Schraubzwingen zusammengepreßt werden sollen

werden können. Wenn die gesamte Mantelform zu abgerundet ist, um dem umgebenden Strick sicheren Halt zu geben, und wenn das Einschneiden von nutenförmigen Einschnitten zu umständlich erscheint, empfiehlt sich das Zusammengipsen der Stückformen durch gipsgetränkte Jutestücke zu einer ein-

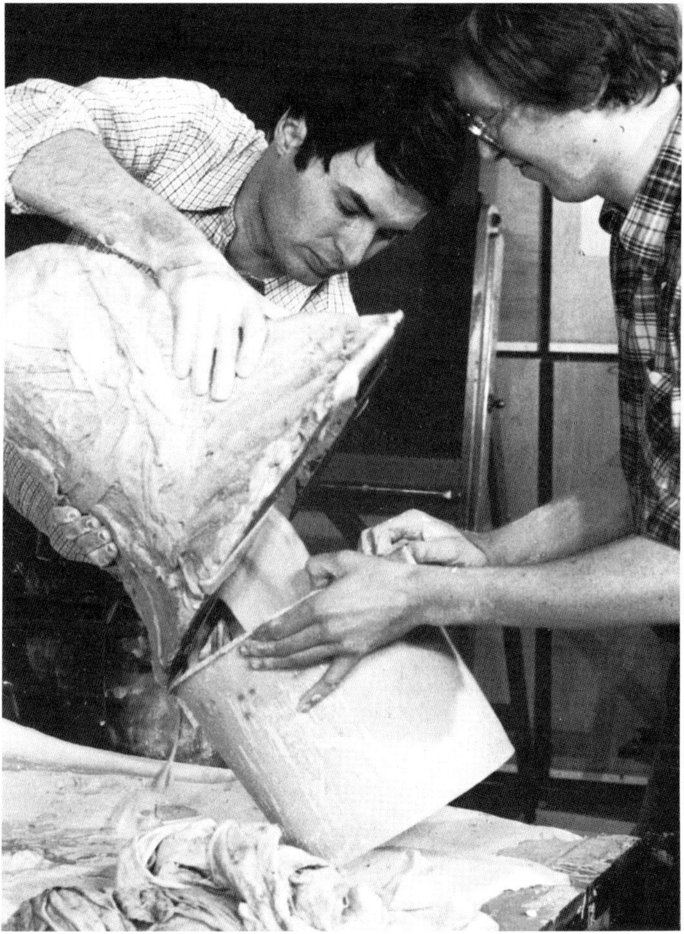

46 Zurückgießen des flüssigen Gipsbreis nach dem Schwenken

zigen Hohlform (Abb. 44), in die flüssiger Gips vergossen werden kann. Eine Alternative ist das Zusammenpressen der Teile durch Schraubzwingen (Abb. 45). Dieses Verfahren ist jedoch mit Risiken verbunden (Bruchgefahr, Abrutschen der Zwingen).

Was bei der Ausführung des Gusses selbst beachtet werden muß, ergibt sich größtenteils schon aus den Ausführungen im Kapitel *Die Herstellung der Negativformen.*

Größere Formen füllt man selten in einem einzigen Guß mit dem Gipsbrei. Vielmehr wird normalflüssiger Gips in die Hohlform gegossen und durch Schwenken dieser Form in die feinsten Vertiefungen getrieben: Eine dünne Schicht überzieht wie eine Haut das Innere der Hohlform. Der Überschuß an Gips wird wieder in den Gipseimer zurückgegossen (Abb. 46). Dieser Vorgang des Ein- und Zurückgießens wird in rascher Folge solange wiederholt, bis eine Gußwandstärke von etwa 2 cm erreicht ist. Mit jeder Wiederholung wird der anfänglich dünnflüssige Gips dickflüssiger, und die haftende Schicht wird stärker: Während aber bei den ersten Schichten das Drehen und Schleudern der Form wichtig ist, muß während des Erhärtens jede Erschütterung der Form vermieden werden. Nach Belieben kann auch beim Gipshohlguß durch Einlegen von Jute oder Maschengewebe Verstärkung erreicht werden, obwohl der Aufbau des Gusses aus dünnen Schichten schon für eine erstaunliche Festigkeit des Gipses sorgt. Ein Hohlguß ist um vieles widerstandsfähiger gegen Druck als ein Massivguß. Für größere Plastiken verbietet sich das Massivgußverfahren ohnehin.

Verstärkung gefährdeter Teile durch Armierungen

Alle Gegenstände, welche dünne Teile besitzen, die (besonders bei größeren Figuren) nicht tragfähig genug sein würden, verstärkt man an diesen Stellen durch Einlagen von Metallstäben oder -drähten. Diese Metalleinlagen sollten mit einem dicken Überzug der gleichen Gipsmasse, wie sie nachher zum Guß verwendet wird, versehen werden, damit an keiner Stelle der Oberfläche des Werkstücks später das eingelegte Metall sichtbar wird (Eiseneinlagen müssen unbedingt mit einem Anstrich versehen werden, der vor Rost schützt). Normalerweise werden die Metallverstärkungen erst nach dem Eingießen des

Gipsbreies in die von oben offene Form eingeführt und durch frischen Gips mit der Gußwandung verbunden.

Verzögerung des Abbindens

Im Falle sehr großer Formen kann beim Gipsguß, aber auch beim Modellieren mit Gips, das Abbinden, ohne das Erhärten zu beeinträchtigen, durch Zusatz von Boraxsalz während des Anmachens verzögert werden. Bei 1 Raumteil gesättigter Boraxlösung und 12 Raumteilen Wasser beträgt die Verzögerung des Abbindens bei Stuckgips etwa 15 Minuten. Beim Verhältnis 1:8 verlängert sich die Verzögerung bereits auf etwa 50 Minuten.

Das Abschlagen der Gipsformen vom fertigen Gipsgußstück

Nach mindestens einstündiger Härtezeit kann das Gußstück aus dem Gipsmantel mit Stecheisen und Holzklöppel herausgehauen werden. Am besten beginnt man an den Nahtstellen und arbeitet sich systematisch zu den Hauptpartien vor (Abb. 47, 48). Das Freilegen der Warnschicht erfordert keine sehr große Vorsicht: Das Stecheisen wird mit wenigen kräftigen Schlägen etwa 1,5 cm tief in den Gipsmantel senkrecht zur Mitte des Modells hineingetrieben, bevor dann das jeweilige Gipsstück durch einen letzten Druck des Stecheisens abgebrochen wird (Vorsicht bei vorragenden Teilen!). Sobald die Warnschicht freigelegt ist, ist äußerste Vorsicht geboten. Mit ganz leichten Schlägen wird die Warnschicht zum Springen gebracht. Die Schneide des Stecheisens sollte die Oberfläche des Modells möglichst nicht berühren. Besondere Vorsicht ist geboten, wenn die Warnschicht beim Abgipsen vergessen wurde. Wenn die Oberfläche aber trotz aller Vorsicht verletzt worden ist, machen sich die Vorteile des Gußmaterials Gips angenehm bemerkbar (vgl. den Abschnitt *Das Ausbessern der*

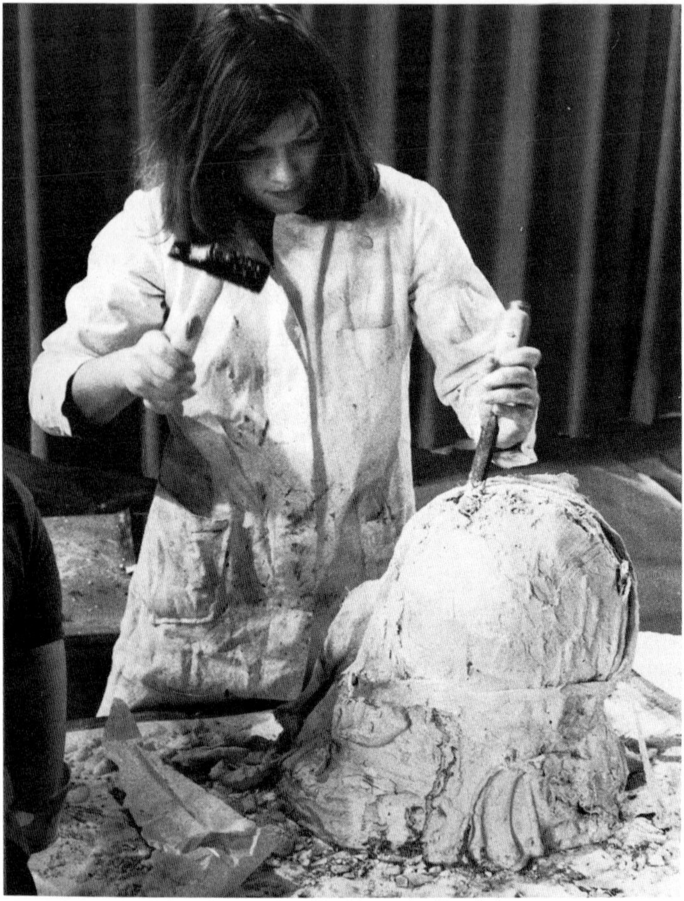

47 Freilegen der Nahtstellen vor dem Abschlagen der Negativformen

Gipsformen). Ein weiterer Vorteil von Gipsarbeiten besteht darin, daß sie auf vielfältige Weise bemalt, patiniert oder durch Schleifen, Schmirgeln und Neuauftragen von Gips bearbeitet werden können.

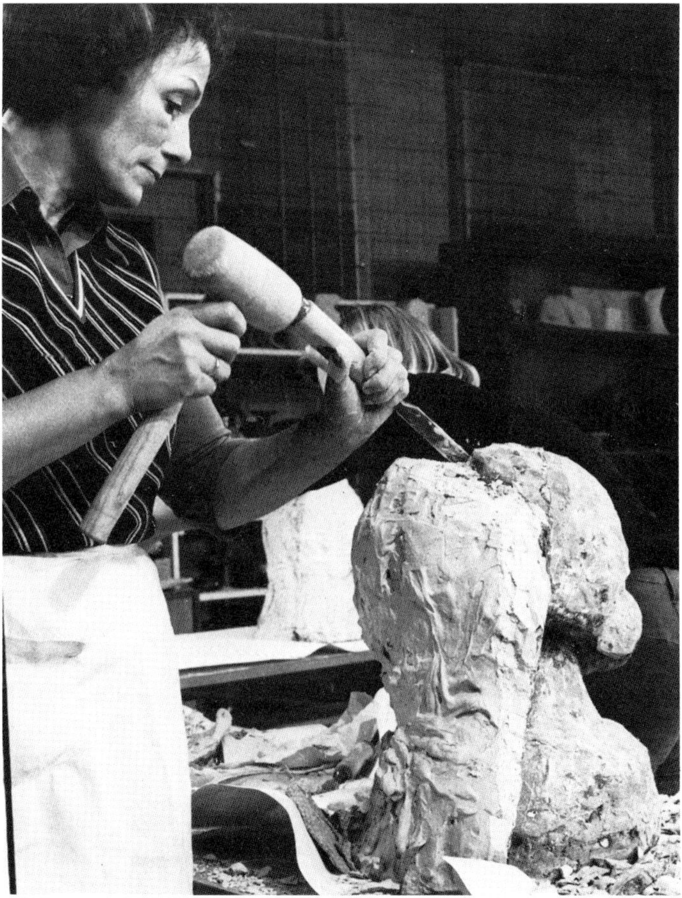

48 Abschlagen der Negativformen

Die Oberflächenveredlung von Gipsgüssen

Es ist ein erheblicher Mangel des Gipsgusses, daß seinem Weiß die lebhaften Wirkungen fehlen, die wir von Alabaster kennen

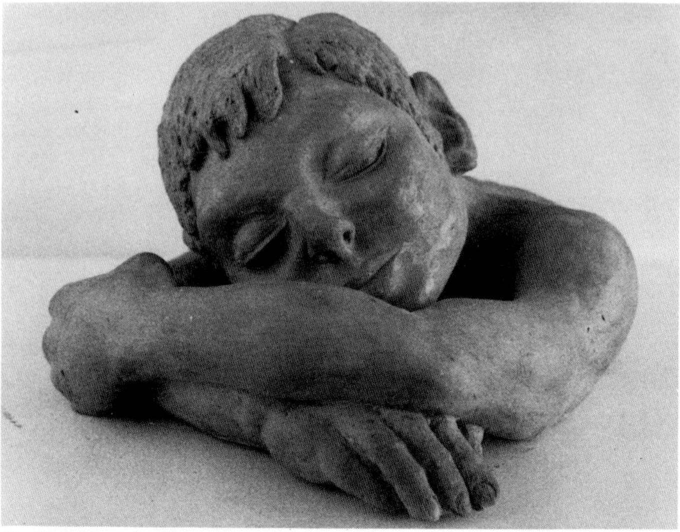

49 Mattglänzender Gipsguß eines Kinderporträts von E. Lüttge

(Durchscheinen und Spiegelung des Lichts). Dem stumpfen, toten Weiß des Gipses kann aber durch verschiedene Behandlung bis zu einem gewissen Grade Durchsichtigkeit und Glanz verliehen werden.

Eine Lösung aus gleichen Teilen weißer Seife und gebleichten Wachses in kochendem Wasser (1 Gewichtsteil Seife und 1 Gewichtsteil Wachs in 60 Teilen Wasser) gibt einen *leichten, fettähnlichen Glanz* (Abb. 49). Einen sehr *schönen porzellanähnlichen Glanz* kann man auf folgende Weise erreichen: Der noch feuchte Gipsguß wird mit fein geschlämmtem Talk (Talk eignet sich auch zum Polieren von Alabaster) mit Hilfe eines weichen Pinsels (Fehhaar) sehr dünn eingestäubt. Nach dem vollkommenen Austrocknen des Gußstücks an der Luft wird die so behandelte Oberfläche des Gipses mit trockenen Fingern unter Zuhilfenahme weiteren Talkpulvers kräftig poliert. *Metallisch glänzende, schwarze Abgüsse* kann man durch Einreiben mit geschlämmtem Graphit bekommen. Allerdings muß vor dem kräftigen Einreiben des Graphits in die Oberfläche der helle Gipsguß dunkel gefärbt werden (z. B. mit verdünnter schwarzer Tinte oder Tusche). Nach dem völligen Trocknen verteilt man Graphit, das sich sehr gut überall anlegt, mit einem Pinsel auf der Oberfläche.

Der angetragene Stuck

Der angetragene Stuck ist das eigentliche Material des Stukkateurs. Mit Ausnahme bei Restaurationen wird kaum noch mit angetragenem Stuck gearbeitet. Für den Plastiker und Bildhauer ist die Verwendung des angetragenen Stucks jedoch von Bedeutung.

Stuckgips ist ein steifer Gipsbrei, der langsam erstarren muß, damit man ihn leichter antragen, formen und ausbessern kann. Er wird deshalb mit Leimwasser angemacht oder mit Zusätzen aus Kalkhydrat, das durch Aufnahme von Kohlensäure aus der Luft in kohlensauren Kalk verwandelt wird und mit der Zeit erhebliche Härte bekommt. Die aus diesem Brei geformten Verzierungen an Decken und Wänden (innen und außen) nennt man nach dem Erstarren »angetragenen Stuck«.

Eine für angetragenen Stuck gut verwendbare Masse besteht aus 1 Raumteil Gipsbrei (mit Leimwasser angerührt) und 2 Raumteilen Schlemmkreide. Diese Masse erreicht aber schnell eine so große Härte, daß Nachbesserungen schwierig sind. Leichter zu verarbeiten ist eine Masse aus 2 Raumteilen Gipsbrei, 1 Raumteil Kalkbrei und 3 Raumteilen feinem Sand. Besondere Härte und schönes Aussehen erreicht man mit einer Masse aus 1 Raumteil Gipsbrei (mit Leimwasser angerührt) und 2 Raumteilen Marmorstaub.

3 Der Betonguß

Die allgemeine Bedeutung des Betons für die Arbeit des Plastikers

Gegenüber der Verwendung von Beton als Material des Plastikers herrschen heute immer noch einige Vorurteile. Die Hauptgründe für die Ablehnung sind die Schwere der Güsse, die Kompliziertheit der Verfahren und die graue Unansehnlichkeit des Betons. Alle diese Argumente sind durch eine große Anzahl schön gegossener Kunstwerke aus Beton bereits widerlegt worden. Hohlgüsse sind seit den 50er Jahren an die Stelle der früher sehr verbreiteten Massivgüsse getreten. Sie sind nicht nur gewichts- und kostenmäßig vorteilhafter als Massivgüsse, sondern besitzen auch höhere Druckfestigkeit. Die Herstellung dauerhafter Betongüsse ist keineswegs kompliziert, wie die folgenden Ausführungen zeigen werden. Weder müssen bestimmte Temperaturen eingehalten werden noch herrscht Zugluftempfindlichkeit, wie das bei der Arbeit mit Kunststoffen der Fall ist. Vielmehr können bei Betonarbeiten alle Vorgänge mit geringem Kostenaufwand auch unter ungünstigen äußeren Bedingungen und unter ständiger Beobachtung vom Bildhauer selbst ausgeführt werden.

Betongüsse müssen auch keineswegs unansehnlich sein. Nicht zuletzt verdankt Beton der ihm eigenen Möglichkeit zur Imitation traditioneller Materialien vom Stein bis zur Bronze seine zunehmende Verbreitung. Beton ist gegen äußere Einflüsse (Schlag, Stoß, Hitze, Kälte, Wasser) sehr unempfindlich. Er übertrifft bei richtiger Anwendung die meisten natürlichen Steine an Härte und Wetterbeständigkeit.

Von besonderer Bedeutung für die Betonarbeit ist vor allem auch die Möglichkeit, aus den Verfahren der Bauindustrie Vorteile für das Vorgehen des Bildhauers zu gewinnen. Bei großen öffentlichen Arbeiten, die wegen erheblicher Kosten im Metallguß nicht ausgeführt werden können (Wandreliefs, Brunnenanlagen, überlebensgroße Figuren u. ä.), kann und sollte der Plastiker die Hilfe des Bauingenieurs oder des Architekten in Anspruch nehmen (Statik, Kalkulation usw.).

a) Der Betonguß in der Bauindustrie

Zuerst wird der Schalungskörper (Holz) hergestellt. Spätere Aussparungen im fertigen Beton werden als Einlegstücke in diese Negativform eingelegt und befestigt; dann werden die Armierungen (Eisen) eingelegt. Die Betonmischung wird jetzt in die vorbereitete Form eingefüllt. Der Beton muß nach dem Einfüllen gerüttelt werden, um die in dem Beton enthaltene oder sonst eingeschlossene Luft zu entfernen und die Masse zu verdichten. Rütteln bei halbflüssigem Schüttbeton und Stampfen bei erdfeuchtem Stampfbeton sind unbedingt notwendig zur Verdichtung. Das fehlerlose Abbilden der Oberfläche der Negativform und die Festigkeit hängen wesentlich von dieser Verdichtung des Materials ab. Von der Festigkeit hängt wiederum die Dauerhaftigkeit des Betons ab. Nach dem Verfüllen und Rütteln bzw. Stampfen muß der frische Beton gegen Austrocknung, Auswaschung (Regen) und Erschütterung geschützt werden.

Der Plastiker orientiert sich bei seinen Verfahren des Betongusses prinzipiell an diesem Ablauf, verfeinert es jedoch entsprechend seinen Zwecken.

b) Die Anwendung des Betons durch den Plastiker

Für die Herstellung von Betonskulpturen im Atelier mit Hilfe vorher gefertigter Negativformen verwendet man Betonmischungen mit groben oder feinen Zuschlagstoffen oder die Kombination beider Mischungen. Der Plastiker verwendet gewöhnlich Portlandzement oder Tonerdeschmelzzement als Bindemittel für diese Mischungen. Sobald dem Zement Wasser hinzugegeben wird, kommt es zum chemischen Vorgang des *Abbindens.* Auf dieser Möglichkeit des allmählichen Verfestigens einer anfänglich flüssigen, leicht verformbaren Masse beruht die Eignung des Zements als Bindemittel für künstlerische Zwecke. Allerdings wäre das so gewonnene erstarrte Material aus Zement und Wasser von sehr geringer Festigkeit und ungenügender Wetterbeständigkeit. Erst durch die Mischung des Zementes mit feinen bzw. groben Zuschlagstoffen werden diese Eigenschaften erreicht.

Die Zubereitung der trockenen Betonmischung und die Zuschlagstoffe

Unabhängig davon, ob mit groben oder feinen Mischungen gearbeitet wird, wird als erstes immer eine *Trockenmischung* hergestellt. Die Bestandteile (Zement und Zuschlagstoffe) werden so lange mit der Schaufel gemischt, bis eine gleichmäßige Färbung erreicht ist (Abb. 50). Eine gleichmäßige Durch-

50 Betontrockenmischung aus Zement und Zuschlagstoffen

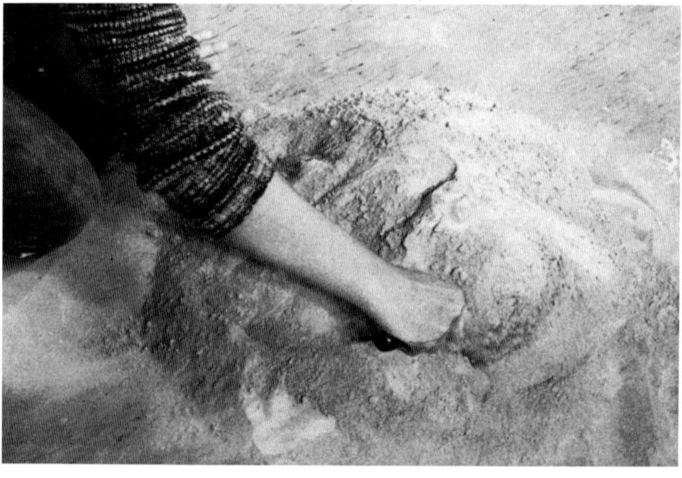

mischung ist für das Aussehen und die Alterungsbeständigkeit des Betons unbedingt erforderlich. (Nicht mit bloßen Händen mischen, da die Haut angegriffen wird.) Die Mischung des Zements mit den Zuschlagstoffen kann auf einer freien, festen Grundlage durchgeführt werden oder in dafür geeigneten Kästen, die eine spätere sorgfältige Reinigung zulassen. Das Herstellen der Trockenmischung in Kästen oder Wannen hat für die spätere Wasserzugabe (Gießkanne) Vorteile, da das Wasser dann nicht fortfließen kann.

Die *Zuschlagstoffe* (Sand, Kies) müssen sauber, frei von Fremdstoffen (z. B. Tonschlick) und chemisch neutral sein. Als ideal haben sich Zuschläge erwiesen, die von staubfeiner Korngröße bis zu 15 mm Korngröße (bei lebensgroßen Plastiken) reichen. (In der Bauindustrie werden Zuschläge bis zu 30 mm und noch größeren Korngrößen verarbeitet.) Der Zementanteil der Betonmischung hängt von der Art der Zuschläge ab. Er muß bei Beton mit feinen Zuschlagstoffen größer sein als bei Beton mit groben Zuschlagstoffen.

Demzufolge benötigt Beton mit feinem Zuschlag eine größere Wassermenge. Dabei ist das Verhältnis von Wasser und Zement von großer Bedeutung für die spätere Festigkeit des Betons. Zuviel Wasser setzt die Festigkeit herab. Zuwenig Wasser behindert das Verdichten des Betons und schwächt so ebenfalls die Festigkeit.

Der Zement, der zur Betonmischung verwendet wird, muß klumpenfrei sein. Da Zement hygroskopisch (wasseranziehend) ist, verbietet sich die Aufbewahrung größerer Mengen, das heißt, die sorgfältige, luftdichte Lagerung an trockenem Ort ist Bedingung. Lassen sich eventuell vorkommende Klümpchen leicht zwischen den Fingern zerdrücken, kann der Zement noch verwendet werden.

Für Kunstgüsse eignen sich am besten »scharfe« Quarzsande und Kiesel verschiedener Korngröße, wie wir sie aus dem Geschiebe der Flüsse kennen. Glasfaser kann an Stelle der sonstigen Zuschläge zur Verfertigung benutzt werden, allerdings nur im Zusammenhang mit Tonerdeschmelzzement. Portlandzement greift Glasfaser an. Zuschläge aus Marmorstaub,

Kalksteinsand u. ä. in Verbindung mit dem hellen Portlandzement ergeben sehr schöne Kunststeine.

Zusatz von Farben

Von organischen Farbzusätzen ist ganz abzusehen, da sie in Beton nicht haltbar sind. Von den mineralischen Farben können Mangansuperoxyd für Schwarz und Grau, Englischrot und Caput mortuum für Rot, Ocker für Gelb und Ultramarin (besitzt hydrauliche Eigenschaften) für Grün in Form von Pulverfarbe der trockenen Betonmischung zugemengt werden. Allerdings wirken Farbzusätze auf die Festigkeit des Betons mindernd (besonders die Ocker-Arten). Eine Ausnahme bildet Ultramarin.

In der Praxis haben sich folgende *Betonmischungen mit groben Zuschlagstoffen* bewährt:

1. Für kleine Plastiken und Reliefs mit feinstrukturierten Oberflächen:
   1,2 oder mehr Raumteile Tonerdeschmelzzement
   2,0 Raumteile Quarzsand (0–3 mm)
   1,5 Raumteile Quarzkiesel (3–7 mm)
2. Für lebensgroße Plastiken:
   1,2–1,5 Raumteile Portlandzement
   2,0 Raumteile Quarzsand (0–3 mm)
   1,0 Raumteile Quarzkiesel (3–7 mm)
   1,5 Raumteile Quarzkiesel (7–15 mm)

Bevor Wasser zu der sorgfältig durchgearbeiteten Trockenmischung hinzugegeben werden darf, müssen die Gußformen für den eigentlichen Betonguß vorbereitet sein.

Negativformen für den Betonguß und die Vorbereitung der Formen zum Betonguß

Die Formen, in die Beton gegossen oder eingestampft wird, müssen dem Druck des frischen Betons standhalten und sich nach dem Erstarren des Betons vom Gußstück lösen lassen. Die wichtigste Bedingung ist jedoch das Erhalten der notwendigen Feuchtigkeit des Betons durch die Negativformen, ohne die die chemischen Reaktionen des Abbindens, Erhärtens und langsamen Reifens nicht erfolgen können. In der Bauindustrie sind die gebräuchlichen Negativformen Verschalungen aus Holz. Als Isoliermaterial wird Schalöl verwendet. In der Plastik findet Wachs, Polyester, Silicon, Styropor (geschäumtes Polystyrol) und ähnliches, am häufigsten jedoch Gips zum Formenbau Verwendung. Wie beim Gipsguß ist die vom Tonmodell zurückbleibende, dünne Tonschicht auch beim Betonguß geeignetes Isoliermittel. Eine Verstärkung durch Einpinseln mit Tonschlick ist nur notwendig, wenn die Oberflächen ausgebessert wurden. Falls die Gipsformen nicht sogleich nach dem Abnehmen vom Tonmodell mit Beton gefüllt werden, müssen sie vor dem Guß gründlich gewässert werden. Das Schellack-Wachs-Verfahren als kostspieligeres Verfahren zur Vorbereitung der Formen mit Trennmitteln ist bereits beschrieben worden (vgl. den Abschnitt *Trennmittel für den Gipsguß*). Nach der Vorbereitung der Formen (Nässen, Isolieren) kann mit dem eigentlichen Betonguß begonnen werden.

Arbeitsgänge beim Verfüllen des Betons mit groben Zuschlagstoffen

1. Reiner Tonerdeschmelzzement oder reiner Portlandzement (je nach beabsichtigter Betonart) wird in Wasser eingestreut und zu einem sahnigen Brei verrührt. (Bei Plastiken, die später im Freien aufgestellt werden sollen, muß dieser Brei zur Vermeidung von Haarrissen aus 1 Raumteil Zement und 1 Raumteil Quarzsand bestehen). Mit einem breiten

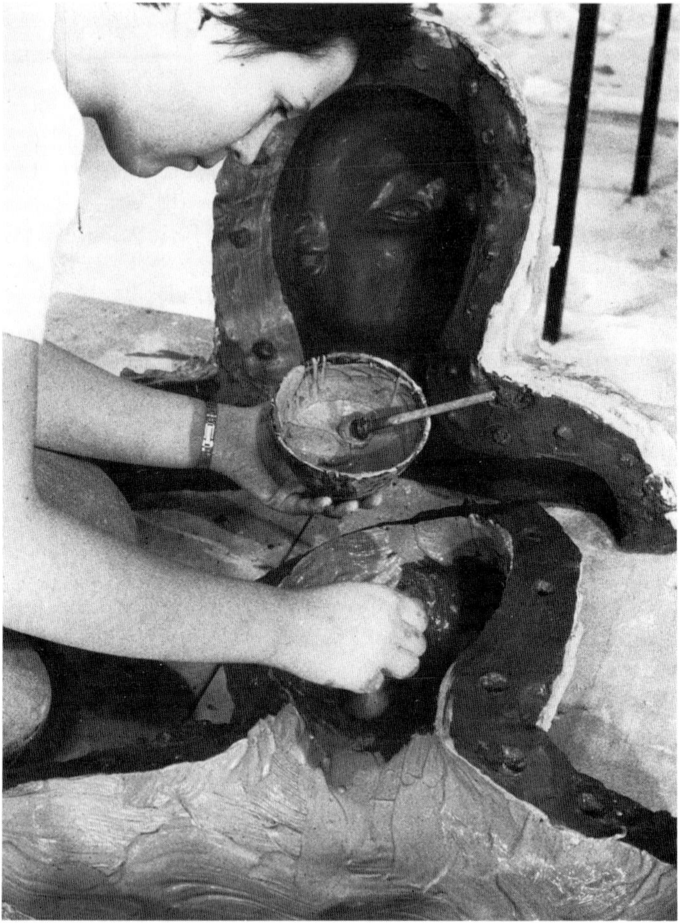

51 In die mit Tonschlick isolierten Formen wird Zementbrei eingepinselt

Pinsel wird eine etwa 2–5 mm starke Schicht dieses Zementbreis oder Zementleims in dichten Strichlagen aufgepinselt, bis die Oberfläche der Formen völlig bedeckt ist (Abb. 51). Müssen mehrere Formteile gefüllt werden, die

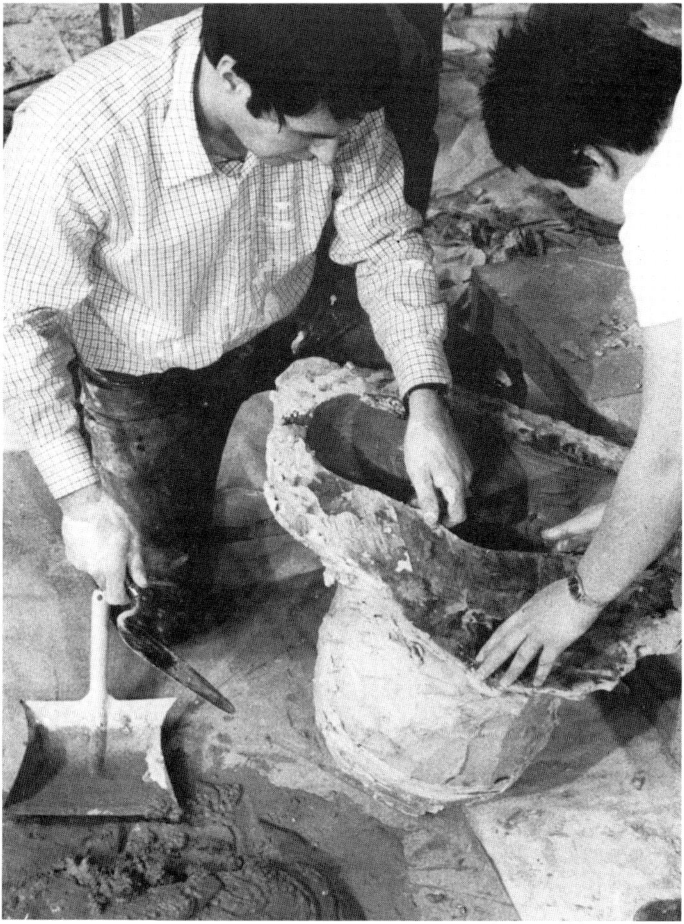

52 Verfüllen des Betons bei Massivguß

später eine größere Figur ergeben, so beginnt man mit den kleinen Stückteilen, nicht mit der Hauptform.

Wird ein *Massivguß* angestrebt, so müßten jetzt zunächst die Stückformen zu einer einzigen Hohlform zusammengegipst werden. Danach könnte die Betonmischung in einem verfüllt und gestampft werden (Abb. 52). Massivgüsse sind jedoch nur bei sehr einfachen reliefartigen Formen und bei Kleinplastiken empfehlenswert. Zwei Verfahren können dabei angewendet werden: *»Erdfeuchter« Beton,* der nur soviel Wasser enthält, daß er sich in der Hand gerade noch ballen läßt, wird unter stetigem Stampfen Schicht für Schicht (3 cm) in die Hohlform eingestampft, bis sie gefüllt ist. *»Weicher« Beton,* der soviel Wasser enthält, daß er sich zwar stampfen läßt, aber während des Stampfens weich wird, wird in die Form verfüllt. – Beide Verfahren können mit gutem Erfolg angewandt werden. Allerdings ist eine ganz dichte Oberfläche auf diese Weise nicht erreichbar, sondern zahlreiche kleine Luftbläschen überziehen die Oberfläche des späteren Gußstücks. Der Massivguß kann vermieden werden, wenn die Stückformen einzeln verfüllt und gestampft werden, bevor sie zu einem Ganzen zusammengefügt werden.

2. Der trockenen Betonmischung (Zusammensetzung s. oben) wird nun Wasser zugegeben.
3. Auf den Zementbrei wird, während er noch naß ist, die gleichmäßig durchfeuchtete Betonmischung aufgetragen (Abb. 53) und durch Stampfen verdichtet, bis die endgültige Gußstärke erreicht ist (etwa 3–5 cm bei einem lebensgroßen Kopf). Überschüssige Flüssigkeit muß abgetupft werden.
4. Armierungen können eingelegt werden (Stahlmatten, Baustahl u. ä.). Bei stark belasteten Teilen (z. B. tragenden Beinen einer lebensgroßen Figur) *müssen* Armierungen eingelegt werden, und zwar genau da, wo sie zur Aufnahme von Zugspannungen wirksam werden sollen. Das ist im allgemeinen dicht unter der Oberfläche. Auf die völlige Bedeckung des Eisens mit mindestens 1 cm Beton muß geachtet werden (Rosten bei Verletzungen der Oberfläche!). Fest auf den eingelegten Armierungen sitzender Rost schadet nichts. Fett, Öl, loser Rost müssen dagegen entfernt werden.

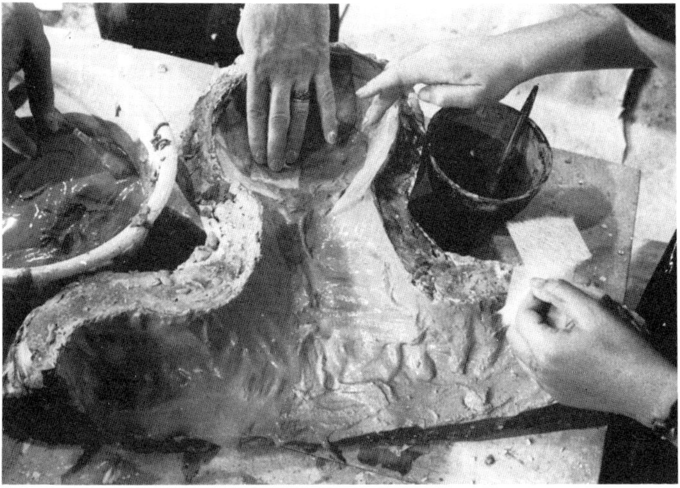

53 Auftragen und Verdichten der steifen Betonschicht auf der Zementbreischicht

54 Die Stoßkanten der Betonfüllung müssen mit 45° Innenneigung sorgfältig ausgeformt werden

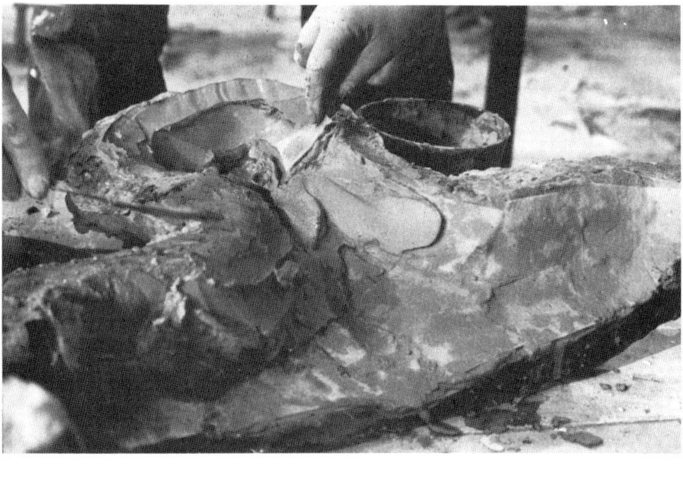

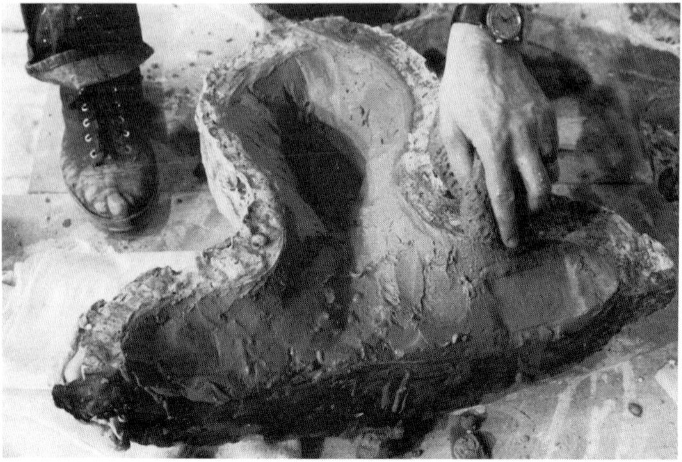

55 Säubern der Stoßkanten

5. Die Stoßkanten der Betonfüllung werden geformt. Sie müssen mit einer Innenneigung von 45° verlaufen (Abb. 54). Alle Stückteile werden gefüllt. Danach wird die Hauptform auf die gleiche Weise behandelt. Nachdem die Stoßkanten der Gipsformen abgewischt worden sind (Abb. 55), werden alle Teile mit nassen Tüchern und Plastikfolien luftdicht abgedeckt, damit der Beton erstarren und erhärten kann (Abb. 56).
6. Sind alle Teile erhärtet, werden sie zur endgültigen Form zusammengefügt. Angefangen am Kopfende wird ein Stückteil nach dem anderen an der Hauptform angebracht (mit Hilfe von Jute und Gips oder mit Schraubzwingen). Bevor jeweils die nächste Stückform angefügt wird, werden die V-förmigen Öffnungen (90°) an den Stoßkanten mit Zementbrei verfugt, bevor die grobere Betonmischung mit der Hand in die V-Fugen verfüllt und gestampft wird. Sind alle Teile der Figur zusammengesetzt, wird das Ganze wieder mit nassen Tüchern und Folie luftdicht verpackt, um zu reifen.

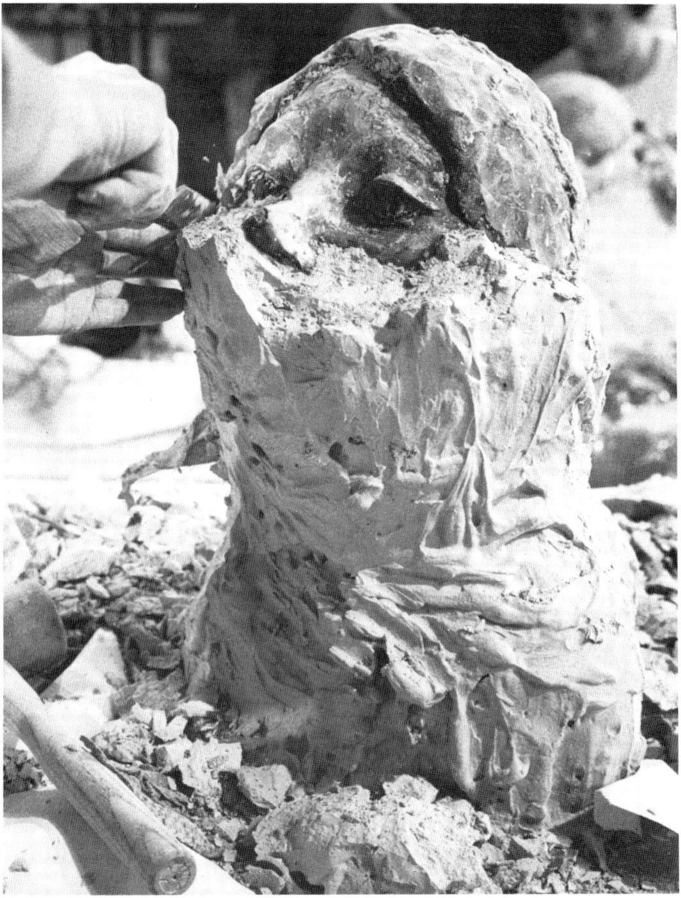

56 Abschlagen des Gipsmantels vom ausgehärteten Betonguß

7. Nach dem Reifen des Betons, das möglichst lange hinausgezogen werden sollte, kann der Gipsmantel von der fertigen Betonplastik abgeschlagen werden.

Das Verfüllen des Betons mit feinen Zuschlagstoffen

Die Arbeitsschritte werden in der gleichen Folge durchgeführt wie bei der Verwendung der groben Betonmischung. Jedoch wird für Beton mit feinen Zuschlagstoffen das Mischungsverhältnis von 1 Raumteil Zement und 1 Raumteil feinem Quarzsand (1 mm) gewählt. Nach dem Einpinseln der vorbereiteten Formen mit einer 3–6 mm dicken Betonschicht aus 1 Raumteil Tonerdeschmelzzement und 1 Raumteil Quarzsand (1 mm) läßt man den Beton über Nacht zu einer glasigen Masse erstarren. In die nächste Betonschicht, die aus grobem Material oder aber aus der Ausgangsmischung (1:1) bestehen kann, werden nach Belieben Armierungen aus Maschendraht oder ähnlichem eingearbeitet. Die weitere Verarbeitung erfolgt wie bei dem Betonverfahren mit groben Zuschlagstoffen.

Arbeitsgänge beim Laminieren

1. Vorbereiten der Form wie bei den übrigen Verfahren.
2. Aufpinseln von Zementleim.
3. Auftragen des Laminats, d. h. auf eine Schicht Beton – aus 1 Raumteil Zement und 1 Raumteil Quarzsand – folgt eine Schicht Glasfaser usw., bis die endgültige Wandstärke erreicht ist (Abb. 53). (Glasfasermatten können nur mit Tonerdeschmelzzement verarbeitet werden.)

Durch die in verschiedene Richtungen weisenden Fasern wird dem Beton zusätzliche Festigkeit verliehen. Auch bei der Technik des Laminierens ist das Verdichten des Betons durch behutsames Tupfen mit dem Pinsel unbedingt notwendig.

Das Erstarren, Erhärten und Reifen des Betons

Wenn Wasser einer Trockenbetonmischung zugefügt wird, beginnt der Zement zu erstarren. Seine Bindekraft auf die Zuschlagstoffe wirkt; er bindet ab. Die weitere Festigkeitszunahme erfolgt während des *Reifens*. Dazu ist es notwendig, die Feuchtigkeit zu halten (Einhüllen in nasse Tücher und Plastikfolien).

Folgende Erfahrungswerte liegen vor:

	Erstarren	Erhärten	Reifen
Portlandzement	4 Std.	24 Std.	7 Tage
Tonerdeschmelzzement	1 Std.	5 Std.	24 Std.

Das Abschlagen der Gipsformen vom fertigen Betongußstück

Nach frühestens 24 Stunden bei Tonerdeschmelzzement und frühestens nach sieben Tagen bei Portlandzement kann der Gipsmantel von der fertigen Plastik abgeschlagen werden (Abb. 48, 56).

Das Ausbessern

Bei jeder Betonplastik müssen abschließend die Stoßnähte abgeschliffen werden (Abb. 57). An ihrer Dicke kann man ablesen, wie sorgfältig der Beton verfüllt worden ist. Kleine und auch große Löcher in der Oberfläche des Betons können folgendermaßen ausgebessert werden: Das Gußstück muß gut gewässert werden, bevor man Löcher mit dem frischen Beton des ursprünglichen Mischungsverhältnisses zuverlässig ausspachtelt. Die ausgebesserte Plastik wird erneut mit nassen Lappen umwickelt und luftdicht verpackt. Nach zwei Tagen kann überschüssiges Material abgefeilt (Karborundschleifstein) und abgeschmirgelt werden, bevor eine Politur aus Bohnerwachs oder ähnlichem der Oberfläche des Betons matten Glanz verleiht (Abb. 58).

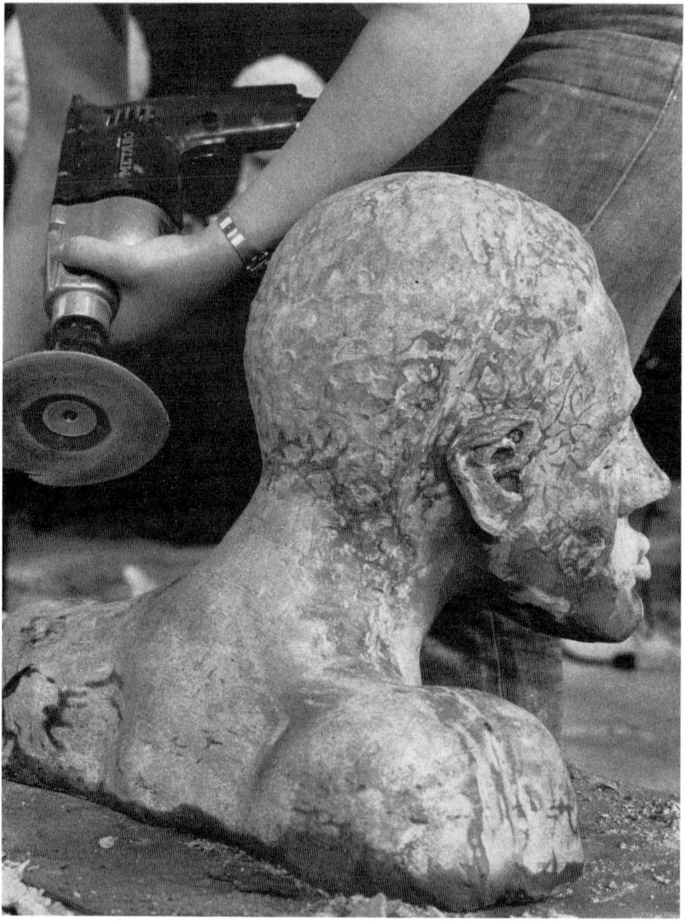

57 Abschleifen der Stoßnähte

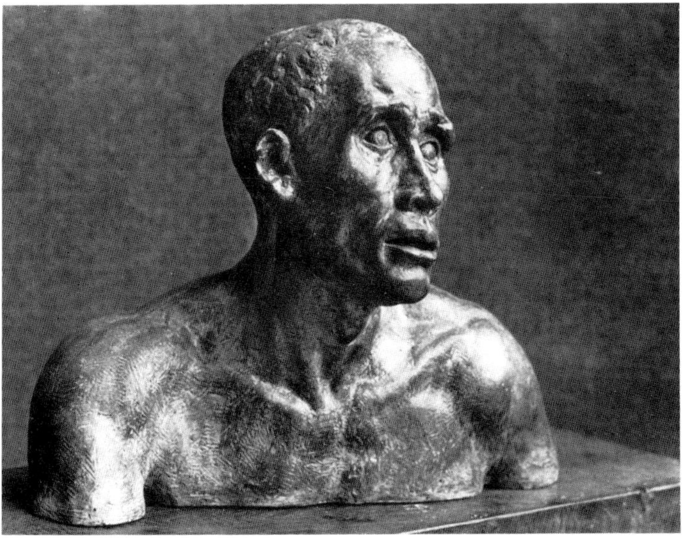

58 H. Leber, Vom Schmerz Getroffener. 1978. Betonguß mit Politur (vgl. Ab.18)

4 Der Bleiguß

Ein Metall ist nur dann zum Gießen geeignet, wenn es folgende Bedingungen erfüllt:

1. Es muß ohne besondere Schwierigkeit schmelzbar sein.
2. Es muß im Guß ein dichtes blasenfreies Gefüge besitzen.
3. Es muß so genau wie möglich den Raum der Gußform einnehmen und deren Gestalt so »scharf« wie möglich abbilden.

Während diese Bedingungen von einer Reihe von reinen Metallen (Eisen, Stahl, Platin sind schwer schmelzbar; Kupfer gibt poröse und löchrige Güsse; Zink ist spröde und oxydiert leicht usw.) nicht erfüllt werden, zeichnen sich andererseits eine Reihe von Metallmischungen (Legierungen) in all diesen Beziehungen aus. Von besonderem Interesse für den Bereich des Plastischen Gestaltens ist hier der Bronzeguß und die Gußtechnik mit Bleilegierungen.

Da der Bleiguß im Vergleich zum Bronzeguß mit einfachsten Mitteln (z. B. auf der Grundlage von Negativformen aus Gips) von jedem Plastiker mit Erfolg durchgeführt werden kann und außerdem einen Einblick in grundsätzliche Fragen des Metallgießens gibt, soll er an erster Stelle behandelt werden.

Der Schmelztiegel

Falls die zum Bronzeguß benötigten Graphittiegel (Abb. 59) nicht zur Verfügung stehen, kann für den Bleiguß ebensogut

59 Graphittiegel verschiedener Größe

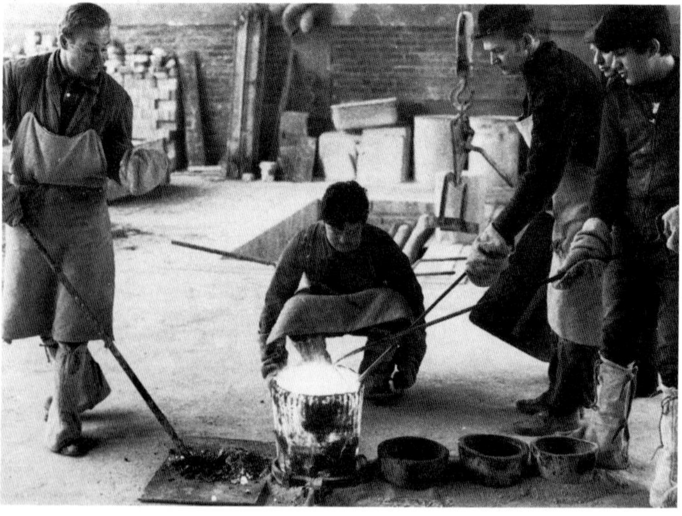

ein Eisenrohr (Höhe 30 cm, Wanddicke 3 mm, Durchmesser 20 cm) mit eingeschweißtem Eisenboden benutzt werden (Abb. 60). Dieser Eisentiegel muß, auch wenn er mit flüssigem Erz voll gefüllt ist, beim Guß noch einigermaßen leicht

60 Bleiguß aus dem Eisentiegel in die ins Erdreich versenkte Gipsnegativform

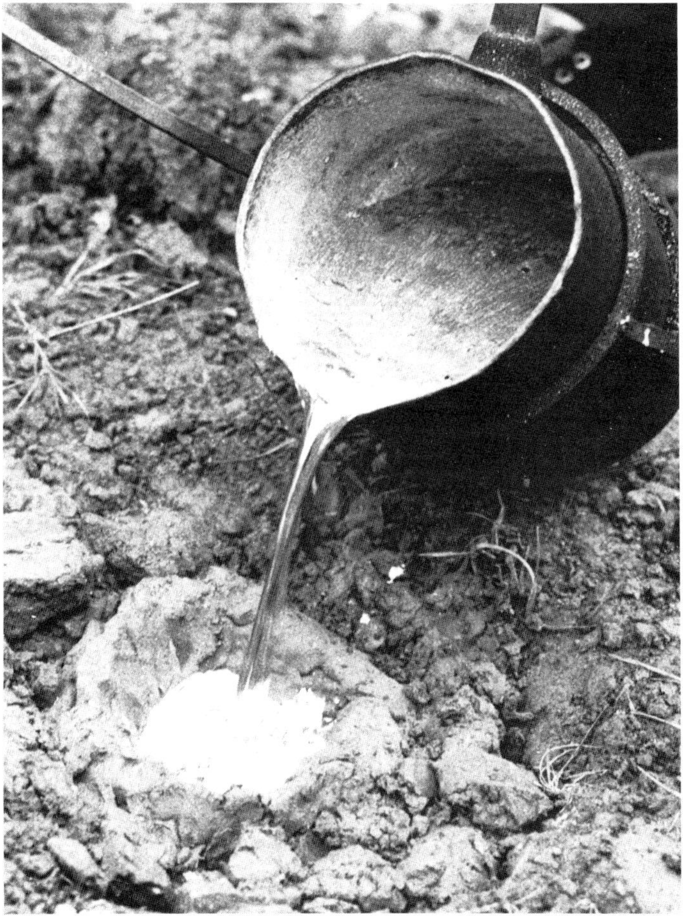

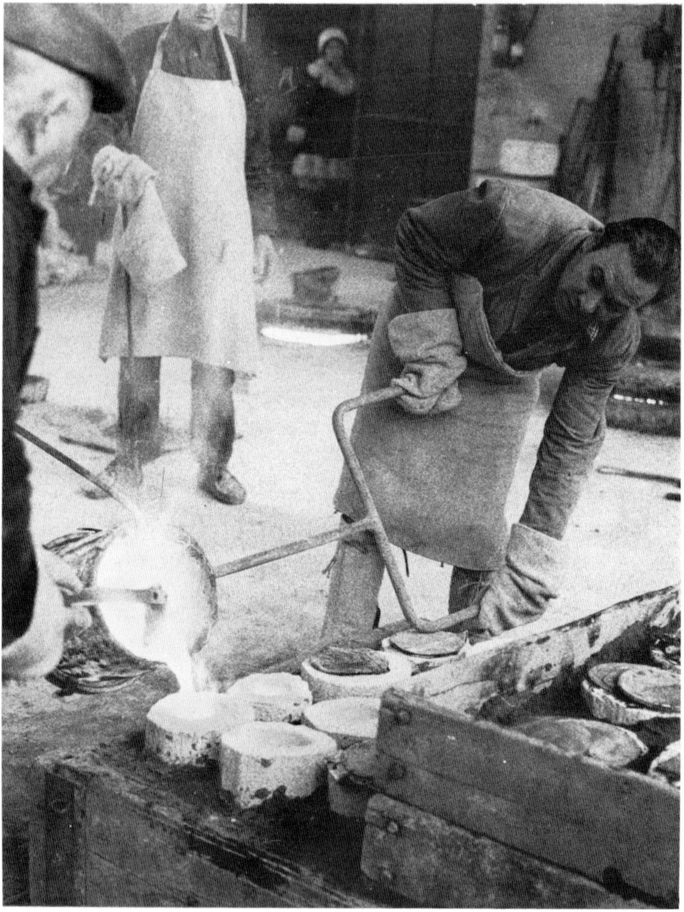

61 Beim Bronzeguß

bewegbar sein. Beim Gießen von Hand hängt der Tiegel deshalb in einem kräftigen Eisenring, der nach der einen Seite als einfache Eisenstange von etwa 1,50 m Länge und nach der anderen Seite als zweihändige und dadurch drehbare Eisengabel endet (Abb. 61).

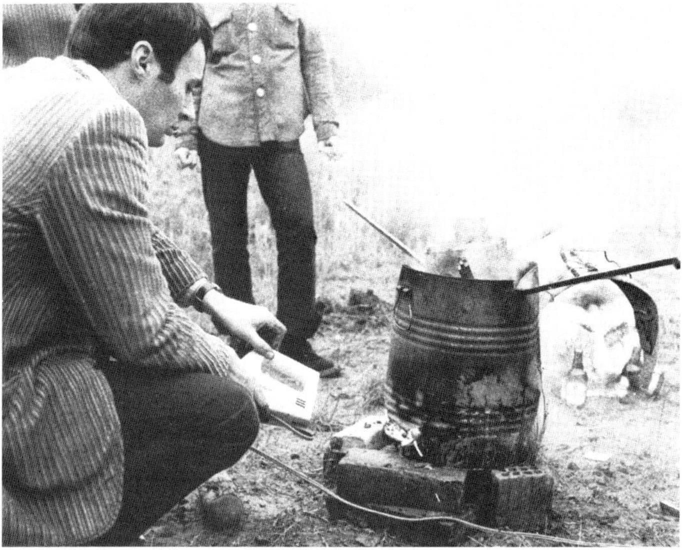

62 Provisorischer Schmelzofen. Bei Windstille hilft ein an eine Autobatterie angeschlossener Staubsauger

Der Schmelzofen

Der Schmelz- und Gußprozeß muß bei guter Belüftung durchgeführt werden. Da die Schmelztemperaturen von Blei, Blei- und Zinnlegierungen sehr niedrig liegen, können zu jeder Jahreszeit, außer bei Schnee und Regen, Güsse ausgeführt werden. Falls keine Feueresse mit Rost und Abzugsvorrichtung vorhanden ist, kann man als Schmelzöfen alte Blechfässer (Abb. 62) oder alte Zinnwannen (Schrotthändler) verwenden, die unten mit Luftlöchern versehen werden, damit Holz und grobe Steinkohle, die rings um den Schmelztiegel aufgeschichtet sind, ohne Mühe in ständiger Glut gehalten werden können. Zur Verbesserung des Zugs empfiehlt sich außerdem, den Schmelzofen auf Steine zu stellen.

Wichtigster Grundstoff für den Bleiguß ist das Blei. Obwohl mit reinem Blei, das relativ preiswert und in mancherlei Form (Abb. 63) vom Schrotthändler bezogen werden kann, schon brauchbare Ergebnisse zu erzielen sind, empfiehlt sich die Vermischung mit anderen Metallen.

Der Vorteil von Legierungen gegenüber reinen Metallen ist im allgemeinen erheblich. Bei der Bleiverarbeitung wird erst durch die Legierung ein wirklich hervorragendes Gießmaterial erzeugt, das von bedeutender Härte und Festigkeit ist, die Gußformen vollkommen ausfüllt, da es gut fließt und ein verringertes Schwindmaß aufweist. Von besonderem Vorteil ist dabei für den Plastiker, daß er das endgültige Legierungsmetall auf sehr einfache Weise herstellen kann. Im sogenannten Letternmetall (Linotype) oder Hartblei der Druckereibetriebe steht für den Bleiguß von Plastiken bereits ein Legierungsmetall mit ausgezeichneten Eigenschaften zur Verfügung.

Die Schriftgießer stehen vor ähnlichen Problemen wie die Plastiker. Für den Guß von Lettern und Stereotypplatten wäre reines Blei zu weich und würde zu schnell abgenutzt. Deshalb wird Blei mit Antimon und auch mit geringen Mengen Zinn legiert, um die notwendige Fließfähigkeit, Härte und Festigkeit zu gewinnen, aber auch, um die Sprödigkeit des Bleianteils aufzuheben.

Das *Hartblei* (Schriftmetall), das in Festigkeit und Schönheit durchaus mit Bronze verglichen werden darf, ist aufgrund seiner leichten Schmelzbarkeit (285 °C), seiner guten Fließeigenschaften und seiner Härte ein sehr gutes Gießmaterial. (Schriftmetalle umfassen Legierungen mit 10–19% Antimon und 2,5–10% Zinn. Die beste Vergießbarkeit hat Linotypemetall mit etwa 15% Antimon und 10% Zinn.)

Hartblei (Schriftmetall) kann mit sehr gutem Erfolg (Abb. 76) durch Vermischen mit vorher geschmolzenem Weichblei (335 °C) bis zum Verhältnis von etwa 1:1 gestreckt werden, ohne daß die günstigen Eigenschaften des Hartbleis merklich leiden.

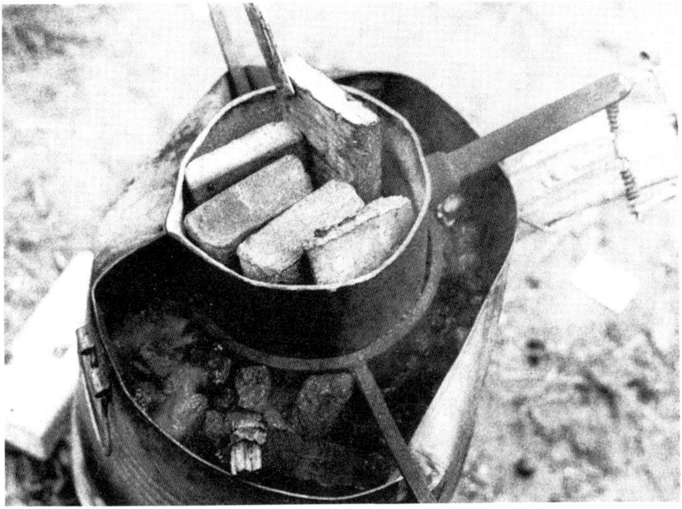

63 Altblei in Form von Barren im Schmelztiegel

Es empfiehlt sich, vor dem eigentlichen Guß die Qualität des Gußmaterials zu untersuchen. Im Normalfall genügt zur Prüfung das Ausgießen einer kleinen Menge (1 Eßlöffel) auf einem flachen Stein. Nach dem Erkalten schlägt man mit dem Hammer einen Teil der Probe ab. Zeigt der Bruch gleichmäßige Struktur, und ist er scharf, das heißt, ohne Biegung und Dehnung, wie sie dem Weichblei eigen ist, dann ist die Legierung von guter Beschaffenheit. Zeigt die Bruchstelle zu starke Kristalle, muß Blei zugesetzt werden, da bei großer Sprödigkeit des Erzes die Ziselierarbeit sehr schwierig ist. Ist der Bleianteil zu hoch, muß Antimon neu hinzugefügt werden. Das in kleine Stücke zerschlagene Antimon wird dabei nach und nach dem zuvor geschmolzenen Blei zugesetzt und durch Umrühren mit dem Blei vermischt. Vorsicht ist geboten, wenn man der schon flüssigen Schmelze neue Metallstücke hinzugibt. Heiße Bleischmelze explodiert heftig, falls *feuchtes* Material nachgeschoben wird.

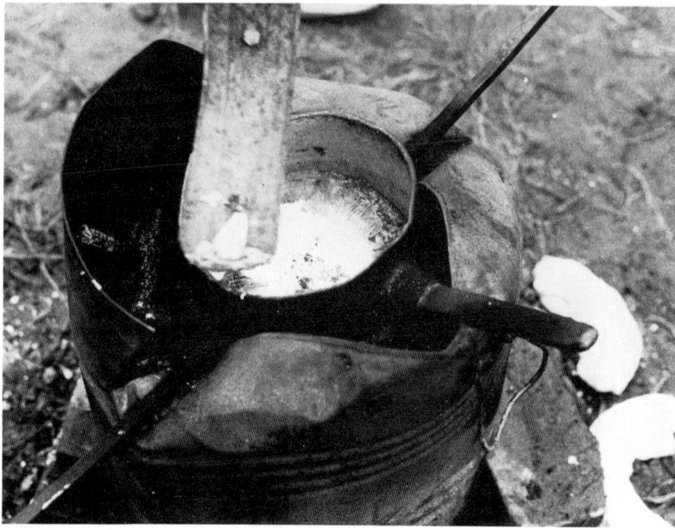

64 Abschöpfen von Schlacke und Oxyd unmittelbar vor dem Guß

Die Behandlung der Metalle beim Schmelzen vor dem Guß

Besonders wichtig ist das Beachten des Hitzegrades, den die Metalle beim Eingießen in die Formen haben. Ist das Metall nicht heiß genug, so erstarrt es durch die Abkühlung an den Formwänden, bevor es in die am weitesten entfernten Teile der Gußform gelangt ist. Ist es zu heiß, so erhöht sich das Schwindmaß (Schwinden), und die Oberfläche ist in der Regel mit kleinen trichterförmigen Gruben bedeckt (Verziehen, Saugen). Sobald das Blei oder die Bleilegierung dünnflüssig ist, wird nach dem Abschöpfen der Schlacke, des Oxyds und sonstiger Verunreinigungen (Abb. 64) das flüssige Metall in die vorbereiteten Formen eingegossen.

Das Gießen

Das Eingießen des Metalls (Abb. 60, 61) muß mit gleichmäßiger Geschwindigkeit, ohne Unterbrechung, aber auch nicht zu rasch geschehen. Wird zu langsam gegossen, hat das Metall Zeit zu erkalten. Auch kurze Unterbrechungen während des Eingießens haben gewöhnlich zur Folge, daß die einzelnen Gußportionen sich schlecht oder gar nicht miteinander verbinden. Wird zu schnell gegossen, verschüttet man Gußmaterial oder die in der Form befindliche Luft kann nicht an allen Stellen rechtzeitig entweichen (Explosionsgefahr), so daß der Guß löchrig ausfällt. Heftiges Sprudeln oder Kochen zeigt die ungenügende Trocknung der Formen an und bewirkt erhebliche Gußschäden.

Die Gußformen

Die Gußformen müssen folgende Bedingungen erfüllen (einige ergeben sich bereits aus der Beschreibung ihrer Herstellung):

1. Sie dürfen das eingegossene Metall nicht zu schnell abkühlen. Deshalb ist es notwendig, die Formen vor dem Guß zu erhitzen, indem sie mindestens dicht an das Feuer gestellt werden, besser aber über dem offenen Feuer gebrannt werden.
2. Die Formen müssen so fest sein, daß sie wenigstens *einen* Guß aushalten, ohne durch den Druck des Metalls zu zerspringen. Obwohl diese Bedingung bei kleineren Stücken (Büsten u. ä.) und bei leicht schmelzbaren Metallen relativ leicht zu erfüllen ist, wird das Eingraben der Formen in die Erde (Abb. 60) bzw. das Einbetten in leicht gestampften Sand (Abb. 61) dringend empfohlen. Falls eine Gußform durch zu rasches und heftiges Brennen durchgehend gerissen sein sollte, kann dadurch das Ausfließen des Metalls wirksam unterbunden werden. Falls die Form nicht in trockenen Sand, sondern in die feuchte Erde eingebettet wird, muß

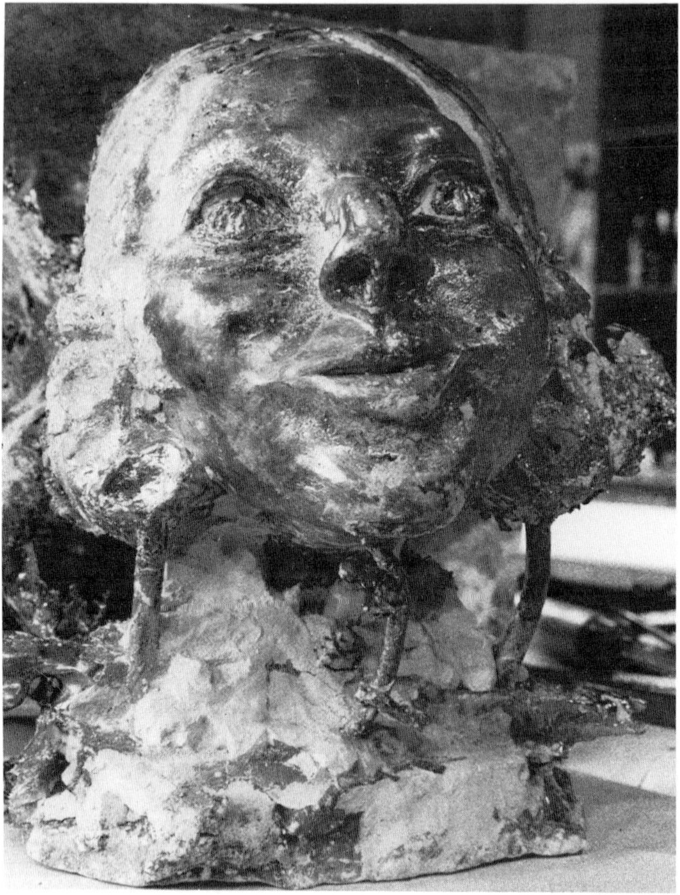

65 Kopf von E. Lüttge. Wenn bei stark überhängenden Formen, wie dem Kinn, die Gefahr von Luftstauungen besteht, müssen zusätzliche Windpfeifen angelegt werden

sie durch Plastikfolie gegen Feuchtigkeit und rasche Abkühlung geschützt werden.

3. Die in der Form eingeschlossene Luft muß vor dem einfließenden Metall entweichen können. Wenn das Gießloch zu

klein ist, um gleichzeitig den Einguß des Metalls und das Entweichen der Luft zu ermöglichen, müssen zusätzlich besondere Luftausgänge (Windpfeifen) angebracht werden (Abb. 65). Oft reichen aber die Fugen, die zwischen den aneinandergesetzten schon Teilformen bestehen, zur Entlüftung aus.

4. Die Formen müssen eine möglichst schnelle Füllung all ihrer Teile mit Metall ermöglichen. Deshalb muß der Einguß immer höher als der höchste Punkt des Hohlraums der Gußform liegen. Bei komplizierteren Formen müssen zwei oder mehr Kanäle an mehreren Stellen das Metall eintreten lassen, damit es nicht schon erstarrt, bevor die engsten und abgelegensten Teile der Form erreicht sind. Der Einguß (Anguß, Gießkopf, Speiser) wird am besten in Form eines Trichters (Abb. 43) von beträchtlicher Höhe geformt, damit durch die darin stehende Menge das Metall in die Form gepreßt wird. Zugleich wird beim Schwinden des Metalls und entsprechendem trichterförmigen Nachsacken des Gießkopfs die Form möglichst voll erhalten. Außerdem kann bei einem genügend großen Eingußzapfen die Metalloberfläche mit Gaskartuschen länger offen gehalten werden. Wenn die Formen unvollkommen getrocknet wurden, ist das eine wichtige Hilfe.

Das Öffnen der Form

Nach etwa einer halben Stunde hat sich das Blei in den eingestampften Gipsformen so weit abgekühlt, daß der Gipsmantel mit Hammer und Stecheisen ohne Gefahr (Verziehen) entfernt werden kann (Abb. 66). Während manche Gießformen mit trockenem pulvrigem Überzug (Formpuder) aus verschiedenen Substanzen bestrichen werden müssen, um die Adhäsion der Metalle an den Formwänden zu verhindern, kann diese Maßregel bei Bleigüssen in Gips entfallen. Die mürben Gipsformen lassen sich leicht abschlagen. Kleinere Gipsreste können unter fließendem Wasser abgebürstet werden.

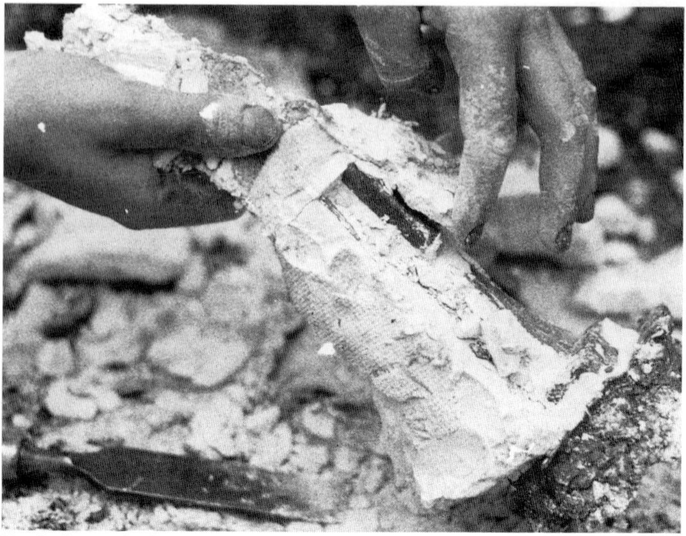
66 Entfernen der Gips-Jute-Schicht vom Gußstück

Das Ausbessern und Zusammenfügen der Gußteile

Naturgemäß spielt die Nacharbeit bei Metallgüssen eine große Rolle. Der Ziseleur, der die Oberflächen überarbeitet und Gußfehler ausbessert, ist in jeder Kunstgießerei eine der wichtigsten Instanzen.

Beim Bleiguß bzw. Bleilegierungsguß werden Löcher auf folgende Weise geflickt: Mit einem dicken Nagel oder einem Stecheisen wird der Schaden zunächst vertieft (Abb. 67). Dann wird ein zurechtgeschnittenes Stückchen Blei oder Hartblei in das Loch eingedrückt (Abb. 68). Von den Rändern des Loches her wird Metall mit dem Ziseliereisen über dem Fremdkörper zusammengetrieben und geglättet (Abb. 69). Größere Öffnungen (Abb. 70, 71) werden auf die gleiche Weise geschlossen. Jedoch müssen die eingefügten Bleistücke an den Innenseiten zusätzlich mit Zinnlot verlötet werden, damit sie genügend Festigkeit für die Ziselierarbeit bekommen.

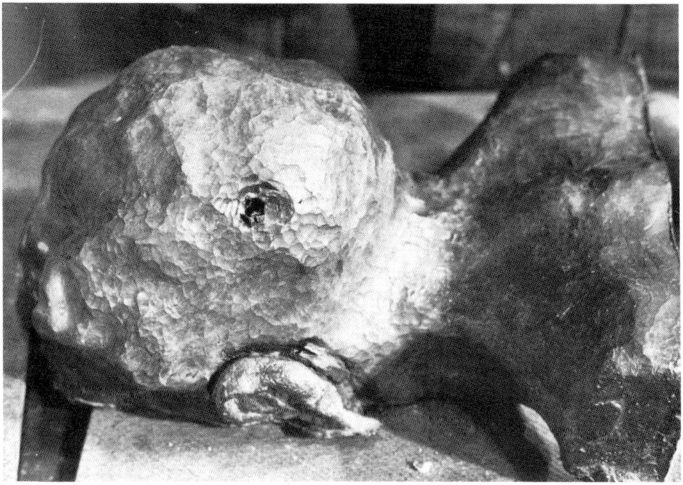

67 Mit dem Stecheisen vergrößerter Gußschaden, in den ein Flickstück eingepaßt werden soll

68 Füllung des Gußschadens

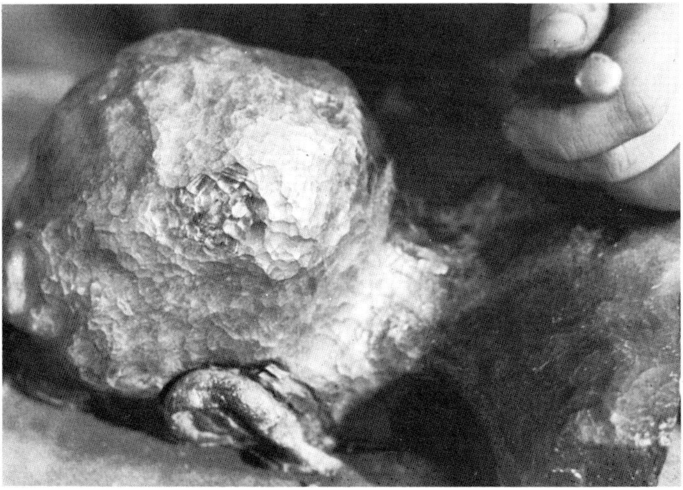

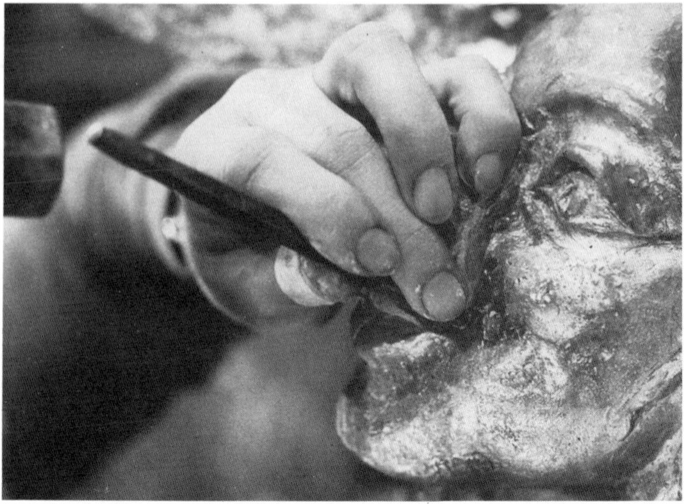

69 Ziselierarbeit

70 Ruinöses Gußstück aufgrund viel zu dicker Negativformen aus Gips

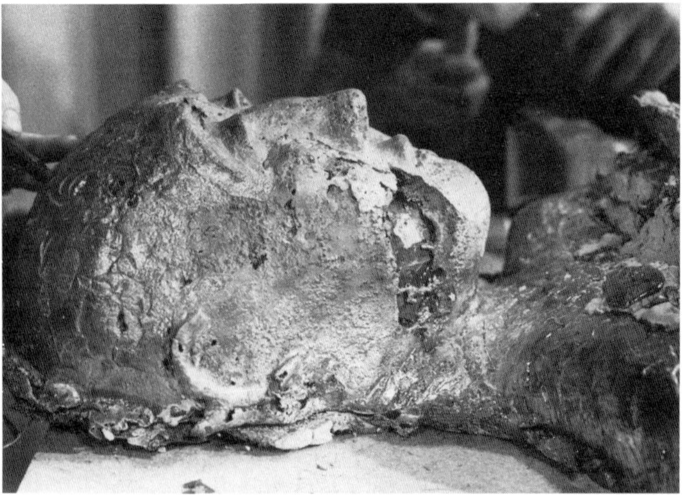

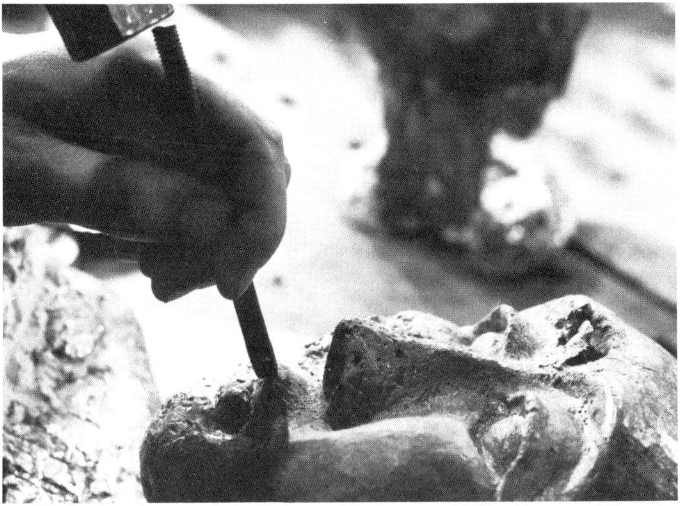

71 Mit Ausdauer kann auch eine Ruine noch in eine passable Plastik verwandelt werden

72 Der Einguß wird mit einer groben Schwedensäge entfernt

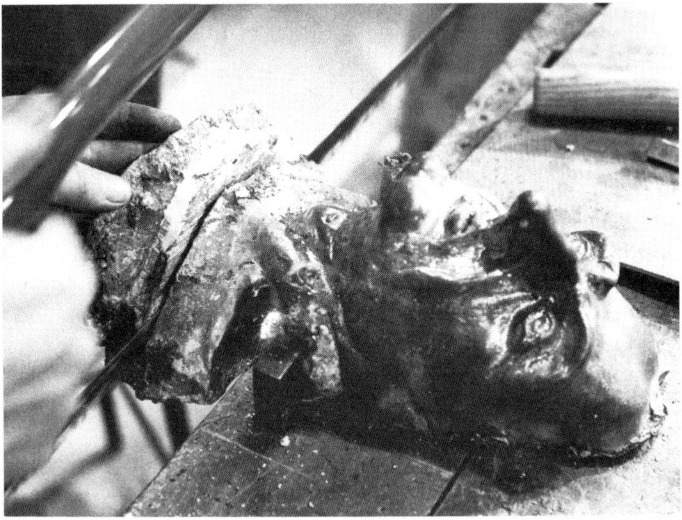

Abluftkanäle (Windpfeifen) und Eingießtrichter (Abb. 72) werden zweckmäßig mit einer sehr *groben* Schwedensäge entfernt. Eine feinezahnige Säge würde sich rasch zusetzen und heißlaufen.

Kleine Plastiken können massiv gegossen werden. Bei größeren Arbeiten, wie sie bei unseren Modellen vorliegen, kann man entweder Gußteile in ähnlicher Weise wie beim Betonguß zusammenfügen oder aber eine Kern- und Mantelformtechnik für den Guß wählen, wie sie beim Bronzeguß verwendet wird.

Das Zusammenfügen der Gußteile, hier eines Kopfes, erfordert Sorgfalt, wenn der Guß mit weichem Blei ausgeführt wurde, denn meist verziehen sich die Formen bei den Ziselier- und Sägearbeiten. Durch leichte Hammerschläge kann das zähe Blei jedoch wieder in seine ursprüngliche Form gebracht werden (Abb. 73). Bei der Verwendung von Bleilegierungen entfällt diese Mühe weitgehend. Sind die Formen einander angepaßt, dann können sie durch Weichlöten dauerhaft verbunden werden: Auf beiden Seiten der Lötnaht muß das Blei oder die Bleilegierung mit einem Gasbrenner erhitzt werden (Abb. 74), und zwar so lange, bis das über die zu lötende Stelle gestrichene Zinn (Stangenform oder Rollendraht) mühelos anschmilzt. Erst nach diesem Anschmelzen des Lotes sollte die Spitze der Flamme auf das Lötzinn selbst gehalten werden. Lötfett als Flußmittel erleichtert das Verfahren. Es wird kurz vor der Zugabe des Zinnlotes über die Nahtstelle gestrichen. Vorsicht ist beim Lötvorgang insofern geboten, als der Schmelzpunkt des Zinnlotes sehr nahe bei dem Schmelzpunkt des Bleies bzw. der Bleilegierung liegt. Der Nachteil des Lötverfahrens, mit dessen Hilfe auch lebensgroße Figuren aus Stückteilen erstellt werden können, liegt in den etwas störenden hellen Nahtstellen, die auch nach der Patinierung noch heller aussehen. Die hellen Gußnähte können jedoch durch Bleimasse, die von den Seiten darüber getrieben wird, verdeckt werden, so daß die Oberfläche gleichmäßig wird. Wie weit diese Treib-, Löt- und Ziselierarbeit gehen kann, mag Abb. 75 verdeutlichen.

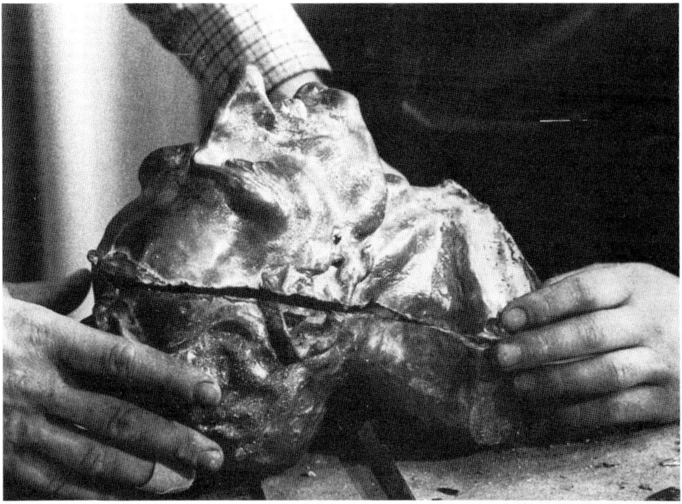
73 Anpassen der Gußteile

74 Lötarbeit
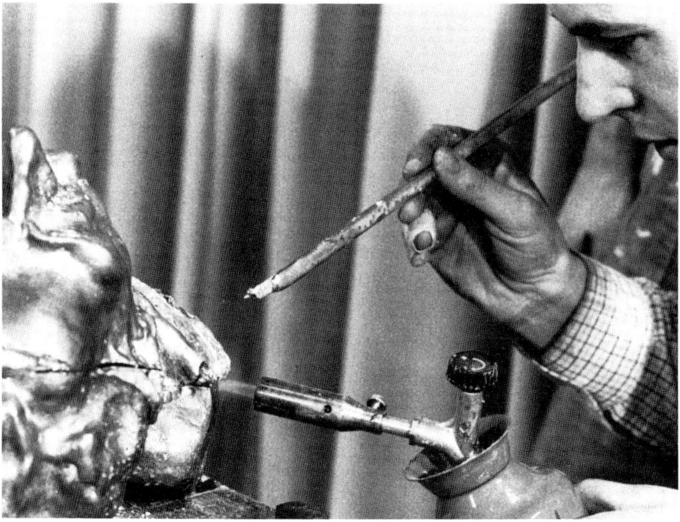

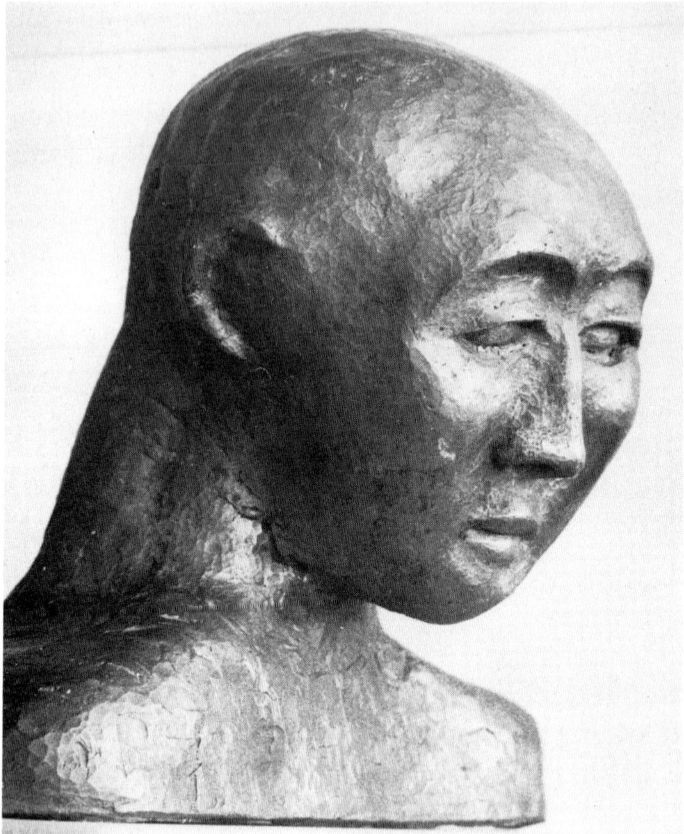

75 Kopf von B. Knackstedt (vgl. Abb. 70)

Die Patinierung

Der helle spiegelnde Glanz des frischgegossenen Bleis kann mit *Schwefelleber* patiniert werden, die je nach Konzentration vom hellen Grau bis zum tiefen Dunkel alten Zinns reichen kann. Schwefelleber ist in Apotheken erhältlich und wird in Form gelber Stücke geliefert. Sie ist in Wasser leicht löslich

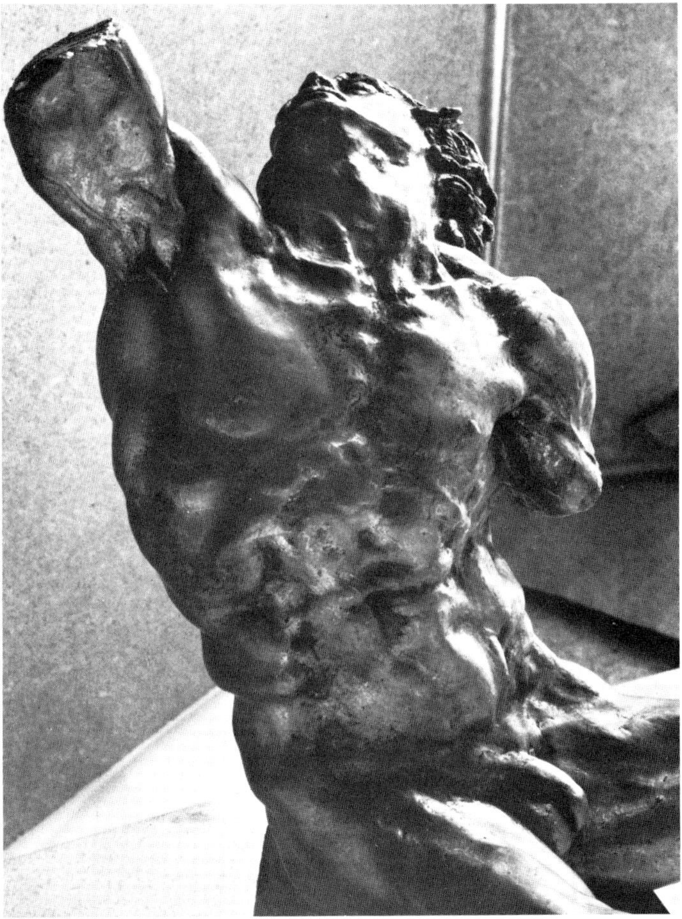

76 H. Leber, Sehnsüchtig Aufstrebender. 1975/76. Bleilegierung

und kann mühelos aufgepinselt werden. Der unangenehme Geruch der Schwefelleber verfliegt nach dem Aufpinseln sehr rasch. Durch Abreiben der getrockneten Oberfläche mit einem Wollappen wird eine mattglänzende Patina (Abb. 76) erreicht.

5 Der Polyesterguß

Die Bedeutung der Kunststoffe für die Arbeit des Plastikers

Die Verwendung von Kunststoffen verschiedenster Art spielt heute in Wirtschaft und Technik eine so überragende Rolle, daß der Plastiker ähnlich wie bei der Anwendung von Beton auf einer gesicherten Grundlage hinsichtlich Materialbeschaffung, Verarbeitungsmethoden, Wirtschaftlichkeit usw. aufbauen kann.

Die Fülle der zur Verfügung stehenden einschlägigen Literatur ist sogar groß (in dem ausgezeichneten Übersichtswerk von Saechtling-Zebrowski werden allein rund 150 Buchtitel aufgeführt). Es kommt also darauf an, aus der Fülle der Möglichkeiten, die nahezu ausschließlich auf die Zwecke industrieller Fertigung gerichtet sind, das für das Plastische Gestalten Grundlegende herauszusondieren.

Zunächst sei bemerkt, daß Kunststoffe sich in besonderer Weise dazu eignen, kostspielige Metallgüsse billig zu ersetzen. Dennoch wird es stets erstrebenswert sein, die Wahl des Gießmaterials von der spezifischen Besonderheit des zu realisierenden Modells abhängig zu machen, um zu einer originären Auseinandersetzung mit dem Material zu kommen. In der Geschichte der Kunst gibt es von den Erfindungen der klassischen Moderne (z. B. N. Gabo, A. Pevsner u. a.) bis zur Gegenwart eine Fülle interessanter Beispiele für materialgerechte Verarbeitung.

Auch unser Arbeitsbeispiel (Abb. 77) zeigt eine Gestaltidee, die am besten durch Kunststoffmaterialien und deren Verbindung mit heterogenen Materialien (Glasaugen, Polyester mit Aluminiumstaub als Füllstoff, glasfaserverstärkter Kunststoff, Vergaserteil aus Aluminium, Stoff, Pappmasché usw.) verwirklicht werden konnte (Abb. 78). Der Vergleich mit Abb. 79 verdeutlicht, daß dieselbe Arbeit, bei gleichbleibendem Negativmodell für das Gesicht, erheblich an Aussage-

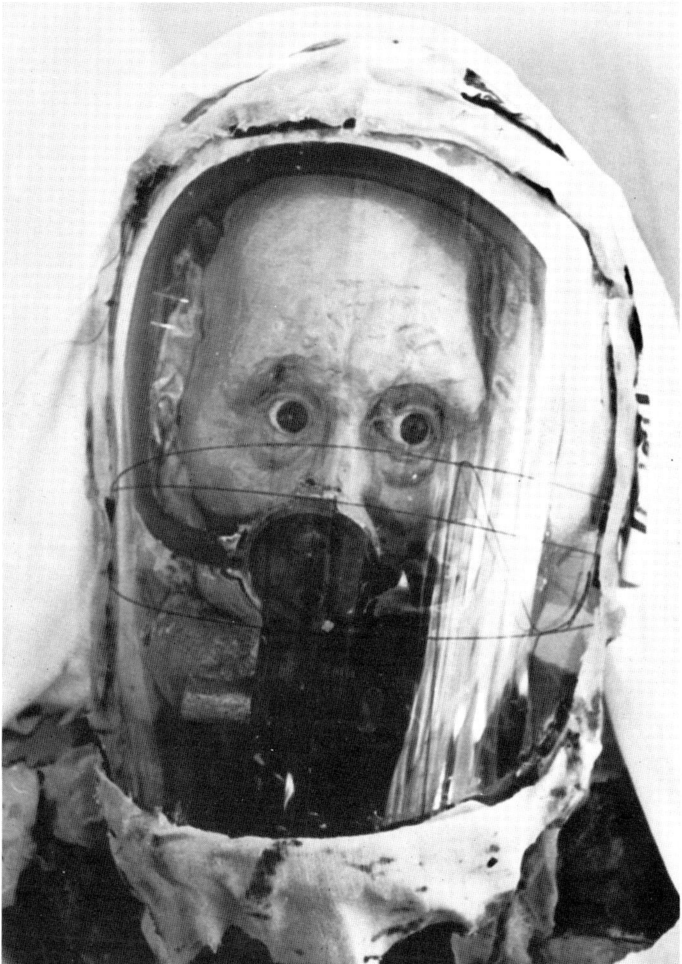

77 Halbfertiges Arbeitsmodell für die in Abb. 78 gezeigte Plastik von H. Leber. Ton, Glas, Gips, Wachs, Stoff

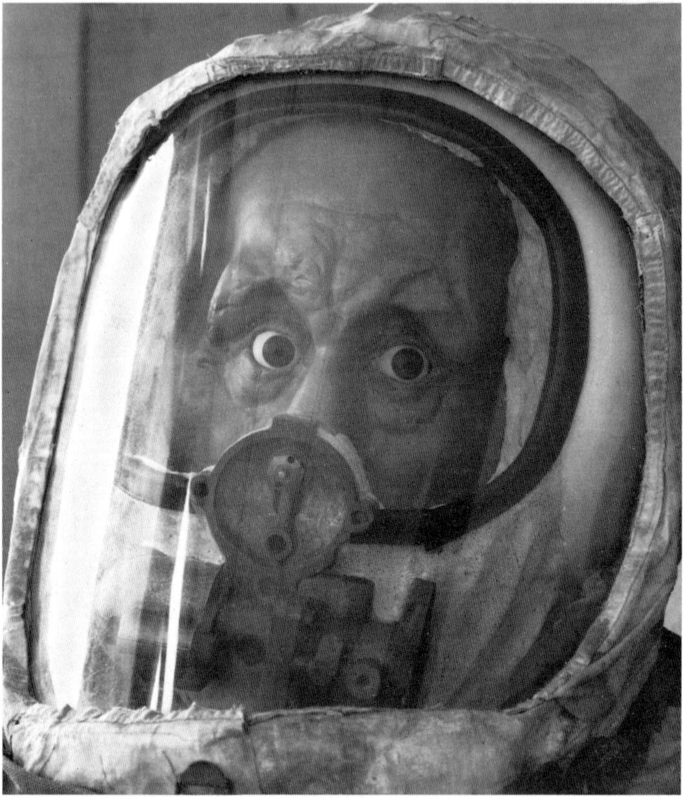

78 H. Leber, Der Eingeschlossene. 1968/69. Glas, Polyester mit Aluminiumpulver, Glasfaserverstärkter Polyester, Aluminium, Stoff

kraft einbüßt, wenn die äußere Kunststoffhülle fehlt. Die Umhüllungen aus Stoff, das rahmende Rund der Helmkante, der Helm und schließlich der durchsichtige Verschluß des Blickfensters, der angstvolle Blick der Augen hat eine Steigerung des Ausdrucks zur Folge.

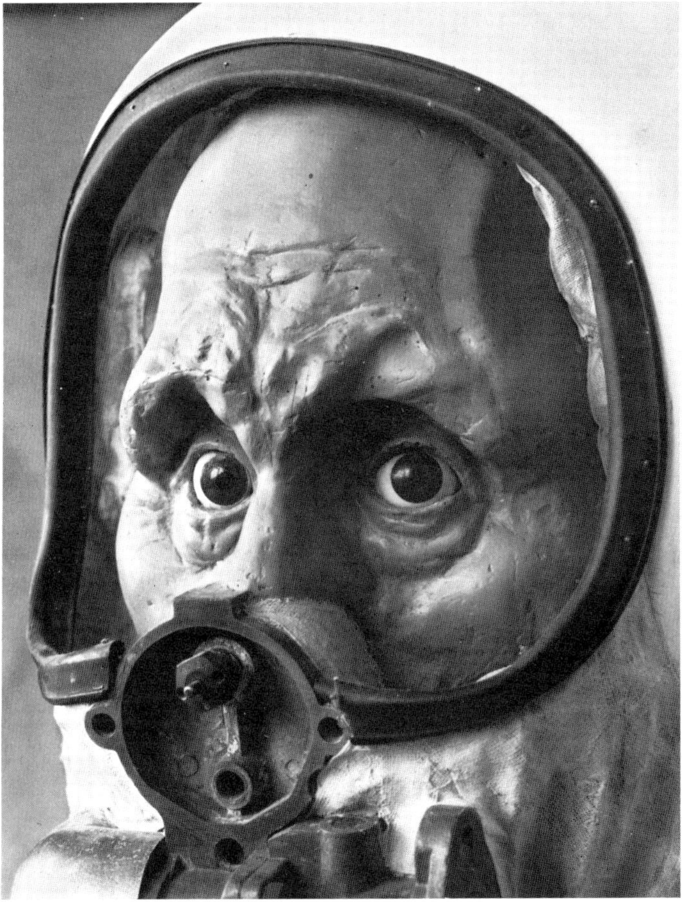

79 Eine Ausführung des »Eingeschlossenen« (Abb. 78) ohne äußere Umhüllung

Glasfaser als Material für plastische Formen aus glasfaserverstärktem Polyesterharz

Gewöhnliches Glas hat für den Bildhauer kaum schätzenswerte Eigenschaften. Die Festigkeitswerte sind gering, die Sprödigkeit ist groß. Positiv ist lediglich seine gute Widerstandsfähigkeit gegen chemische Einflüsse.

Wird Glas jedoch zu dünnen Fäden (Fasern) ausgezogen, so wird es schmiegsam und die Festigkeitswerte wachsen um ein Vielfaches gegenüber normalem Glas. Glasfasern sind daher als verstärkende Gerüstsubstanz in Verbindung mit hochmolekularen Kunststoffen ein ausgezeichnetes Material für die Herstellung witterungsbeständiger Plastiken mit hervorragenden mechanischen Eigenschaften und geringem Gewicht.

Glasfasern sind als Matten oder Gewebe in verschiedener Form erhältlich. Da für die Arbeit des Plastikers kaum eine der hochentwickelten Verarbeitungstechniken der Industrie (z. B. Vakuumsackverfahren, Überdruckmethode) in Frage kommen dürfte, da dabei neben hohen Drucken auch hohe Temperaturen eine Rolle spielen, vereinfacht sich die Auswahl des richtigen Glasfasermaterials. Am besten geeignet sind *filzartige Matten,* die nach Bedarf in passende Stücke geschnitten werden können. Diese Matten bestehen aus 2–5 cm langen Rovingabschnitten – Rovings sind Glasseidenstränge aus etwa 60 leicht gedrehten Fäden, die wiederum 180 Elementarfäden enthalten –, die eine gleichmäßige Schicht von *ungeordnet* durcheinanderliegenden Fasern bestimmter Dicke bilden. Die Fasern sind durch ein Bindemittel verklebt, das mit Kunstharz nicht nur verträglich, sondern darin löslich sein soll, damit die Durchtränkung beim Laminieren erleichtert wird. Ungeeignet für die »Handarbeit« des Plastikers sind die sogenannten Bigelowmatten. Sie sind sehr dick und eignen sich für die Verarbeitung im Vakuumverfahren. Ebenfalls ungeeignet sind alle *gewebeartigen* Glasfasermatten aus Glasseidengarnen oder Glasstapelfasergarnen.

Kunstharze für die Herstellung glasfaserverstärkter Kunststofformen

Für glasfaserverstärkte Formteile verwendet man in der Plastik und auch in der Industrie vor allem *ungesättigte Polyesterhar-*

ze, im folgenden kurz Polyester genannt. Für höchste mechanische, chemische und thermische Beanspruchungen verwendet man in der Industrie dagegen *Epoxydharze.* Wegen ihrer Nachteile (gesundheitsschädigende Auswirkungen, hoher Preis, sehr starke Haftung an der Negativform durch Adhäsion) bleiben die Epoxydharze jedoch im folgenden unberücksichtigt (Näheres: A. Rost).

Polyester sind *Reaktionsharze.* Sie sind in verschiedenen monomeren Verbindungen löslich und haben die Fähigkeit, mit diesen Verbindungen unter dem Einfluß bestimmter Härter *räumlich vernetzte Mischpolymerisate* zu bilden. Die Polyesterharze sind als stabilisierte Flüssigharze hellgelblicher Farbe im Handel erhältlich. Die Hersteller unterscheiden ihre Harze nach Sorten: Standardharze, flexible Weichharze zum Vermischen mit anderen Harzen, vorbeschleunigte, d. h. schon mit Beschleuniger versetzte Harze zur Kalthärtung, tixotrope Harze, die an senkrechten Flächen nicht ablaufen usw. Die im Handel erhältlichen Polyester sind in der Regel durch den Zusatz eines *Reaktionsverzögerers* lagerfähig gemacht. Bei kühler und lichtgeschützter Aufbewahrung beträgt die Lagerzeit etwa sechs Monate.

Die Härtungsmittel

Die Polymerisation, das heißt, der Prozeß der Härtung, beginnt bei der Warmhärtung erst, wenn dem Harz ein Katalysator (z. B. Benzoylperoxyd) und Wärme (60–90 °C) zugeführt werden.

Das für den Plastiker interessante Verfahren ist deshalb die *Kalthärtung.* Für die Kalthärtung bei Zimmertemperatur (ab 18 °C aufwärts) gibt es zwei Härter-Beschleuniger-Systeme:

1. 1–4% Methylketonperoxid – oder Cyclohexanonperoxidpaste *und* 0,25–2% Kobaltbeschleuniger (kobaltbeschleunigte Systeme zeigen eine gute Durchhärtung und gute Lichtbeständigkeit).

2. 2–4% Benzoylperoxidpaste *und* 1–2% Aminbeschleuniger in 10%iger Lösung (Aminsysteme sind bereits ab 5 °C aufwärts reaktiv; nachteilig ist aber die vergleichsweise langsame Durchhärtung, die Gelbfärbung und eine beeinträchtigte Lichtbeständigkeit der Formteile).

Aus den schwankenden Prozentangaben ist zu ersehen, daß es einen gewissen Spielraum für die Bemessung gibt. (Beyer und Schaab geben zum Teil niedrigere Werte an als Saechtling-Zebrowski.) Fest steht, daß sich aus der Unterschreitung der Mindest-Beschleunigermenge eine mangelnde Härtung ergibt. Da die Hersteller der Peroxyde jedoch genaue Angaben über die notwendige Menge der Zusätze mitliefern, kann hier so leicht kein Fehler unterlaufen.

In anderer Hinsicht ist jedoch *dringend Aufmerksamkeit* geboten:

1. Klebrige Oberflächen infolge Polymerisationsverzögerung durch Luftsauerstoff können durch Abdecken mit Folien vermieden werden.
2. Wasser verhindert schon in geringen Mengen die Polymerisation von kobaltbeschleunigten Harzsystemen.
3. Peroxyde haben ätzende Wirkung auf Haut und Schleimhäute. Sie dürfen auf keinen Fall in die Augen gelangen (Erblindungsgefahr!). Sorgfältige Handhabung (Gummihandschuhe, Lüftung usw.) ist unbedingt notwendig.
4. Beschleuniger dürfen nie *direkt* mit Peroxyden gemischt werden (Explosionsgefahr!).

Die Stufenfolge beim Härtungsprozeß

Die Beachtung der einzelnen Prozeßstufen bei der Polymerisation ist für ein einwandfreies Ergebnis notwendig:

1. Die sirupartige Flüssigkeit des frisch angemischten Harzes wird nach einiger Zeit dünnflüssig. Das Harz würde in diesem Zustand von schräggeneigten Wänden ablaufen.

Durch Zumischung pulverförmiger *Füllstoffe* kann diese Dünnflüssigkeit verhindert werden. Quarzmehl, Talkum, Aluminiumpulver und andere Stoffe haben sich bewährt. Für die erste Feinschicht empfiehlt sich darüber hinaus die Zumischung von 2–5% *hochdisperser Kieselsäure*, um das Herunterlaufen des Harzes zu verhindern.

Der Anteil an Füllstoffen sollte im allgemeinen 30–40 Gewichtsprozent nicht überschreiten, da sonst die mechanische Festigkeit nachläßt. Bei den in Abb. 78 und 79 gezeigten Arbeiten wurde in die oberste Feinschicht 70 Gewichtsprozent Aluminiumpulver eingearbeitet, da nicht so sehr Festigkeit, sondern vor allem der Metallcharakter der Oberfläche angestrebt wurde.

Farbstoffe lassen sich leicht noch vor dem Einarbeiten der Füllstoffe in die ungehärteten Polyesterharze einrühren. Zu achten ist auf die mögliche Beeinflussung des Härtungsprozesses, der Lichtbeständigkeit usw.

2. Sobald das Harz im Verlauf des Polymerisationsprozesses einen *gelartigen Zustand* (die Gelierzeit entspricht der Verarbeitungszeit, d. h. der Topfzeit) erreicht hat, steigt die Temperatur der Kunstharzmasse sehr stark an (bis etwa 175 °C). Bei sehr dicken Formquerschnitten treten infolge ungleichmäßiger Temperaturverteilungen Spannungen auf, die bei reinen Kunstharzgüssen zur Rißbildung führen. Aber auch bei der für den Plastiker deshalb allein sinnvollen *Laminiertechnik* muß die Verringerung der Temperaturspitze angestrebt werden. Sie wird erreicht durch möglichst geringen Härterzusatz (Verlängerung der Reaktionszeit) und durch Verringerung des Beschleunigerzusatzes.
3. Auf den Gel-Zustand folgt ein Übergang des Harzes in einen *harten Zustand*. Die vollkommene Durchhärtung braucht jedoch mehrere Stunden. Eine Nachhärtung kaltgehärteter Harze durch mehrstündiges Erwärmen auf einer Zentralheizung o. ä. ist darüber hinaus dringend zu empfehlen.

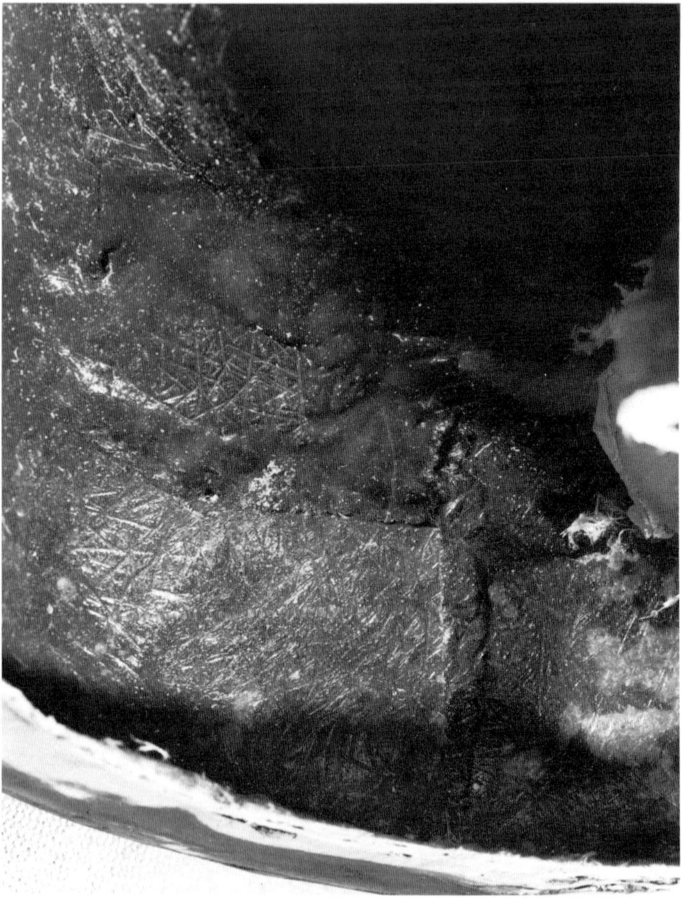

80 Der Blick in das Innere der in Abb. 81 gezeigten Arbeit läßt die Struktur der filzartigen Glasfasermatte erkennen

Die Negativformen für den Polyesterguß und ihre Vorbereitung für den Guß

Negativformen aus Gips sind für die Zwecke des Plastikers auch bei der Herstellung von Kunstharzplastiken ein geeignetes Material. Die in der industriellen Fertigung verwendeten Negativformen aus Spritzmetall, Gußmetall usw. kommen dagegen kaum in Betracht. Da die Kunstharze eine erstaunlich gute Adhäsionshaftung an vielen Werkstoffen zeigen, ist eine gute Isolierung oberstes Gebot. Sonst wird das Abschlagen der Negativformen zur Qual (bei Siliconkautschukformen entfällt die Isolierung). Zur Isolierung hat sich das Schellack-Wachs-Verfahren sehr gut bewährt. Nach dem Reinigen und Trocknen der Gipsnegative werden die Oberflächen mit verdünnter Schellacklösung überpinselt, bis sie einen gleichmäßigen Glanz aufweisen. Dann wird eine Schicht aus Hartwachs oder Bodenwachs aufgetragen. Die mögliche Beimischung von Siliconöl zu Hartwachs, das in schnell verdunstenden Lösungsmitteln gelöst wurde, ist nicht zu empfehlen, wenn eine spätere Lackierung der Formoberflächen (Abb. 80) beabsichtigt ist.

Verarbeitungsverfahren und Arbeitsgänge zur Herstellung von Plastiken aus Polyester

1. Für die *Feinschicht* rührt man nur kleinere Mengen Kunstharz an. Werden mehrere Härter verwendet, dann stellt man zuerst ein Härtergemisch her. Härtepasten werden dabei zunächst in einer kleinen Harzmenge verdünnt, bevor sie dem eigentlichen Harzansatz zugegeben werden. Auf eine sorgfältige Durchmengung aller Materialien muß geachtet werden.

   Polyesterfeinschichten, die dem Sonnenlicht ausgesetzt werden, müssen mit Kobaltbeschleuniger gehärtet werden. Bei geneigten Flächen muß außer den Füllstoffen hochdisperse Kieselsäure zugegeben werden.

Bei dem Aufpinseln der Feinschicht aus Polyester und Füllstoff (vgl. Abb. 53), die die möglichst fehlerlose Oberfläche der Plastik bildet, muß auf eine gleichmäßige Schichtdicke geachtet werden (bei den in Abb. 78 und 79 gezeigten Arbeiten beträgt sie etwa 2 mm). Zu dicke Schichten sind anfällig für Rißbildungen; zu dünne Schichten neigen zur Unterhärtung (durch Verlust von Styrol und Inhibieren des Luftsauerstoffs). Die Feinschicht soll im Gegensatz zu den darauf folgenden Laminierschichten schnell gelieren, da sonst der Füllstoff Aluminium von der Oberfläche zurückweichen kann.

Die erste *Laminatschicht* darf erst aufgetragen werden, wenn die Feinschicht hart ist, da sonst der Styrolgehalt dieser Laminatschicht die Feinschicht anlöst, so daß eine wellige Formoberfläche entsteht oder aber die Glasfaser durchsinkt und an der Oberfläche sichtbar wird.

2. Auf die gehärtete Feinschicht werden im Wechsel und lagenweise kalthärtender Harzansatz (langsam eingestellt, mit Füllstoffen und dgl. versetzt) und Glasfasermatte aufgetragen, bis die notwendige Stärke der Form (z. B. 2–4 mm bei einem lebensgroßen Kopf) erreicht ist. Mit der letzten trocken aufgelegten Glasfaserlage werden vorsichtig Luftblasen zu den Formrändern hin herausgedrückt.
3. Nach dem Durchhärten wird der Harzüberschuß an den Kanten der Stückformen abgeschliffen (Schleifscheibe mit grobem Schmirgelpapier), bevor die Stückformen zur Gesamtform zusammengelegt werden.
4. Die Fugen zwischen den Stückteilen werden mit speziellen Klebeharzen (z. B. Araldit von Ciba AG u.a.) verklebt (Näheres: O. Jordan). Falls die Formoberflächen durchgehend einheitlich sein sollen, kann die Verbindung mit glasfaserverstärktem Kunststoff des ursprünglichen Mischungsansatzes hergestellt werden.
5. Sind die Nahtstellen durchgehärtet, kann die Gipsform abgeschlagen werden (vgl. Abb. 48, 56).
6. Danach folgt das Abschleifen der Nähte, das Füllen und Abschleifen von Fehlstellen. Beim Schleifen dünner Wan-

dungen kommt es leicht zum Werfen der Oberflächen. In diesem Fall hilft beidseitiges Schleifen.

7. Dem Schleifen folgt in der Regel das Polieren. Das metallische Schimmern der Oberfläche (Abb. 78) bei der Verwendung von Aluminium als Füllstoff kann nur durch Politur erreicht werden. Ohne Politur ist die Werkoberfläche grau und unansehnlich.
8. Die trockene und reine polierte Oberfläche kann abschließend mit einem Kunstharzlack (Abb. 81) gespritzt werden.

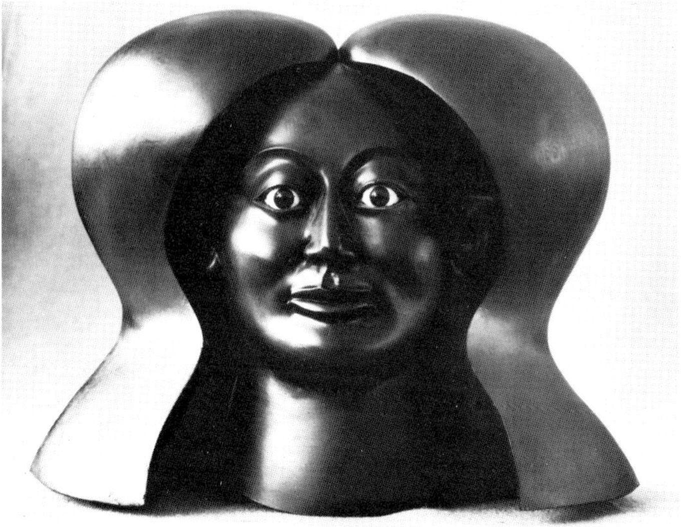

81 H. Leber, Porträt. 1968. Polyester, poliert und lackiert, Glasaugen

III Gusstechniken auf der Grundlage elastischer Negativformen

1 Die Herstellung der Negativformen

Die Bedeutung elastischer Negativformen für die Arbeit des Plastikers

Es wurde schon auf die notwendige Kenntnis des Plastikers zur Herstellung sogenannter »verlorener« Negativformen verwiesen. Der Herstellung elastischer Negativformen kommt womöglich eine noch höhere Bedeutung zu. Ohne elastische Negativformen können komplizierte Plastiken mit untergriffigen Formen nur ungenau und mit großem Arbeitsaufwand abgeformt werden. Bestimmte Techniken (Wachsguß, Bronzeguß) sind erst auf der Grundlage gummielastischer Formen ökonomisch durchführbar, wenn Abbildungstreue, kostensenkende Mehrfachgüsse erzielt werden können. Die Herstellung elastischer Negativformen aus Gelatine (Abb. 82, 83) gehört daher schon lange zu den wichtigsten Techniken des Plastikers.

Seit etwa 30 Jahren gibt es für die Zwecke der Technik (Maschinen- und Flugzeugbau, Elektronik, Medizin, Formenbau usw.) Abformmaterialien aus *kaltvulkanisierendem Siliconkautschuk,* die alle bisher bekannten Materialien durch ihre ausgezeichneten Eigenschaften so weit übertreffen, daß sie das besondere Interesse des Plastikers, Bildhauers, Restaurators usw. auf sich ziehen müssen.

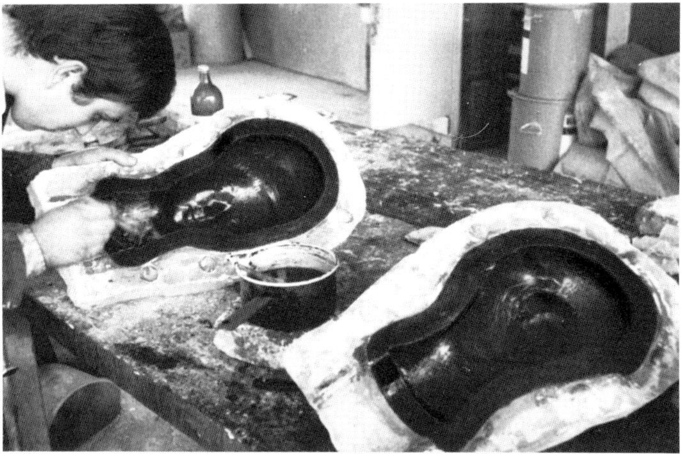

82 Gelatineformen werden mit Wachs ausgepinselt

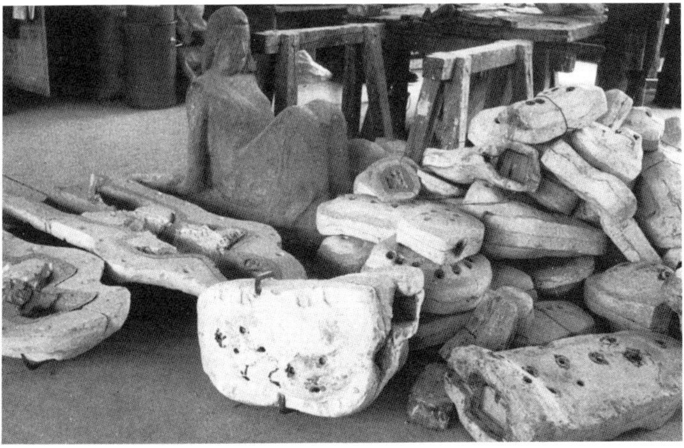

83 Gelatineformen im stützenden Gipsmantel

Die Firma Wacker bietet innerhalb der Reihe RTV verschiedene Abformmassen an, deren Konsistenz den unterschiedlichen Anwendungsproblemen in idealer Weise angepaßt ist. (Da der Verfasser vor allem einschlägige Erfahrungen mit Siliconkautschuktypen der Firma Wacker hat, wird im folgenden häufiger von RTV- bzw. Wacker-Siliconkautschuk gesprochen, ohne daß damit eine Festlegung des Lesers auf eine bestimmte Firma beabsichtigt ist, wie auch der Hinweis auf verschiedene Lieferfirmen im Anhang verdeutlicht.) Das Angebot reicht von Abformmassen guter Fließfähigkeit über solche von guter Streichfähigkeit (für senkrecht stehende Flächen) bis zu Massen von pastoser Standfestigkeit.

Die Eigenschaften der Siliconkautschukvulkanisate

Die RTV-Siliconkautschuke werden durch die Zugabe eines flüssigen Härters zur *Vulkanisation,* das heißt zur Verfestigung zu einem gummielastischen Stoff, gebracht. Alle Vulkanisate aus RTV-Siliconkautschuk-Typen sind elastisch und temperaturunempfindlich. Sie bilden auch feinst strukturierte Oberflächen 100% genau ab (Abb. 84, 85). Bei sorgsamer Handhabung ist die Zahl der genauen Abgüsse nahezu unbegrenzt. Da die physikalischen Eigenschaften der Vulkanisate durch jahrelangen Witterungseinfluß nur geringfügig verändert wer-

84 Siliconhälften für ein Modell von H. Leber. Der Einguß für das Wachs befindet sich unterhalb des Halses

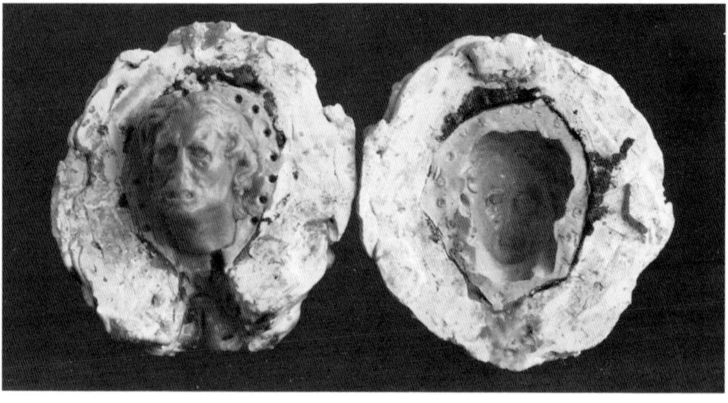

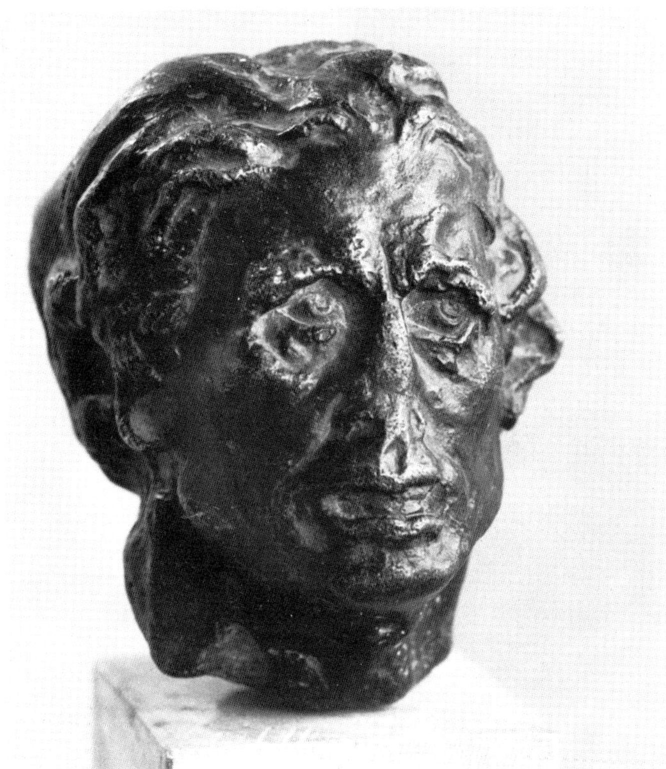

85 H. Leber, Mann mit gebrochener Nase. 1978. Bronze. Die starke photografische Vergrößerung verdeutlicht die Abformgenauigkeit

den, ist auch nach langer Lagerung der Gußformen noch ein exaktes Abformen möglich. Die Oberflächen der Siliconkautschukvulkanisate sind stark wasserabweisend und zeigen eine ausgezeichnete Trennwirkung gegenüber den meisten Stoffen. Wachs, Gips, Beton und die gebräuchlichen Gießharze können daher vorteilhaft ohne Trennmittel vergossen bzw. abgegossen werden. Lediglich bei rauhen und porösen Modelloberflächen (z. B. Sandstein, Holz) kann eine mechanische Haftung auftreten.

Siliconkautschuk-Typen für die Herstellung elastischer Formen und Hinweise zur Verarbeitung

Von großem Vorteil ist auch die Beständigkeit der Vulkanisate gegen trockene Hitze. Bei den beiden kalt, das heißt bei Zimmertemperatur vulkanisierenden, rotbraunen Siliconkautschuk-Typen RTV-M 426 und RTV-M 428 liegt die Hitzebeständigkeit sogar so hoch, daß niedrig schmelzende Metalle ohne Komplikationen vergossen werden können.

Beide Massen sind dauerhitzebeständig bis 220 °C. Hitzeeinwirkung *unter völligem Luftabschluß* führt jedoch nach den Erfahrungen des Verfassers zum Abbau (Aufweichung der Oberfläche) der Vulkanisate. Laut Wacker ist RTV-M 426 kurzfristig bis 300 °C und RTV-M 428 kurzfristig bis 320 °C belastbar. Ausgezeichnete Gußergebnisse lassen sich mit beiden Massen im Bereich des Reliefgusses und bei Gußstücken mit geringem Querschnitt erzielen. Beide Massen sind gut wärmeableitend. RTV-M 426-Vulkanisate haben allerdings keine hohe Dehnbarkeit, die wichtig ist beim Abguß stark untergriffiger Formen. Bei den Vulkanisaten aus RTV-M 428 ist nachteilig, daß sie beim Abziehen der Gummiform vom Gußstück leicht einreißen. Bei beiden Formmassen muß darauf geachtet werden, daß die bei der Vulkanisation frei werdenden flüchtigen Bestandteile entweichen können, da sonst keine einwandfreie Aushärtung gewährleistet ist.

Die Vulkanisation beider Massen erfolgt durch Zumischen von Härter T37 für längere und Härter T40 für kürzere Verarbeitungs- bzw. Vulkanisationszeiten. Von folgenden Erfahrungswerten kann dabei ausgegangen werden:

Abformmasse	Härter	Verarbeitungszeit	Zeit bis zur Entformbarkeit
RTV-M 426	3% T37	ca. 85 Min.	20 –25 Std.
RTV-M 426	4% T37	ca. 75 Min.	5 – 6 Std.
RTV-M 426	2% T40	ca. 40 Min.	3 – 4 Std.
RTV-M 426	3% T40	ca. 20 Min.	1,5– 2 Std.
RTV-M 428	3% T37	ca. 90 Min.	14 –16 Std.
RTV-M 428	2% T40	ca. 40 Min.	6 – 8 Std.

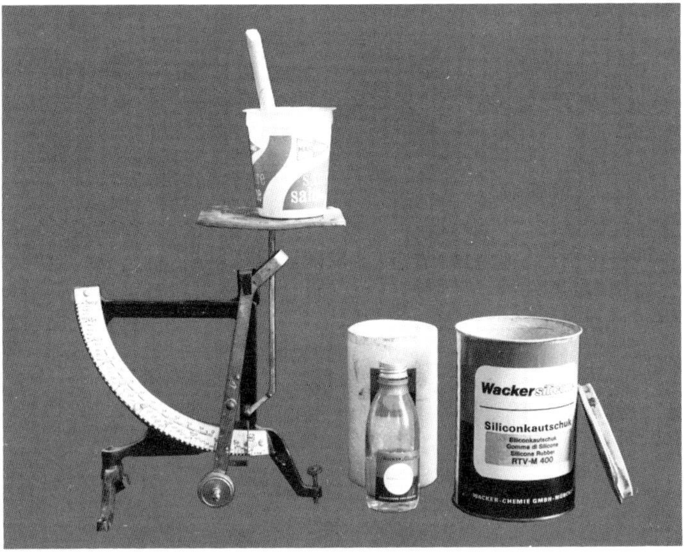

86 Abwägen der Härter- und Siliconkautschukmengen auf der Feinwaage

Es ist nicht unbedingt notwendig, mit der Feinwaage (Abb. 86) die Zugabe an Härter zu dosieren. Schon die geringste Spur des Härters in einer noch nicht verarbeiteten Siliconmasse führt in Tagen oder auch Wochen zur Vulkanisation. Empfehlenswert ist jedoch die Einhaltung einer Richtzahl von 2% Härterzugabe, weil damit die geeignetsten Zeitwerte erreicht werden. Wird die Härtermenge hoch bemessen, so verringern sich zwar die Vulkanisationszeiten, aber es steigt zugleich das Maß der Schwindung der Gummiform. Sehr wichtig ist die gleichmäßige Verteilung des Härters in der Kautschukmasse und das Vermeiden des Einrührens von Luft. Falls die Anwendung eines Vakuums zur Vertreibung eingerührter Luft nicht möglich ist, muß der Rührstab möglichst immer in der Masse bleiben, um nicht unnötig Luft einzumengen. Hautkontakt mit Härtern der Reihe T ist unbedingt zu vermeiden (Gummihandschuhe). Kommt Härter T versehentlich in die Augen, ist sofort einige Minuten mit Wasser zu spülen und umgehend ein Arzt aufzusuchen!

Wenn hohe Abgußzahlen angestrebt werden, dann ist für alle Kautschukmassen empfehlenswert, die Formen nach dem Ausvulkanisieren mehrere Tage offen liegen zu lassen, bevor sie in Gebrauch genommen werden. In besonderem Maße gilt das für Formen, die für Metallabgüsse bestimmt sind. Sie sollten darüber hinaus einige Stunden erwärmt (60–100 °C) und zur Steigerung der Fließeigenschaften der Metalle mit Metallpulver oder feinstem Siliziumkarbid ausgepudert werden.

Neben den Siliconkautschuk-Typen, die für den Metallguß geeignet sind, ist die Abformmasse RTV-M 400 ein unentbehrliches Hilfsmittel des Plastikers. Die Vulkanisate aus dieser hellgelben Abformmasse, die ebenfalls zweckmäßig mit 2% Härter T37 oder T40 verarbeitet werden, besitzen große Dehnbarkeit, hohe Elastizität und günstige Fließeigenschaften. RTV-M 400 Siliconkautschuk ist in besonderem Maße zum Abformen hochkomplizierter, untergriffiger Formen geeignet. Deshalb soll seine Anwendung zur Herstellung elastischer Negativformen im folgenden geschildert werden.

Arbeitsgänge zur Herstellung elastischer Negativformen aus Siliconkautschuk

1. Der Abguß eines *Reliefs,* das nicht zu kräftige Ausragungen zeigt, bildet den geringsten Schwierigkeitsgrad. Sobald eine Tonmauer das mit der Bildfläche nach oben zeigende Relief dicht umschließt, kann die mit 2% T37 vermischte Siliconkautschukmasse auf das Relief aufgegossen werden. Wenn das Vulkanisat ganz gehärtet ist, wird, noch bevor das Modell aus der Negativform genommen wird, ein Gipsmantel auf das Vulkanisat aufgebracht, der die Gummiform stützt. Ohne den Gipsmantel würden die elastischen Vulkanisate aus RTV-M 400 ihre Form verändern.

   Sollen kompliziertere Hochreliefs oder stark gegliederte vollplastische Modelle abgegossen werden, so muß ein komplizierteres Verfahren angewendet werden, das den Verbrauch des teuren Abformmaterials möglichst gering hält.

2. Das abzuformende *vollplastische* Wachsmodell wird in Ton so eingebettet (Abb. 87), daß die obere »reliefartige« Hälfte unbedeckt bleibt. In der Höhe der annähernd waagerechten Trennaht wird die Tonmasse dicht an das Modell herangeführt. An den äußeren Rändern der Tonmasse werden Vertiefungen als Passer eingedrückt.
3. Die mit Kunststoffolie abgedeckte Oberfläche des Modells wird mit einer etwa 5 mm starken Tonschicht überdeckt. Diese Schicht ist später eine Hälfte einer elastischen Negativform, die zusammen mit einer Gegenhälfte aus Siliconkautschuk das gesamte Modell umhüllt. Die Form der Tonschicht muß sich nach oben allmählich verjüngen, so daß die darüber aufgetragene Stützschicht aus Gips beim Öffnen der Form mühelos abgehoben werden kann (Abb. 88). Auf den *höchsten Punkten* der Tonschicht werden kleine Schlote aus Ton aufgesetzt, die sich nach oben unmerklich verjüngen und als Einguß- und Luftkanäle für die Abformmasse dienen, außerdem später die elastischen Negativformen in ihrer Stützhülle aus Gips halten. Bei einem Modell, das durch viele Ausragungen gekennzeichnet ist, muß an jedem Höhenpunkt ein Einguß- bzw. Luftkanal angebracht werden (Abb. 89). Bei größeren Siliconformen sollten außerdem Haltevorrichtungen an den äußeren Formrändern angebracht werden, die einer Schwindung der Form entgegenwirken.

   Der Eingußstutzen, durch den später das Gußmaterial (Wachs, Gips, Metall usw.) in die Siliconform eingegossen werden soll, muß an geeigneter Stelle – an Schnittstellen oder aber an der Standfläche der Plastik – an die Modellform angesetzt werden (Abb. 84).
4. Die erste Stützschicht aus Gips wird auf das tonbedeckte Modell (Abb. 87) aufgetragen (Abb. 90).
5. Nach dem Härten der Stützschicht wird das ganze Modell auf den Kopf gedreht, so daß die Gipsschicht unten liegt.

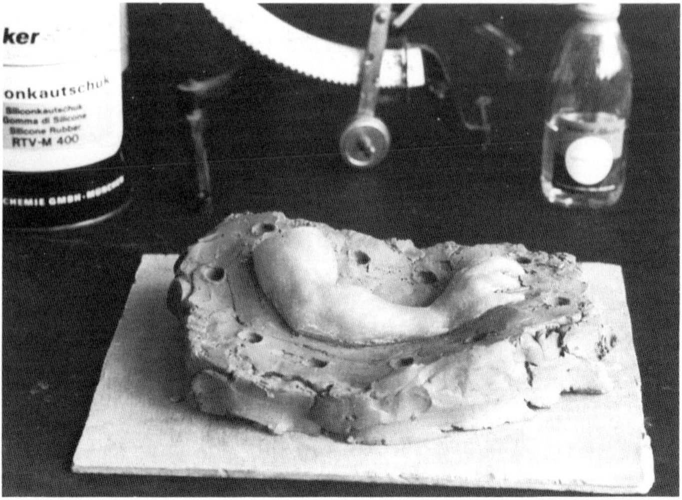

87 Toneinbettung einer vollplastischen Form als erster Schritt zur Herstellung einer elastischen Siliconform

88 Die spätere Siliconschicht wird als Tonschicht über das Modell gelegt

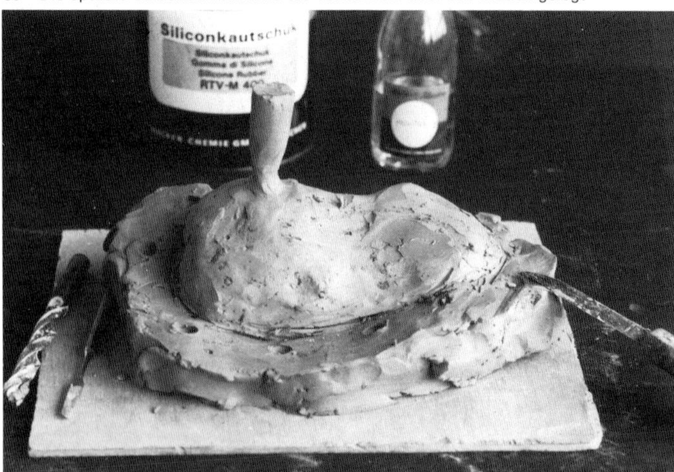

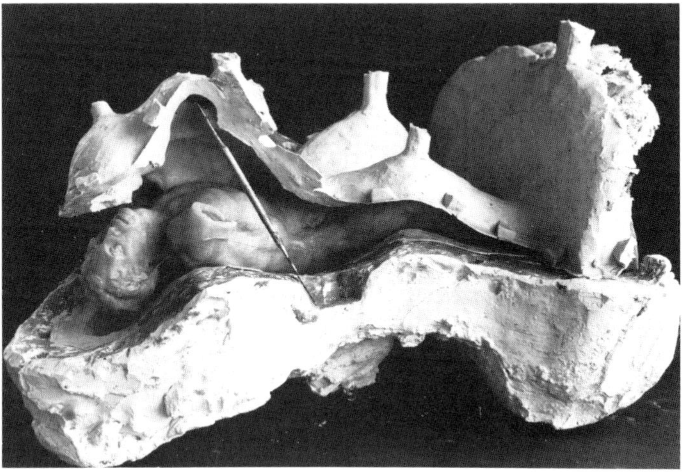

89 Eine bereits gegossene, kompliziertere Formhälfte (vgl. Abb. 88). Die Gipsstützhülle ist abgenommen

90 Gipsstützschicht für die spätere Siliconhälfte

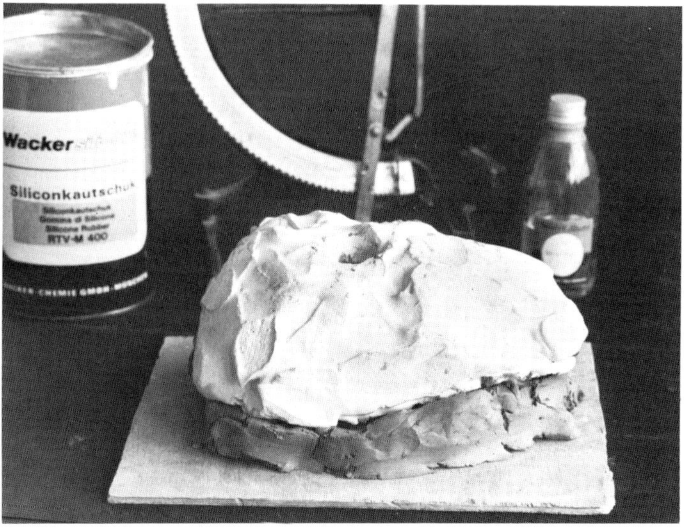

6. Nachdem der jetzt überflüssige Ton, in den die untere Hälfte des Wachsmodells eingebettet war, abgenommen ist, wird auch die zweite Reliefhälfte des Wachsmodells mit einer Deckschicht aus Ton überzogen. Eingußschlote werden aufgesetzt. Die zweite Stützschicht aus Gips wird aufgetragen.
7. Nach dem Aushärten der zweiten Stützschicht werden die beiden Gipshälften an der Stoßnaht mit einem Stecheisen auseinandergerückt. Diejenige Gipshälfte, die sich mit der dazugehörigen Deckschicht aus Ton am leichtesten vom Modell lösen läßt, wird abgenommen, so daß eine freigelegte Hälfte des Modells *nach oben* zeigt, während die untere Hälfte des Modells noch in der Deckschicht aus Ton und der sie umgebenden Stützschichthälfte aus Gips steckt.
8. Bevor die abgenommene Stützschicht aus Gips wieder paßgenau aufgelegt wird und die mit Härter versetzte Abformmasse durch die Gußschlote eingegossen wird, müssen die zukünftigen Stoßkanten der Siliconhälften geformt werden. Dies geschieht durch das sorgfältige Glätten der zwischen Modell und Stützschicht freiliegenden 5 mm breiten horizontalen Tonschicht einschließlich der Haltevorrichtungen. Das Anbringen von Passern ist zweckmäßig.
9. Die Abformmasse für die zweite Hälfte der elastischen Negativform wird eingegossen (Abb. 91). Ein Tonkranz erleichtert das Eingießen. Sind bei komplizierteren Formen mehrere Eingußschlote vorhanden, benutzt man den höchstgelegenen als Einguß und die tiefer gelegenen als Luftkanäle. Sobald in den tiefliegenden Öffnungen die Formmasse nach oben gestiegen ist, werden sie jeweils mit einem Tonbatzen zugedrückt.
10. Nachdem über Nacht die erste Siliconformhälfte ausgehärtet ist, kann die noch fehlende Hälfte gegossen werden. Nach dem Auseinanderdrücken der Gipshälften wird die Tondeckschicht der noch nicht abgeformten Modellseite entfernt. Da sich gleichartiges Siliconkautschukmate-

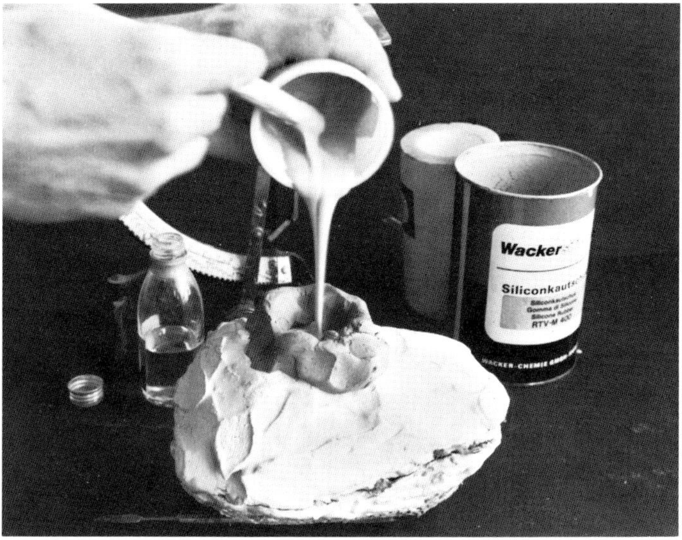

91 Eingießen der Abformmasse

92 Entnahme eines Modells
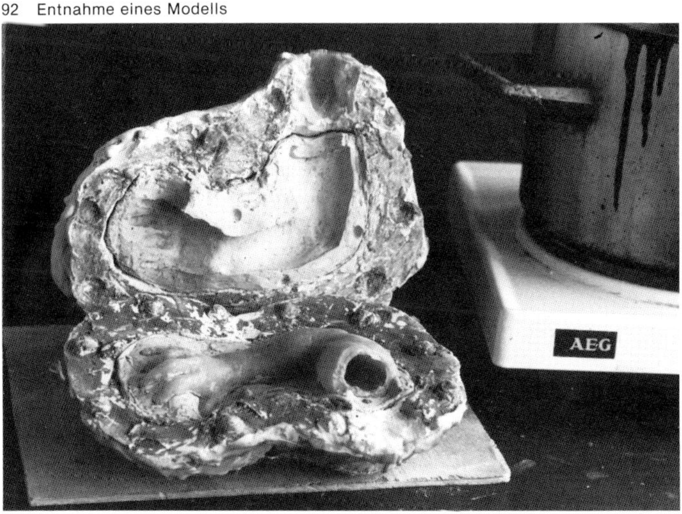

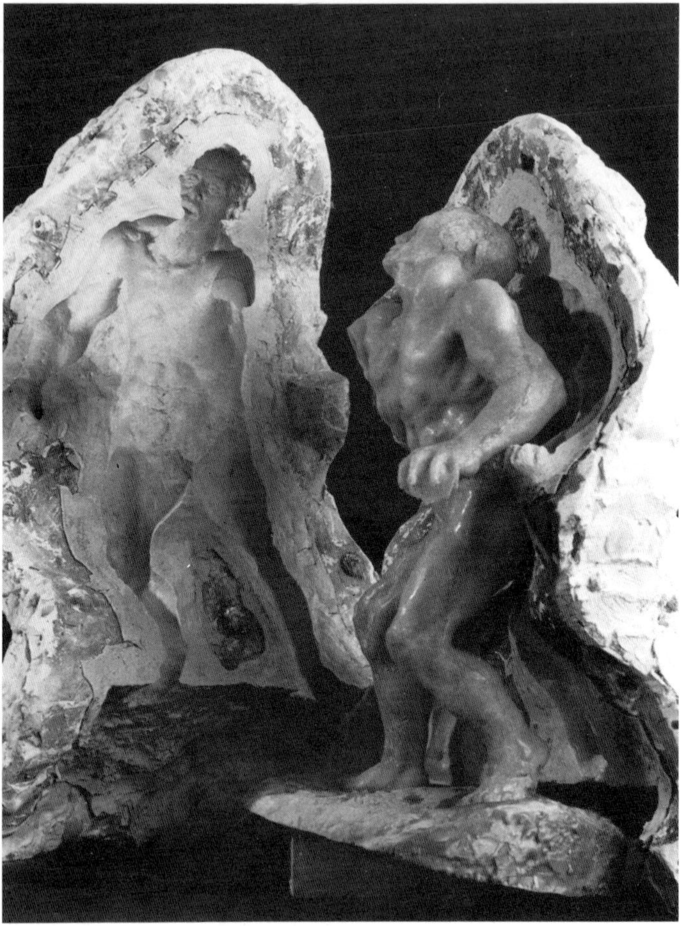

93 Komplizierte Siliconformen und entformtes Wachsmodell

rial fest miteinander verbindet, was für das Flicken von gerissenen Formen von Bedeutung ist, *muß* die bereits gegossene Stoßkante der ersten Siliconkautschukhälfte mit einem Trennmittel beschichtet werden. Das geeignete

Material hierfür ist *säurefreie Vaseline,* die, in einem Blechdeckel über einer Flamme verflüssigt, sich rasch und gleichmäßig mit einem Pinsel in dünner Schicht auftragen läßt.

11. Nach dem Aushärten der zweiten Formhälfte kann das Modell entnommen werden (Abb. 92, 93). Da die elastische Form das Modell vollkommen genau abbildet, muß beim Ablösen der Kautschukform sehr behutsam vorgegangen werden, um unnötige Risse zu vermeiden. Zunächst werden die Gipshälften entfernt, bevor, von den Rändern beginnend, die elastischen Negativformen allmählich abgezogen werden (Abb. 89).

Hinweise zur Herstellung elastischer Negativformen aus Gelatine

Neben dem recht kostspieligen Kautschukverfahren ist *Gelatine* für die Herstellung besonders großer, elastischer Formen unentbehrlich. Da die Verfahren zur Anfertigung elastischer Formen grundsätzlich gleich sind, soll hier nur auf Unterschiede aufmerksam gemacht werden.

Als Naturstoff besitzt Gelatine gegenüber Siliconkunststoff eine Reihe *nachteiliger Eigenschaften.* Gelatineformen reißen leicht und schwinden sehr viel stärker als Kunststofformen. Sie sind sehr hitzeempfindlich, was besonders beim Auspinseln mit Wachs beachtet werden muß. Die Abbildungsgenauigkeit bleibt hinter derjenigen von Siliconformen zurück. Mehr als vier Güsse können nur bei sehr einfachen Formoberflächen gewonnen werden. Nach einigen Tagen trocknen Gelatineformen ein. Zusätze von verdünntem Glyzerin zur geschmolzenen Gelatine verhindern zwar das Austrocknen, machen die Form aber empfindlicher gegen das Entformen.

Die Modelle müssen sehr gut isoliert werden, da die Trennwirkung von Gelatine schlecht ist. In der Regel ist Schellacklösung zu empfehlen. Bei Gipsmodellen ist mindestens ein doppelter Schellacküberzug nötig, der unmittelbar vor dem Gelatineeinguß mit Leinöl, Maschinenöl oder ähnlichem eingefettet werden muß.

Vorteilhaft ist die Wiederverwendbarkeit der bereits gebrauchten Gelatine. Da mit dem Material also nicht haushälterisch umgegangen werden muß, können sowohl die Gelatineschicht als auch die Eingußschlote mit starken Querschnitten bemessen werden, was die Arbeit sehr erleichtert.

Bei der *Verarbeitung* ist auf folgendes zu achten: Die in kleine Stücke geschlagenen Gelatineplatten läßt man zunächst in Wasser aufquellen (12–24 Std.), gießt das überflüssige Wasser ab und schmilzt die Gelatine dann bei mäßiger Hitze. Dabei darf der Gelatine-Topf nicht unmittelbar mit der Hitzequelle in Berührung kommen (Anbrenngefahr), sondern muß in einem größeren, mit Wasser zum Teil gefüllten Topf erhitzt werden (Wasserbad). Aber auch dann muß die Gelatinemasse ständig umgerührt werden, damit sie nicht anbrennt. Den Gelatineguß läßt man etwa 12 Stunden lang stehen, bevor die Form vom Modell abgenommen werden kann.

2 Der Wachsguß

Die Bedeutung des Wachses für die Arbeit des Plastikers

Für kleinere und auch größere plastische Arbeiten eignet sich Modellierwachs als Formmaterial ausgezeichnet. Das manchmal lästige Feuchthalten des Ton- oder Gipsmodells entfällt. Lediglich bei sommerlichen Temperaturen treten Probleme auf, da die Schmelztemperaturen bei etwa 70 °C liegen.

Die erheblichen Kosten für gefärbtes Modellierwachs (rot, schwarz, gelb) können auf Bruchteile reduziert werden, wenn man das Modellierwachs aus den Bestandteilen Bienenwachs,

Paraffin, Kolophonium im Mengenverhältnis 1:1:1 selbst zusammenschmilzt. Das harzige Kolophonium ist dabei derjenige Teil, der dem Modellierwachs die Härte und den Glanz gibt.

Die weitaus größte Bedeutung kommt dem Wachs jedoch als Zwischenmaterial zur Vorbereitung von Metallgüssen zu, die im Wachsausschmelzverfahren gewonnen werden. Einmal können in Wachs stark durchbrochene, massive Formen modelliert und nach dem Ausschmelzen in Metall gegossen werden, die sich durch ihre Kompliziertheit jedem normalen Abformverfahren entziehen würden. Zum anderen können aus Wachs Hohlplastiken hergestellt werden, die als unmittelbare Vorstufe für den Metallguß präzise Abgüsse ermöglichen.

Verfahren und Arbeitsgänge zur Herstellung hohler Wachsmodelle

1. Auf einem Elektrokocher werden Bienenwachs, Paraffin und Kolophonium miteinander verschmolzen, in einem Topf zu einer *heißen* dünnflüssigen, im anderen zu einer *warmen* dickflüssigen Mischung (Abb. 94).
2. Mit einem weichhaarigen Pinsel wird Wachs der *heißen* Mischung Strichlage für Strichlage nebeneinander aufgepinselt, bis die gesamte Oberfläche der elastischen Negativformhälften mit einer gleichmäßigen Schicht von etwa 0,5 mm bedeckt ist (Abb. 95). Der Vorgang wird ein zweites Mal wiederholt.
3. Auf die ersten beiden dünnen Wachsschichten wird jetzt Wachs der kühleren und dickflüssigeren Mischung, die sich aber noch leicht aufpinseln lassen muß, aufgetragen. Der Vorgang wird ebenfalls wiederholt, bis die gesamte Wachsschicht eine Stärke von etwa 3–4 mm hat.
4. Auf die Stoßkanten der Negativformen getropftes und über die Formränder hinausstehendes Wachs wird mit einem scharfen Messer entfernt, so daß die Negativformen passend zusammengelegt werden können. Sie müssen mit

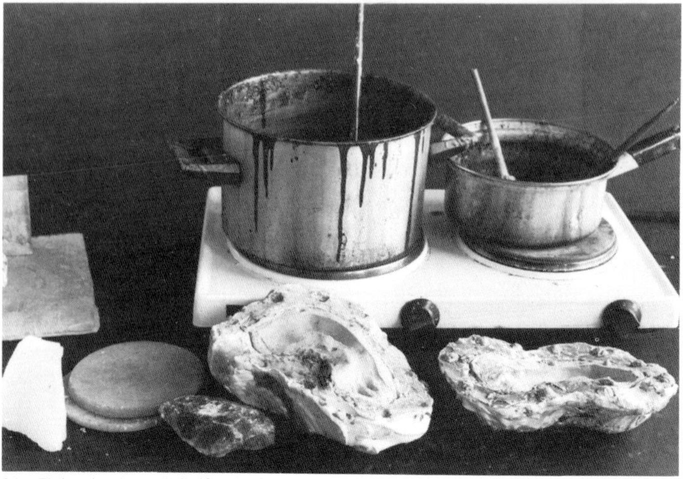

94 Elektrokocher mit heißer und warmer Wachsmischung; im Vordergrund links Paraffin, Bienenwachs und Kollophonium

95 Aufpinseln der ersten Wachsschicht

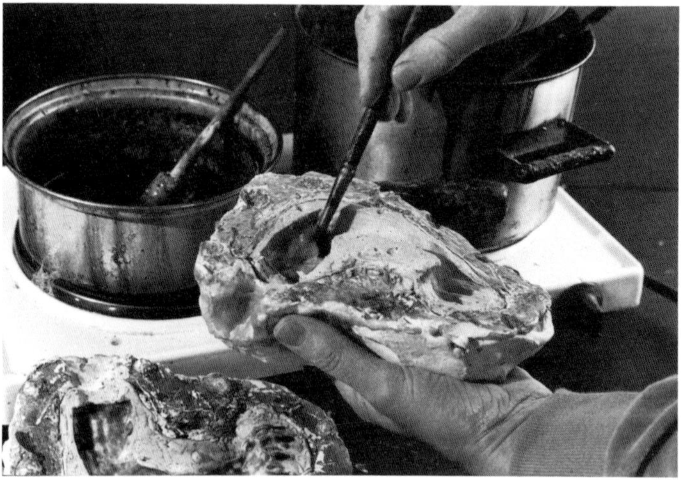

Schraubzwingen oder Stricken fest zusammengehalten werden.

5. Gut fließendes, aber nicht zu heißes Wachs (Gefahr des Aufschmelzens der ersten Schicht!) wird durch den Eingußstutzen zügig eingegossen. Die Menge dieses Wachses muß so abgeschätzt werden, daß die gesamte Oberfläche im Innern der Gußform mit einer etwa 1–2 mm starken Schicht bedeckt wird. Der Eingußstutzen wird mit Tonpfropfen verschlossen. Die gesamte Form wird kräftig nach allen Seiten gedreht und gewendet, so daß das flüssige Wachs im Innern der Form als gleichmäßige Schicht alle bisher unverbundenen Formteile miteinander verbindet.
6. Nach einer Wartezeit (die Härte des Wachses kann am Eingußstutzen mit dem Messer geprüft werden) kann das Wachsmodell entformt werden (Abb. 89, 96). Sind alle Arbeitsschritte richtig durchgeführt worden, dann muß lediglich an den Formnähten überschüssiges Wachs mit einem erhitzten Modelliermesser entfernt werden.

   Wird flüssiges Wachs, unter Umgehung der Stufenfolge beim Aufpinseln, mit einem Mal in die Form eingegossen und geschleudert, lassen sich grobe Gußfehler nicht vermeiden. Zum einen wird die Oberfläche des Modells mit einer Unzahl kleiner Luftblasenlöcher übersät sein, zum anderen wird die Gußstärke der Wachswände stark variieren. Sie soll jedoch aus gußtechnischen Gründen eine gleichmäßige Dicke von 6–8 mm bei kleineren Arbeiten, von 8–13 mm bei lebensgroßen Arbeiten haben.
7. Bei komplizierten Plastiken, die in mehreren Teilen gegossen werden müssen (Abb. 97), werden nun die einzelnen Formteile einander angepaßt und die Nahtstellen zunächst von außen mit Wachs übermodelliert, bevor kleine Mengen gut fließfähigen Wachses von innen an die betreffenden Stellen geschwenkt oder gepinselt werden.

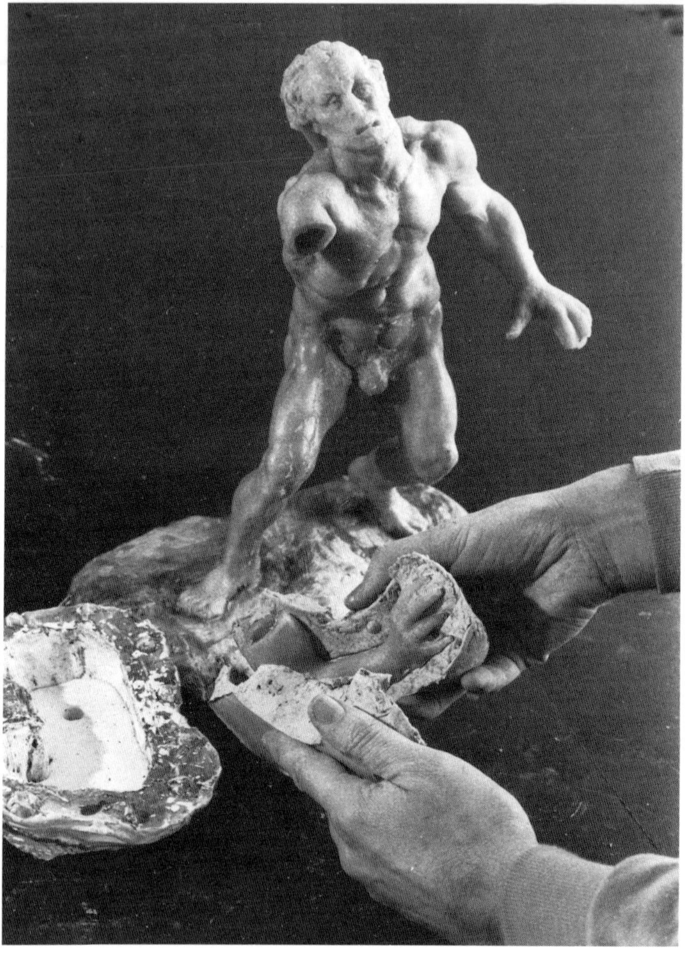

96 Vollständig entformtes Wachsmodell einer Figur von H. Leber

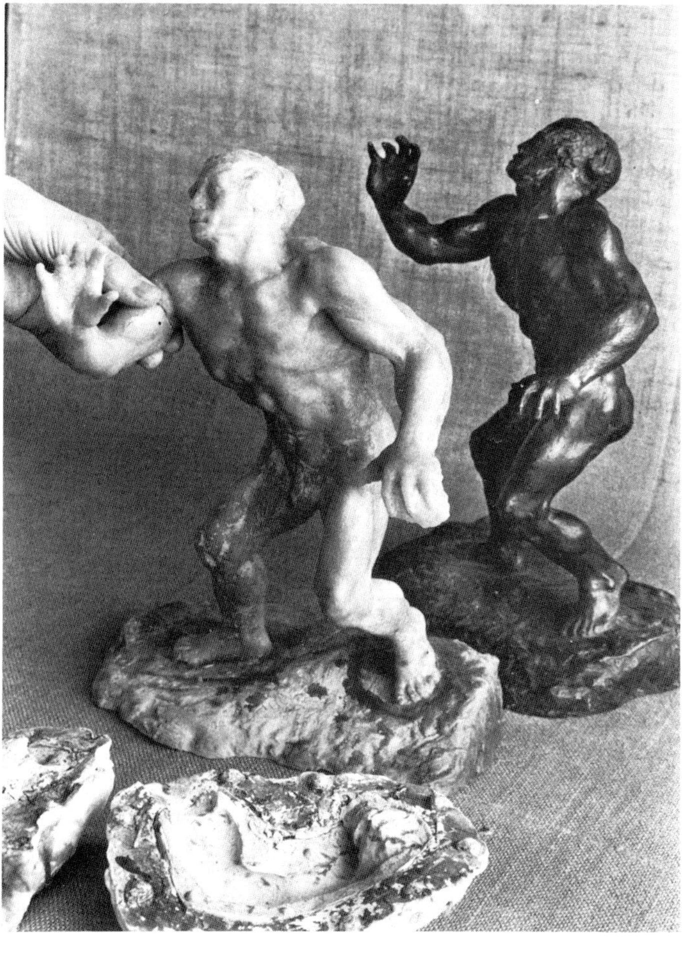

97 Anpassen der Teilformen aus Wachs

3 Der Bronzeguß

Im Gegensatz zu den bisher beschriebenen und den noch folgenden Techniken ist der Bronzeguß ein Verfahren, das nur unter günstigen Bedingungen vom Plastiker selbst durchgeführt werden kann. Die in die Bedingungen des Gießens von flüssigen Metallen einführende vergleichbare Darstellung des Bleigusses konnte einige Schwierigkeiten, die sich beim Bronzeguß ergeben, außer acht lassen. Die größten Schwierigkeiten liegen im Erzeugen von Schmelztemperaturen zwischen 1000 °C und 1200 °C und entsprechend widerstandsfähiger Gußformen.

Die außerordentliche Bedeutung der Kupfergußwerkstoffe für die Technik hat jedoch besonders in den letzten Jahrzehnten dazu geführt, daß die dem einzelnen bisher schwer zugänglichen, weitgehend auf Erfahrung beruhenden Arbeitsweisen des Bronzegießers technisch-wissenschaftlich untermauert worden sind. Auch wenn es im Rahmen dieses Buches nicht beabsichtigt sein kann, in die Konstruktion einer eigenen Gießerei einzuführen, so zeigt doch die Weiterentwicklung der Gußwerkstoffe und der Form-Gießtechnik, wie sie aus der einschlägigen Fachliteratur zu ersehen ist, daß einem eigenen Anfang im Bronzeguß keine unüberwindlichen Hindernisse entgegen gesetzt sind.

Ein Ergebnis dieser Entwicklungen der Bronzegußtechnologie sind eine große Zahl von Kupfergußlegierungen, die als genormte *Vorlegierungen* beziehbar sind.

Übersicht über die Zusammensetzung, die Werkstoffnummern und die Schmelzintervalle der genormten zinnhaltigen Kupfergußlegierungen

(Die Übersicht ist auf der Grundlage der Informationsschriften des Deutschen Kupfer-Instituts [DKI], Berlin, auf den neuesten Stand gebracht)

Kurzzeichen neu	Kurzzeichen alt	Werkstoff-Nr.	Mittlere Zusammensetzung in Gew.%	Schmelzintervall in °C
Kupfer-Zinn-Gußlegierung (Guß-Zinnbronzen) DIN 1705				
G-CuSn12	G-SnBz12	2.1052.01	88 Cu, 12 Sn, 2 Ni	825–1000
G-CuSn12Ni	–	2.1060.01	86 Cu, 12 Sn, 2 Ni	825–1000
G-CuSn12Pb	–	2.1061.01	86 Cu, 12 Sn, 2 Pb	820–990
G-CuSn10	G-SnBz10	2.1050.01	90 Cu, 10 Sn	845–1010
Kupfer-Zinn-Zink-(Blei)-Gußlegierungen (Rotguß) DIN 1705				
G-CuSn10Zn	Rg10	2.1086.01	88 Cu, 10 Sn, 2 Zn	840–1000
G-CuSn7ZnPb	Rg7	2.1090.01	83 Cu, 7 Sn, 4 Zn, 6 Pb	850–1020
G-CuSn6ZnNi	–	2.1093.01	87 Cu, 6 Sn, 2 Zn, 3 Pb, 2 Ni	880–1030
G-CuSn5ZnPb	Rg5	2.1096.01	85 Cu, 5 Sn, 5 Zn, 5 Pb	875–1035
G-CuSn2ZnPb	–	2.1098.01	83 Cu, 2 Sn, 8 Zn, 5 Pb, 2 Ni	900–1045
Kupfer-Blei-Zinn-Gußlegierungen (Guß-Zinn-Bleibronzen) DIN 1716				
G-CuPb5Sn	G-SnPbBz5	2.1170.01	85 Cu, 5 Pb, 10 Sn	845–1010
G-CuPb10Sn	G-SnPbBz10	2.1176.01	80 Cu, 10 Pb, 10 Sn	845–1010
G-CuPb15Sn	G-SnPbBz15	2.1182.01	77 Cu, 15 Pb, 8 Sn	875–1010
G-CuPb20Sn	G-SnPbBz20	2.1188.01	75 Cu, 20 Pb, 5 Sn	930–1050
G-CuPb22Sn	G-PbBz25	2.1166.09	76 Cu, 22 Pb, 2 Sn	900–925

(Cu = Kupfer, Sn = Zinn, Zn = Zink, Pb = Blei, Ni = Nickel)

Günstige Eigenschaften der Kupfergußlegierungen

Die große Bedeutung der aufgeführten Legierungen für *technische und künstlerische Zwecke* ergibt sich aus der besonderen Kombination der verschiedenen Eigenschaften der Ausgangsstoffe. Neben der guten mechanischen Verschleißfestigkeit und Korrosionsbeständigkeit zeichnen sich Kupfergußlegierungen vor allem durch folgende Eigenschaften aus:

1. hohe elektrische und thermische Leitfähigkeit,
2. gute Verformbarkeit und Bearbeitbarkeit trotz beachtlicher Festigkeitswerte,
3. gute Löt- und Schweißeigenschaften. Zum *Weichlöten* werden Lote mit 50–60% Zinn benutzt. Als Flußmittel für

Feinlötung eignen sich die Typen F-SW 24 bis F-SW 32. Für allgemeine Lötungen benutzt man F-SW 21 und F-SW 22 nach DIN 8511, Bl. 2. Zum *Hartlöten* werden besonders silberhaltige Lote nach DIN 8513, Bl. 2 und 3 verwendet. Als Flußmittel eignen sich F-SH 2 (über 750° C) F-SH 1 (unter 750° C) nach DIN 8511, Bl. 1. Bei bleihaltigen Gußlegierungen eignen sich niedrigschmelzende Silberlote (z. B. L-AG 40 Cd, L-AG 30 Cd nach DIN 8513). (Vgl. Informationsdruck Nr. 15 des DKI, Berlin)

Reparaturschweißungen an Gußstücke aus Kupfer-Zinn- und Kupfer-Zinn/Zink-Legierungen werden z. B. mit S-Sn Bz 6 oder S-S Bz 12 nach DIN 1733 durchgeführt. Bleihaltige Gußlegierungen sind schlecht schweißbar. (Vgl. Informationsdruck Nr. 15 des DKI)

4. Schöne Farbe der Kupfergußlegierungen
5. Günstige Herstellungsbedingungen für galvanische Überzüge (z. B. aus Silber, Nickel, Chrom, Zinn).

Leider bedingen die wertvollen Eigenschaften der Kupfergußwerkstoffe hohe Preise, so daß es nicht nur ein technisches, sondern auch ein finanzielles Gebot ist, optimale Bedingungen hinsichtlich der Ausnutzung der Werkstoffe durch eine hochentwickelte Gießtechnik zu schaffen.

Vor- und Nachteile des Sandguß- und des Präzisionsgußverfahrens

Von den gebräuchlichen Gießverfahren mit verlorenen Formen spielen vor allem das Sandgußverfahren und das Präzisionsgußverfahren (Wachsausschmelzverfahren) für die künstlerischen Belange eine Rolle.

Beide Verfahren haben auch große Bedeutung in der Technik. Das Präzisionsgußverfahren mit ausschmelzbaren Wachs- oder Kuststoffmodellen hat besonders in den letzten Jahrzehnten für den Guß kleinerer technischer Werkstücke an Bedeutung gewonnen. Für die Herstellungsmöglichkeiten von »handgeformtem« Sandguß gibt es nahezu keine Beschränkung der Größenordnung. Die Stückgewichte reichen von 20 g bis 50000 kg und mehr. Vor allem diesem Umstand ist es zu verdanken, daß das Sandgußverfahren trotz mancher Nachteile auch für den Kunstguß Bedeutung besitzt. Der gewichtigste Nachteil des Sandgußverfahrens ist in der vergleichsweise schlechten Maßgenauigkeit zu sehen. Dieser Mangel beruht vor allem auf dem Umstand, daß Teilungen der Gußform zum Verfahren gehören. Sie sind notwendig, um das Modell überhaupt aus den zum Abformen benutzten Formen aus Sand entfernen zu können. Dadurch kommt es leicht zum Versatz der Formkastenteile gegeneinander.

Die unterschiedliche Dicke der Wandstärken führt wegen der dadurch voneinander abweichenden Schwindungsverhältnisse zu großen Schwierigkeiten. Da alle erstarrten Legierungsgußmaterialien (außer Wismutlegierungen) gegenüber flüssigem Material einen etwa um 5–7% kleineren Raum einnehmen, erzeugen Materialansammlungen blasenartige Hohlräume (Lunker), die die Festigkeit bedenklich herabsetzen oder zu Ausschuß führen. Zu diesem Fragenkomplex gehört auch der sogenannte Sandkanteneffekt. Bei frei ragenden Formspitzen oder Kanten wird durch die verstärkte Aufheizung dieser dünnen Partien eine gegenüber den übrigen Formteilen heißere Zone geschaffen, die ähnlich wie eine Materialanhäufung zur Lunkerbildung führt. Um fehlerlose Gußstücke zu erzielen, muß der Gießer aus diesen Gründen durch Abrundung von Modellkanten, Auffüllung von Hohlkehlen und durch eine genaue Konstruktion der Zuführungen möglichst gleichmäßige Wanddicken erstreben.

Alle Nachteile des Sandgußverfahrens wie Zwang zu vereinfachten, hinterschneidungsfreien Formen, reduzierte Maßgenauigkeit, außerordentlich aufwendige Abformtechnik, ungleichmäßige und materialaufwendige Wanddicke, entfallen beim Präzisionsgießverfahren (Wachsausschmelzverfahren, Feingußverfahren), bei dem die Gießformen ohne Formteilung hergestellt werden können (Abb. 98).

Da außerdem das Sandgußverfahren, entsprechend seiner großen Bedeutung für die Technik, in der Fachliteratur sehr

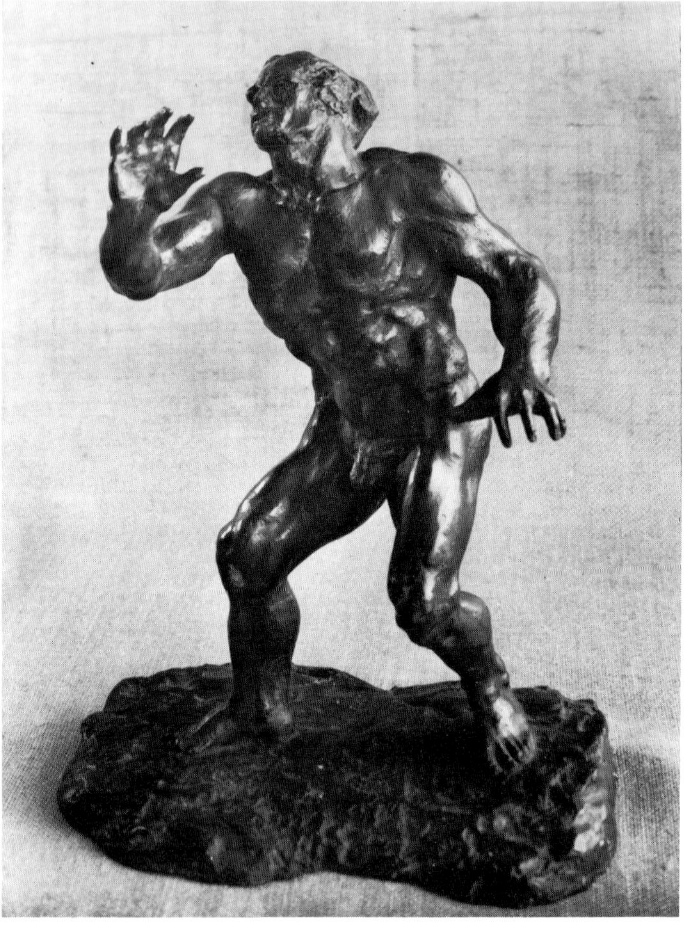

98 H. Leber, Angriff und Abwehr. 1978. Bronze im Wachsausschmelzverfahren (vgl. Abb. 97)

ausführlich behandelt wird, erscheint es eher angebracht, im Rahmen dieses Buches dem *Präzisionsgußverfahren* besondere Aufmerksamkeit zu widmen. Daß bei diesem Verfahren bei sehr großen Werkstücken die gegossenen Einzelteile verlötet

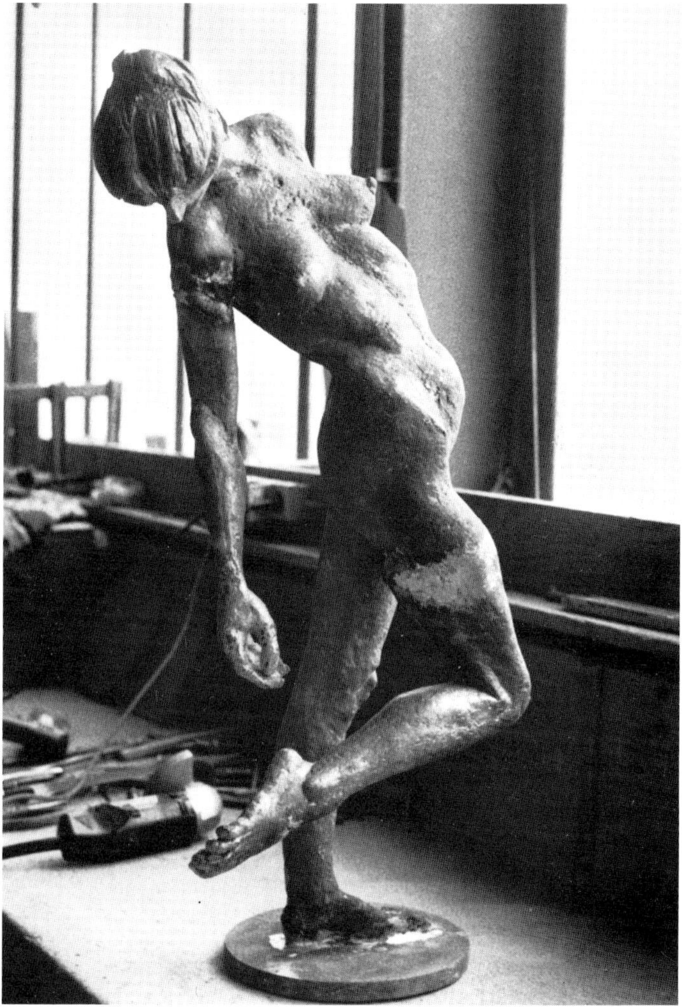

99 K. H. Seemann, Mädchenfigur. 1978. Bronze

oder verschweißt werden müssen (Abb. 99), wiegt nicht sehr schwer, da dies bei hoher Maßhaltigkeit und guter Verbindbarkeit keine Schwierigkeit mit sich bringt. Und die Tatsache, daß für jeden Guß ein neues Modell aus einer ausschmelzbaren Masse (Wachs, neuerdings auch Polystyrol) gefertigt werden muß, ist sogar ein Vorteil, sowohl hinsichtlich der Senkung der Kosten als auch hinsichtlich der genauen Bestimmung der Form durch den Künstler.

Arbeitsgänge beim Präzisionsguß

1. Ein *Wachsmodell* gleichbleibender Wanddicke (4 mm bis 1,3 cm) wird nach einem Modell aus Gips, Ton oder ähnlichem hergestellt.
2. Das Wachsmodell, das kühl gelagert werden muß (Abb. 100), wird mit einem System von Wachsrohren verschiedenen Querschnitts so umformt, daß die spätere Füllung mit Erz auch bei entfernten Teilen der Form gewährleistet ist (Abb. 101). Durch die Ordnung der dünneren, nahezu waagerechten und der dickeren, ungefähr senkrechten Zuleitungsrohre muß wärmetechnisch eine *gerichtete Erstarrung* sichergesellt sein, das heißt, die Längserstarrung in Richtung Eingußstutzen (Speiser) muß schneller vor sich gehen als die Quererstarrung. Der Speiser muß als letztes erstarren, sonst besteht die Gefahr der Lunkerbildung. Das Verengen der Rohrquerschnitte soll außerdem verhindern, daß Schlacken oder Oxydhäute mit in die Form gerissen werden.
3. Die breiige Formmasse für den Kern wird in das Innere der Hohlform eingebracht. Als Formmasse wird eine feinkörnige feuerfeste Masse benutzt, deren Bindemittel eine große Rolle spielt. Um das mit dieser *Kernmasse* gefüllte Modell zügig einformen zu können, sollte ein relativ rasches Abbinden gewährleistet sein. Der Binder muß den beim späteren Tocknen und Brennen auftretenden Span-

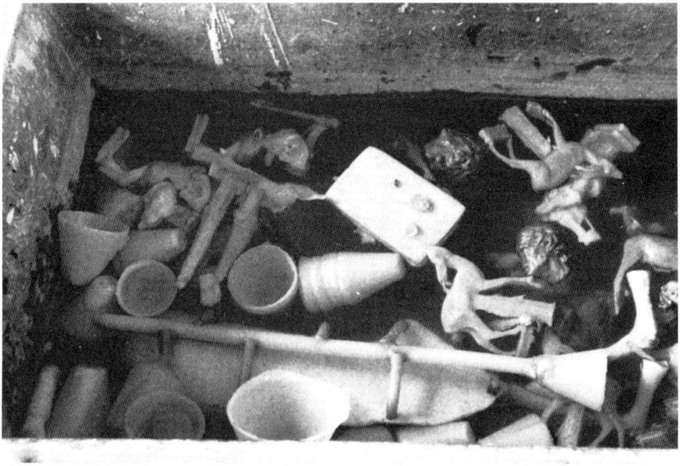

100 Kühlbecken für Kleinplastiken

101 Anbringen der Erzzuleitungen am Wachsmodell

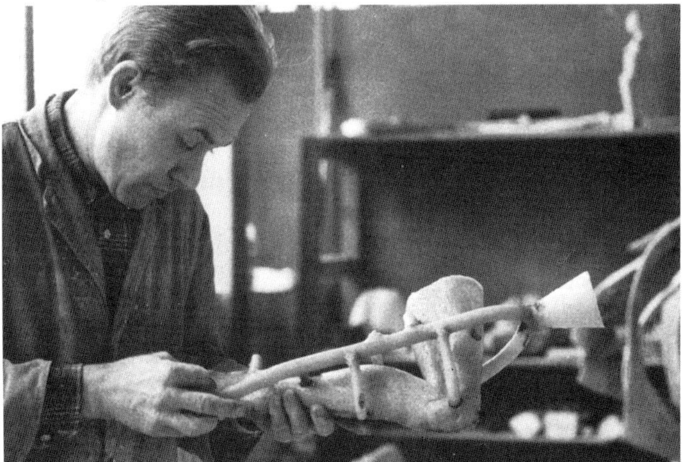

nungen standhalten. Die Zusammensetzung richtet sich nach dem zu vergießenden Metall. Für Metalle mit niedrigem Schmelzpunkt genügen feuerfeste Mischungen aus Gips und Quarz. Für Werkstoffe mit höherem Schmelzpunkt eignen sich Stoffe, deren Art die Schlackenbildung mit einzelnen Legierungsbestandteilen ausschließt (z. B. Quarz, Tonerde, Zirkonsilikat, Zirkonoxyd, Magnesia, Schamotte, Sillimanit usw.). Früher wurde ein dicker Brei aus Ton benutzt, dem man als Magerungsmittel Sägespäne, Häcksel und ähnliches zusetzte. Eine gute Formmasse, die ebenfalls gasdurchlässig ist, besteht aus gekörnter Schamotte, Koksasche, gekörntem Quarzit und wenigen Prozenten Graphit.

4. Bevor die Formmasse im Kern abgebunden hat, werden *Kernnägel* und *Kernstützen* (Abb. 102) eingebracht. Sie haben die Aufgabe, das Verlagern des Kerns in der Form (durch Auftrieb beim Gießen) zu verhindern und die vorgeschriebene Wandstärke zu gewährleisten. Stöckchen aus Holz können zur besseren Entgasung mit eingebracht werden; nach dem Brennen durchziehen sie als Hohlgänge den Kern.
5. Zylinderförmige Kästen (ohne Boden) werden über das mit Kernstützen versehene Modell gestülpt und mit Formmasse gefüllt. Der Eingußtrichter und Entlüftungsöffnungen bleiben oben frei. Nach dem Erstarren der Formmasse werden die meist aus Blech bestehenden Kästen abgenommen.
6. Die Form wird getrocknet. Das *Trocknen* findet bei Temperaturen knapp oberhalb der Schmelztemperatur des Wachses statt, damit das aufgefangene Wachs wieder verwendet werden kann.
7. Beim *Brennen* dürfen keinerlei verbrennbare Rückstände mehr in der Form bleiben. Die Brenntemperatur kann bis zu 1000° C betragen. In der Regel wird bis zu 800° C gebrannt.
8. Nach dem Brennen werden die Formen unverzüglich mit getrocknetem Sand im Gießkasten umstampft und noch

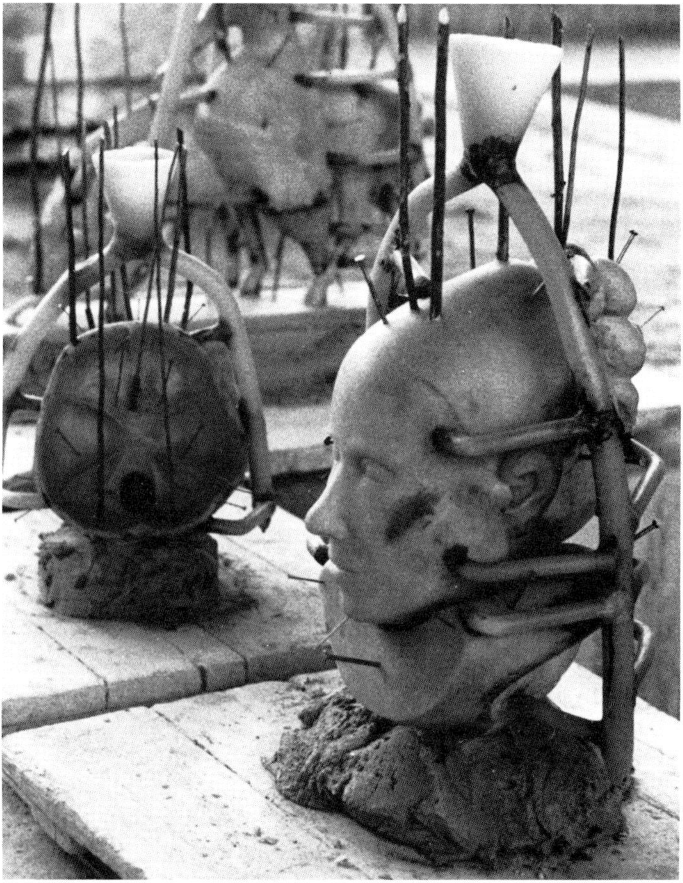

102 Aufgebaute Modelle mit Windpfeifen, Kernnägeln und Speisern

in heißem Zustand mit der inzwischen bereiteten Schmelze vollgegossen.

9. Zur Bereitung der Schmelze werden heute kaum noch koksbefeuerte Tiegelschachtofen mit Gebläsewind benutzt. In der Regel sind diese Öfen durch *Tiegelschmelzöfen* mit

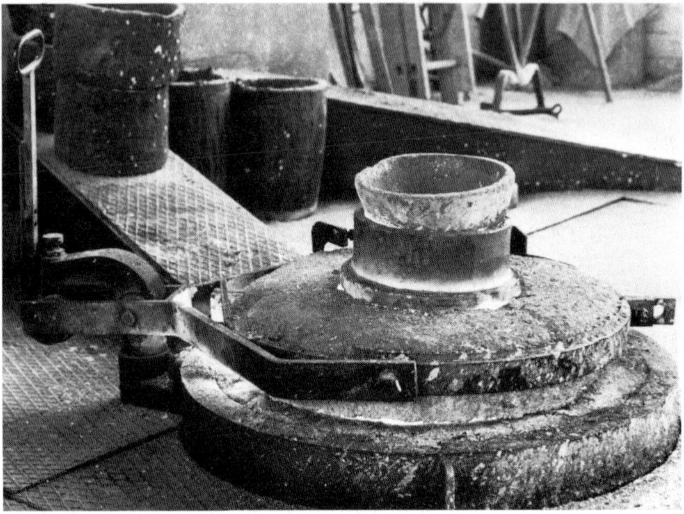

103 Versenkter Tiegelofen mit schwenkbarem Deckel

Ölfeuerung ersetzt. (In der Industrie werden daneben tiegellose Schmelzöfen, Niederfrequenz/Induktionsöfen, Trommelöfen usw. benutzt) Die tangential gerichtete Flamme bestreicht gleichmäßig den Spielraum zwischen Schmelztiegel und Ofenausmauerung. Wichtig ist die ökonomische Unterbringung, allseitiger Zugang (Reparatur) und die Schwenkbarkeit des Deckels (Abb. 103). Für die *Schmelztechnik* von Bronze gelten folgende Hauptregeln: Zunächst wird das Kupfer geschmolzen, wobei eine Sauerstoffaufnahme von etwa 0,05–0,08% anzustreben ist, um den Wasserstoff auszutreiben. Das Kupfer soll etwa auf 1200° C erhitzt werden, damit nach der Zuführung des Zinks, Zinns und Bleis, die einen Temperaturabfall bewirkt, nicht neues Hochheizen nötig wird. Danach wird mit Phosphorkupfer desoxydiert (Vermeidung von Porösität), und zwar mit soviel Überschuß, daß etwa 0,03% in der Schmelze gelöst bleiben (Abb. 104). Außer-

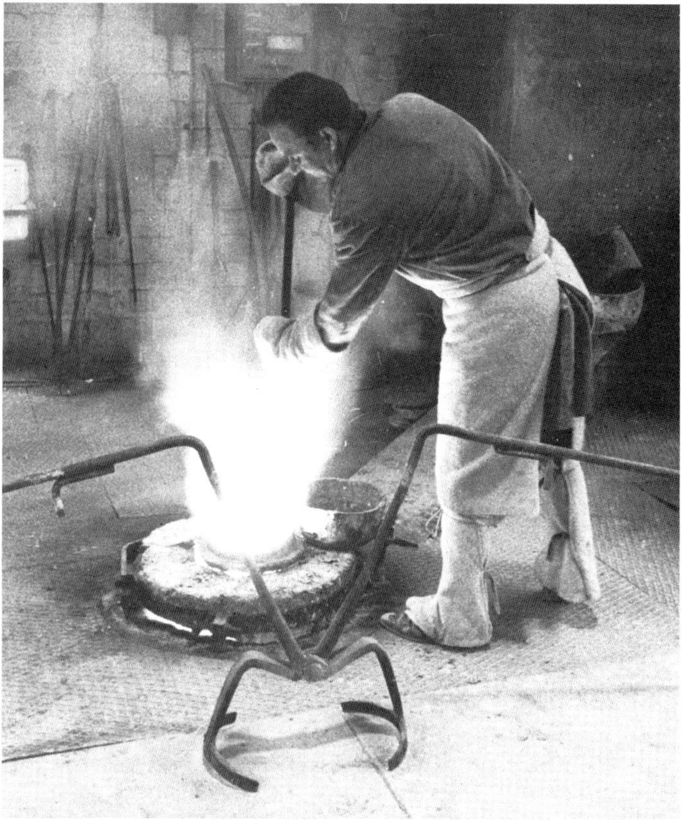

104 Umrühren der Schmelze nach der Zugabe von Phosphorkupfer; im Vordergrund die Gabelpfanne zur Führung des Tiegels

ordentlich wichtig ist für einen einwandfreien Guß mit feinkörnigem, gleichmäßigem Gefüge die Wahl der richtigen *Gießtemperatur.* Dünnwandige Gußstücke mit verzweigten Formen müssen heißer gegossen werden als dickwandige. Erschwerend wirkt, daß die Bronzen keinen genau definierbaren Schmelzpunkt, sondern ein Erstarrungsintervall von 150–200° C aufweisen. Daher ist die

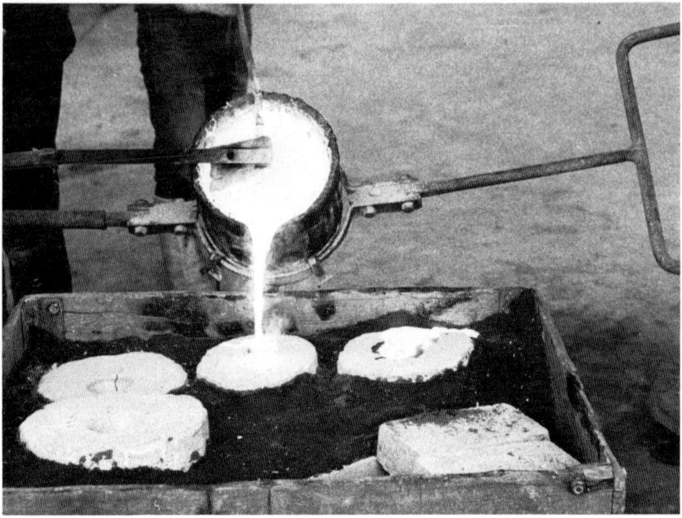

105 Bronzeguß. Schlacke und Oxydhäute werden mit dem Krammstock zurückgehalten

Kontrolle durch Temperaturmeßgeräte zu empfehlen. Man benutzt zur Temperaturmessung vornehmlich *Eintauchpyrometer* (z. B. »Gipso« der Pyro-Werke GmbH, Hannover). Ein Eintauchpyrometer aus einem drahtförmigen Thermoelement, einem Schaft aus Stahlrohr und einem Ablesegerät mit Handgriff und Zeigerarretierung erlaubt einwandfreie Meßresultate nach 15sekündigem Eintauchen in die Schmelze.

10. Die richtig temperierte Schmelze wird mit der *Gabelpfanne* (Abb. 59, 104) aus dem Tiegelofen herausgehoben. Mit dem *Krammstock* (Stahlstange mit angeschraubtem Blech) werden Schlacke und Unreinheiten entfernt (Abb. 59), wenn der Guß erfolgt (Abb. 59, 105).
11. Nach der langsamen Abkühlung folgt das Abschlagen der Formmasse. Sie ist durch Brennen und Gießen mürbe und läßt sich deshalb leicht entfernen (Abb. 106).

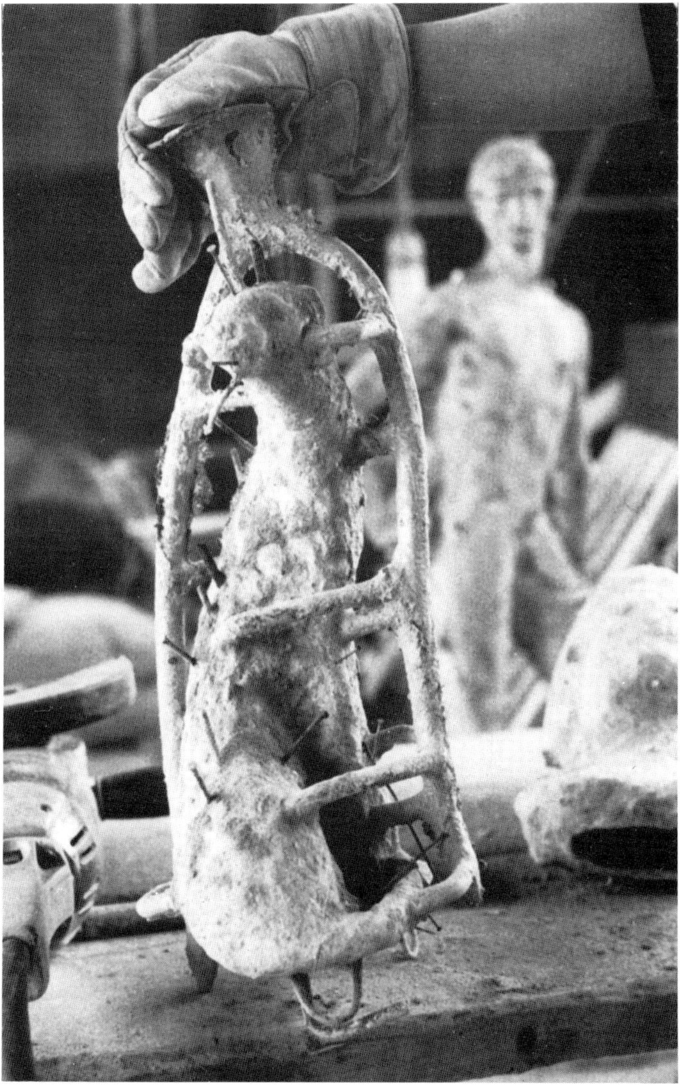

106 Der Guß ist von der Formmasse befreit

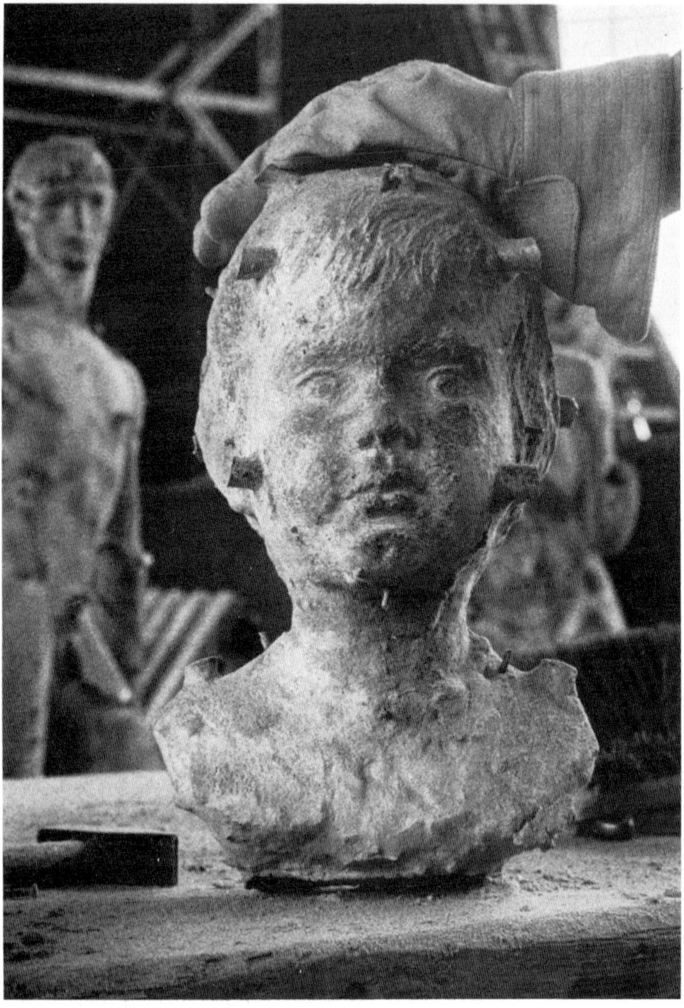

107 Windpfeifen und Eingußkanäle sind abgetrennt

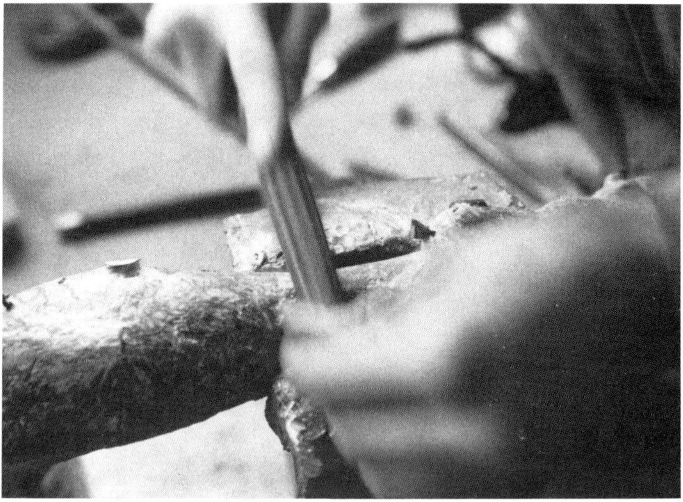
108 Glätten der Anschnitte

109 Ausbohren von Löchern mit dem Gewindeschneider
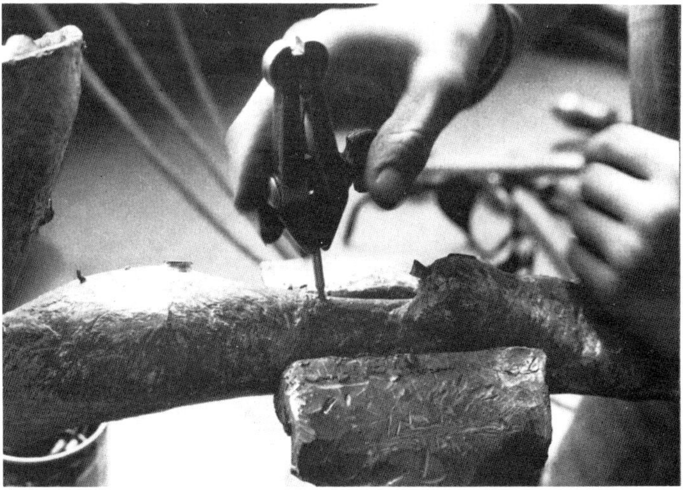

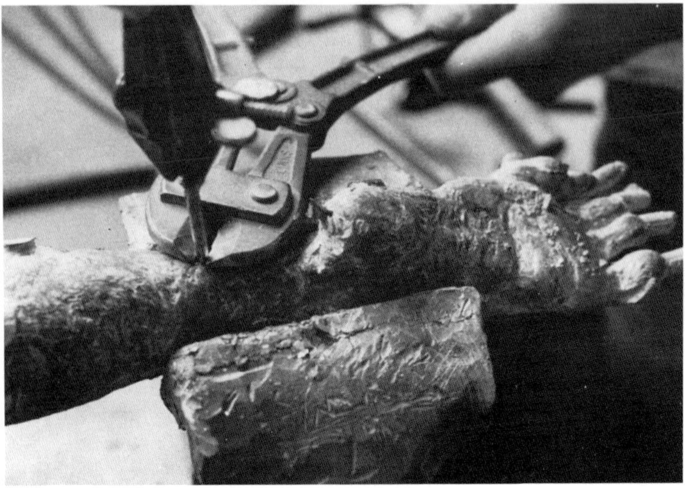

110 Abschneiden des überflüssigen Bronzematerials

12. Mit Trennscheiben (oder Metallsägen) werden die Windpfeifen und Eingußkanäle entfernt (Abb. 107). Die gewonnenen Bronzestangen werden zur Ausbesserung von Löchern bzw. zu erneutem Guß verwendet. Mit Metallfeilen wird die Oberfläche des Gusses an den Eingußstellen geglättet (Abb. 108).
13. Auch die Kernnägel müssen entfert werden, falls sie aus Stahl bestehen. Die Löcher der Kernnägel sollten nicht einfach zugeschweißt werden. Da Schweißarbeit leicht zu Verformungen der näheren Umgebung einer Flickstelle führt, ist sie für Kleinplastiken mit fein bewegten Oberflächen abzulehnen. Statt dessen werden die Löcher mit einem Gewindebohrer ausgebohrt (Abb. 109) und mit einem Stück Bronzestab, auf das ein entsprechendes Gewinde aufgedreht wurde, gefüllt. Wenn das überschüssige Material entfernt ist (Abb. 110), beginnt die Feinarbeit des Ziseleurs.

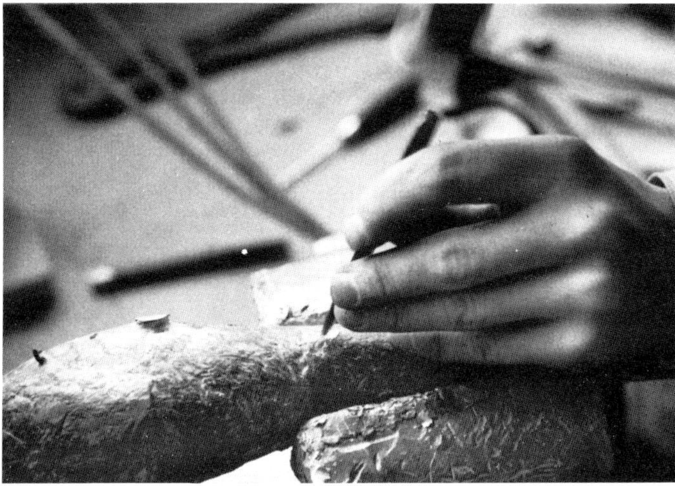

111 Ziselierarbeit

14. Die schwierigste Arbeit des Ziseleurs besteht in der Nachahmung der Oberflächen feinstrukturierter Modellvorlagen (Abb. 111) mit dem Ziseliereisen, der Feile, der Schleifscheibe für grobe Polierarbeiten und der Schwabbelscheibe aus Stoff für die Feinpolitur.
15. Für die *chemische Färbung* der Oberflächen ziselierter Bronzen gibt es eine Reihe ausgezeichneter Färbeverfahren (z. B. Grünfärbeverfahren mit Nitratpatina, Schwarzfärbeverfahren mit Kaliumpersulfatbeize, Braunfärbeverfahren mit Kaliumpermanganat; nähere Angaben in dem Übersichtswerk des DKI [s. *Literaturhinweise*]).

IV Technik und künstlerische Methode in der Bildhauerei

Die Überlegung zu Grundfragen der Gestaltung im ersten Kapitel des Buches hatten dazu geführt, daß zunächst *die hinzufügende, von innen nach außen fortschreitende Arbeit des Plastikers* und die darauf bezogenen vielfältigen Gußtechniken geschildert wurden. Jetzt soll *die Technik des Bildhauers, seine wegnehmende, skulptierende, von außen nach innen fortschreitende Arbeit* ihr Recht erhalten. Die Technik des Bildhauers ist ebenso wie die des Plastikers am deutlichsten erkennbar im Zusammenhang mit der Darstellung der gestalterischen Fragen.

Zunächst soll jedoch ein knapper Überblick über Werkzeuge und Materialien die Orientierung erleichtern.

Werkzeuge für die Steinbearbeitung (Abb. 112 a–e)

1. Die Zähne des *Stockhammers* (a) bilden vierseitige Pyramiden verschiedener Größe (5 × 5 bis 12 × 12 Zähne). Moderne Stockhämmer sind mit auswechselbaren Einsatzplatten versehen. Der Stockhammer dient zum Stocken der Oberflächen von Hartgestein und von *härteren* Kalk- und Sandsteinen. Bei Weichgestein setzen sich die Zwischenräume schnell zu, und die Zähne platzen ab.
2. Der *Riffelhammer* (b) ist statt mit Zähnen mit Riffeln ausgestattet. Er wird bei Hartgestein verwendet.

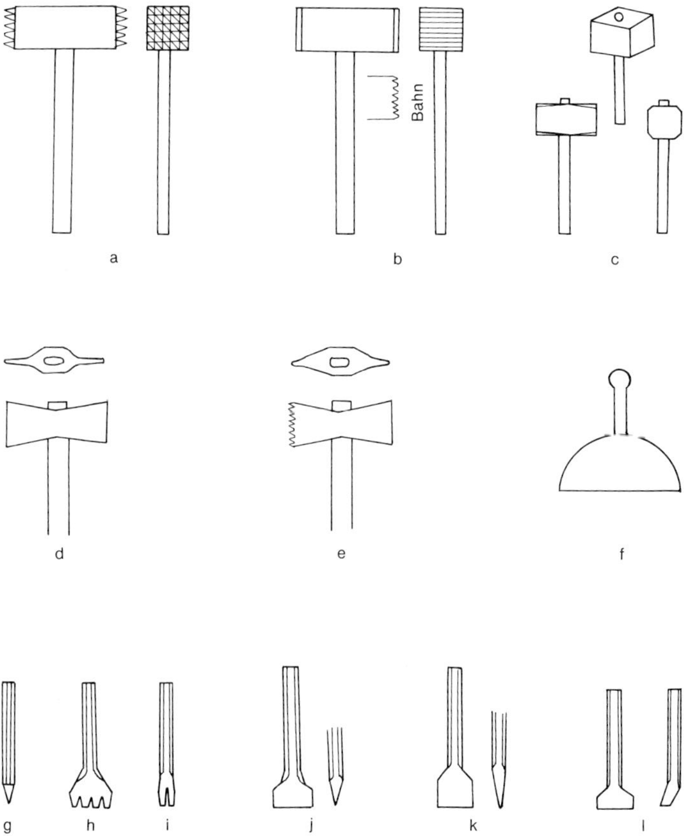

112 Werkzeuge des Bildhauers: Stockhammer (a), Riffelhammer (b), Fäustel (c), Fläche (d), Flächenhammer (e), Klipfel (f), Spitzeisen (g), Zahneisen (h), Zweizahn (i), Schlageisen (j), Vierteleisen (k), Sprengeisen (l)

3. Der *Fäustel* (c) dient zum Antreiben der Schlageisen bei Hartgestein. Für den Anfänger sind leichtere Fäustel empfehlenswert (400 g).
4. Die *Fläche* (d) für Weichgestein ist mit zwei axtähnlichen geraden Bahnen versehen.
5. Der *Flächenhammer* (e) hat anstelle der geraden Bahnen gezahnte und eignet sich für Weichgesteine.
6. Der *Klipfel* (Klöpfel, Knüppel) (f) ersetzt bei der Bearbeitung von Weichgestein den Fäustel.
7. Das *Spitzeisen* (g) ist wie alle Schlag- und Bohrwerkzeuge für die Steinarbeit aus Stahl hergestellt. Spitzen oder Schneiden sind besonders gehärtet.
8. Das *Zahneisen* (h) eignet sich zur Bearbeitung von weicherem Gestein, besonders zum Ausgleichen der Unebenheiten nach dem Spitzen. Es bereitet die glättende Arbeit des Schlageisens vor.
9. Der *Zweizahn* (i) hat zwei flach auslaufende Arbeitsschneiden und ist eine Variation des Zahneisens.
10. Das *Schlageisen* (j) dient zum Glätten nach Spitz- und Zahneisenarbeit. Durch Abrunden der geraden Schneide des Schlageisens entsteht ein Rundmeißel.
11. Das *Vierteleisen* (k) ist ein Scharriereisen von 5 cm Schneidbreite bei etwa 20 cm Länge. Es wird senkrecht geführt, während mit dem Schlageisen meist schräg zu Oberfläche des Steins *geschnitten* wird.
12. Das *Sprengeisen* (Prelleisen) (l) hat eine abgeflachte, abgeschrägte, scharfkantige Bahn und dient zum sauberen Absprengen von Kanten.

Außer den Hinweisen auf diese Steinmetzwerkzeuge könnten nun sehr detaillierte Hinweise auf zahlreiche *Bohrwerkzeuge* oder *Hebewerkzeuge* folgen. Dies erscheint im Rahmen dieses Buches nicht notwendig, da die wissenswerten Fakten entweder aus den Bestellkatalogen der Firmen ohne Schwierigkeiten zu ersehen sind oder aber nicht mehr in das Interessenfeld des künstlerisch tätigen Bildhauers fallen. Es bleibt darauf zu verweisen, daß alle Werkzeuge zu dem jeweiligen Härtegrad der

Gesteine (weich, mittel, hart) passend gehandelt werden. Selbstschmieden oder Härten erübrigt sich bei den heutigen vielfältigen Angeboten dauerhafter Werkzeuge.

Wichtige, handelsübliche Gesteinsarten

Für die Verwendbarkeit der Gesteine sind nicht nur die physikalischen und chemischen Eigenschaften ihrer Minerale von Bedeutung, sondern auch das Gefüge. Vom Gefüge sind wiederum abhängig: Bruch, Spaltfähigkeit, Polierfähigkeit, Wetterbestänigkeit.

Bei *dichtem Gefüge* sind die einzelnen Gemengteile im Gegensatz zu *körnigem Gefüge* (feinkörnig, mittelkörnig, grobkörnig) mit dem bloßen Auge nicht erkennbar. In der Steinindustrie unterscheidet man *Hartgestein,* zu denen die meisten Eruptivgesteine gerechnet werden, zum Beispiel Granit, Syenit, Diabas, Diorit usw., und *Weichgesteine,* zu denen die meisten Schichtgesteine und kristalliner Schiefer gehören, zum Beispiel Muschelkalk, Plattenkalk, Sandstein, Marmor usw. (Abb. 113).

Der rein weiße *kristallinische Marmor,* wie wir ihn aus den Kulturepochen des Abendlandes kennen, ist auch heute noch ein begehrtes Material für figürliche Darstellungen. Die Vorkommen an griechischem *Penteli* oder reinem Marmor aus dem Hymettosgebirge sind weitgehend erschöpft. Das auch an Buntmarmoren sehr reiche Italien verfügt dagegen auch heute über unglaublich reiche Vorkommen an Statuariomarmor. *Reiner Statuenmarmor (Statuario)* wird vor allem im Carraragebiet (Monte Betogli, Crestola) gefunden. Die wichtigsten Typen rein weißen Marmors werden zur Unterscheidung von dem sogenannten Bianco chiaro ordinario nach ihren Fundorten bezeichnet (z. B. Bianco Altissimo, Bianco Arni, Bianco Porassi usw.).

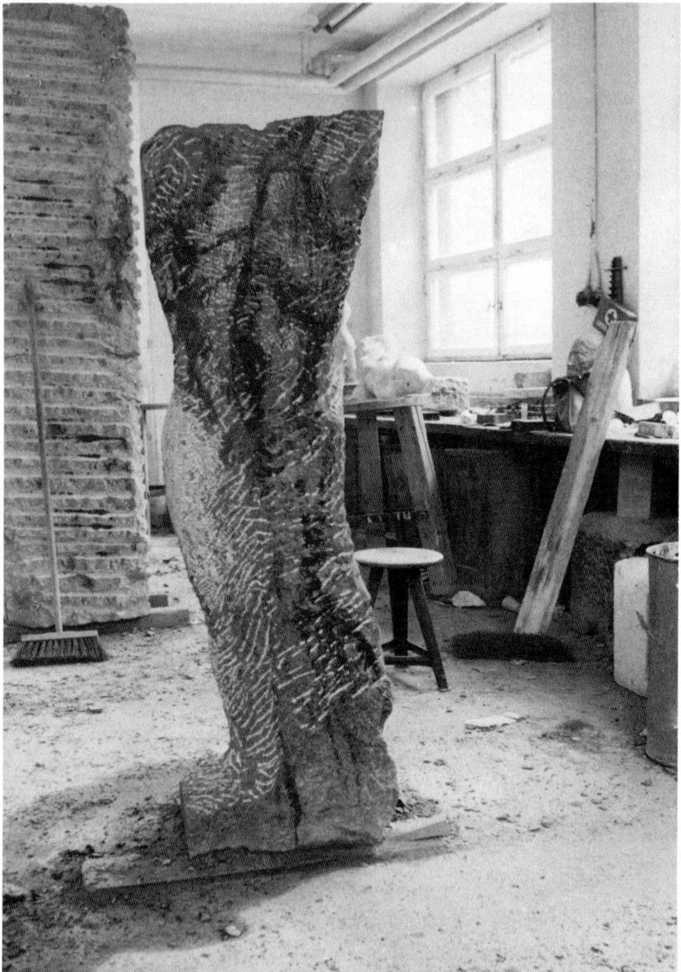

113 Sandstein (vorn), Marmor (hinten)

1 Das Skulptieren in Ytong, Speckstein und Gips

a) Das Arbeiten mit Ytong

Verglichen mit dem in der Regel sehr interessant gebrochenen Speckstein, der mit seinen Wölbungen, Einbuchtungen und Bruchkanten zur Weitergestaltung geradezu anreizt (Abb. 114), ist Ytong, der in der Form quaderförmiger Bausteine gehandelt wird, ein totes Produkt, das die Phantasie kaum anregt. Und doch ist er wegen der raschen Ermüdbarkeit von Anfängern das Material, das Grunderfahrungen des Skulpturierens zuläßt. Durch die vorgegebene Quaderform ist ein Aufzeichnen oder Einritzen von An- und Aufsichtsseiten einer zukünftigen Plastik sehr erleichtert. Nach dem Vorzeichnen kann sehr schnell und leicht mit Holzsäge, Axt, Raspel, Feile und Messer (Abb. 115) eine Grobform herausgearbeitet werden, weil Ytong sich wesentlich leichter als Holz bearbeiten läßt. Da eine Rücksichtnahme auf Maserung überflüssig ist, kann man in alle Richtungen arbeiten. Allerdings besteht eine erhöhte Bruchgefahr. Deshalb verbietet sich ein Behauen des Steins ebenso wie eine feinere Ausarbeitung kleiner Formen. Vorteilhaft ist die Möglichkeit, die Ytongflächen mit Betonschlämme zu verbessern. Die sehr leichten Ytongplastiken müssen zu diesem Zweck mit Gewichten unter Wasser gehalten werden, bis sie vollkommen durchnäßt sind. Danach kann Zementschlämme in die Poren der Oberfläche eingebürstet werden. Nach der Aushärtung der Betonhaut ist die Oberfläche polierfähig.

b) Das Arbeiten mit Speckstein

Speckstein ist ein sehr reizvolles Material für Kleinplastiken. Als Material für Großplastiken scheidet er im allgemeinen aus,

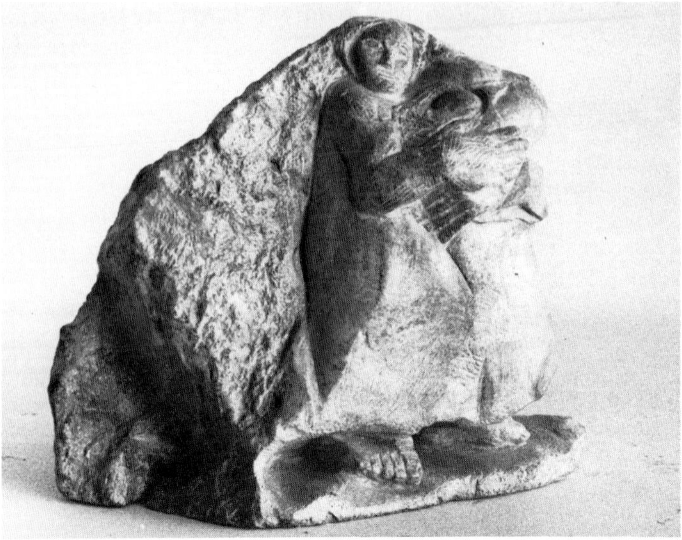

114 Mutter und Kind. Specksteinarbeit von E. Tauschek

115 Werkzeuge für Ytong-, Speckstein- und Gipsarbeit. *Oben:* Fuchsschwanz. *Unten (von links nach rechts):* 3 Gipsspachteln, 2 Feinmodellierwerkzeuge, Gipsmesser, 3 Steinraspeln

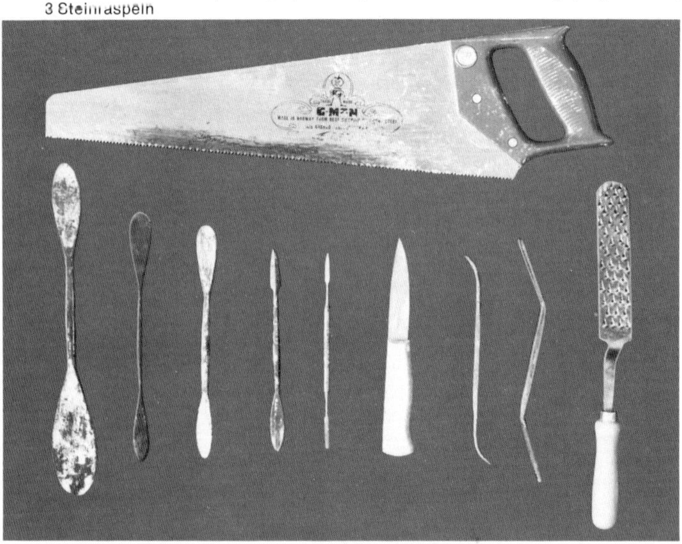

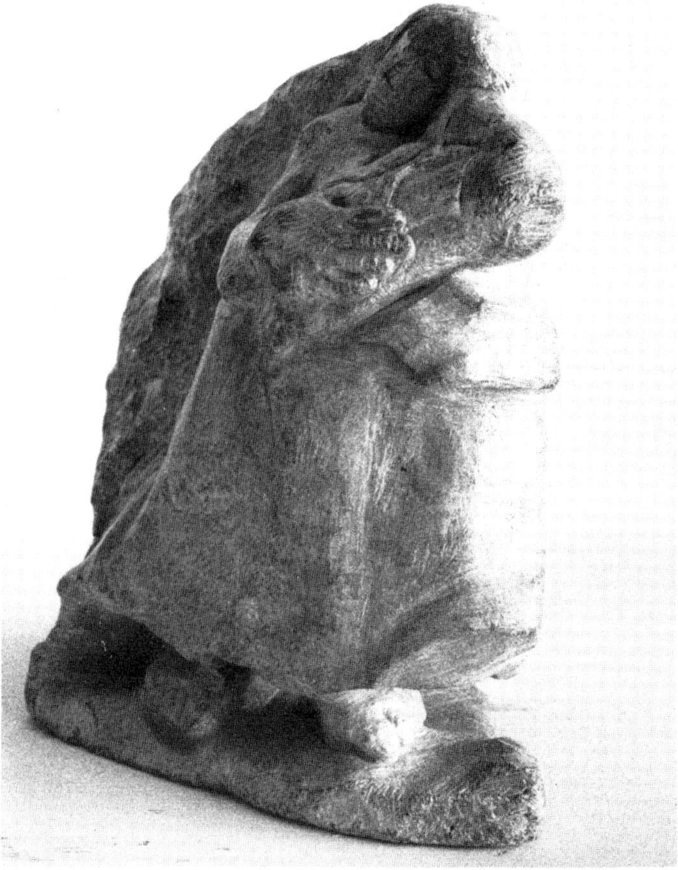

116 Seitenansicht der in Abb. 114 gezeigten Arbeit

da die Größe der handelsüblichen Blöcke selten über 20 × 30 cm hinausreicht. Speckstein ist zwar entschieden härter (Härtestufe 1) als Ytong, läßt sich aber doch so leicht bearbeiten, daß auch Schüler damit umgehen können. Speckstein läßt sich gut sägen, raspeln, feilen, schmirgeln und polieren. Wenn er von *dichter* Struktur, das heißt, ohne fasrige, blättrige Schichtung ist, kann er auch mit Steinmetzeisen behauen werden.

Die Skulpturen der vorliegenden Beispiele (Abb. 114, 116) sind jedoch ausschließlich mit groben und feinen Bildhauerraspeln aus dem Stein herausgearbeitet worden, weil der bearbeitete Specksteinbrocken durch den Transport teilweise bereits feine Risse bekommen hatte. Durch diese recht mühselige Arbeitstechnik ist ein hohes Maß an *Materialgerechtigkeit* erreicht worden.

Abb. 114 zeigt, wie die Gegenstandsform »Mutter und Kind« allmählich aus dem groben Material herausmodelliert wurde, ohne daß der innige Zusammenhang mit dem »Urgestein« ganz verlassen wurde. Dies wird an der Form des runden Kopfes der Mutter, der in den »Gipfel« des Gesteinsbrockens eingebunden ist, und besonders auch an der Form ihres mit dem Ellbogen hochstoßenden Armes deutlich. Der Bewegungszusammenhang vom unbearbeiteten Steinanteil der Plastik über die ausgreifende Gesamtgebärde der Mutterfigur bis in den hochgereckten Arm ist so dicht, daß erst von der Seitenansicht (Abb. 116) störend wirken könnte, daß die Haltung des Armes stärker durch die Verlaufsform des Steinbrockens bestimmt scheint als durch die Naturbeobachtung. Allerdings wird auch von dieser Ansichtsseite her deutlich, wie behutsam die am stärksten nach vorne sich wölbenden Teile der Arbeit in das Relief des Steins eingebunden bleiben. Dies gilt selbst für die Standzone, die trotz sehr weit getriebener Durchbrochenheit den Zusammenhang der gestalteten Formen mit dem felsig gelassenen Steinbrocken erkennen läßt.

An dieser Arbeit, die aus der Spannung zwischen noch spürbarer Form des Steins und wie selbstverständlich gefundener Gestalt ihren Reiz gewinnt, kann die grundsätzliche Schwierigkeit der »direkten Arbeit« im Stein abgelesen werden. Zur Ausarbeitung des Kindes fehlt es an Steinmaterial. Der von der Schulter herabgeführte Rückenkontur der Mutter, der die Abgrenzung gegen die Steinstruktur sichert, wird in der Höhe der Knie zur kaum noch ausgleichbaren Fehlstelle. Um solche Fehlstellen zu vermeiden, bedarf es großer Erfahrung im *all-*

mählichen Entwickeln der vorgestellten Form oder in günstigen Fällen großer Geduld beim Zurückverlegen der gesamten Gestalt um die fehlende Schichtstärke.

c) Das Arbeiten mit gegossenen Gipsblöcken

Die bildhauerische Arbeit am selbstgegossenen Gipsblock beliebiger Größe bietet dem Unerfahrenen die Möglichkeit, die Grundtechniken der Bildhauerei kennenzulernen, ohne daß ein Fehler sogleich unerbittliche Folgen nach sich zieht. Eine zu tief geführte Schlagfolge kann nach entsprechender Feuchtung der Teile vergipst werden, ein abgebrochener Arm kann wieder angefügt werden. Andernteils nimmt gegossener Stuckgips nach einigen Trockentagen eine so große Härte und Sprödigkeit an, daß seine Bearbeitung mit der Arbeit in Kalkstein oder frischem Marmor zu vergleichen ist. *Vorsichtsmaßregeln* jedoch wie Feinstaubmasken, Schutzbrille, Schutz des Steins gegen die Berührung mit Fett oder rostendem Eisen, die bei der Arbeit mit härterem Gestein unbedingt wichtig sind, können bei der Gipsbildhauerei unberücksichtigt bleiben.

Entsprechend sind bei der in Abb. 117 gezeigten Plastik die wichtigsten Werkzeuge zur Steinarbeit, bis auf Bohr- und Schleifwerkzeuge benutzt worden. Als antreibender Hammer ist ein Fäustel (Abb. 112c) benutzt worden. Für das grobe Aushauen der Formen wurde ein Spitzeisen (Abb. 118) verwendet. Die Form der Haare läßt seine absprengende Wirkung (Abb. 119) noch erkennen. Allerdings mußten die Haare mit dem flachen Schlageisen (Abb. 118) geglättet werden, um die im Bild sichtbare Oberfläche zu bekommen. Mit dem Zahneisen (Abb. 118), dessen Spuren (Abb. 120) noch in der Zone unterhalb des Kinnes ahnbar sind und dem wiederum glättenden Schlageisen wurden die Formen des Gesichts und der Hände herausgemeißelt, bevor mit Bildhauerraspeln verschiedenster Stärke die Oberflächen von Gesicht und Händen bis zur angestrebten Feinheit (Abb. 121) überarbeitet wurden

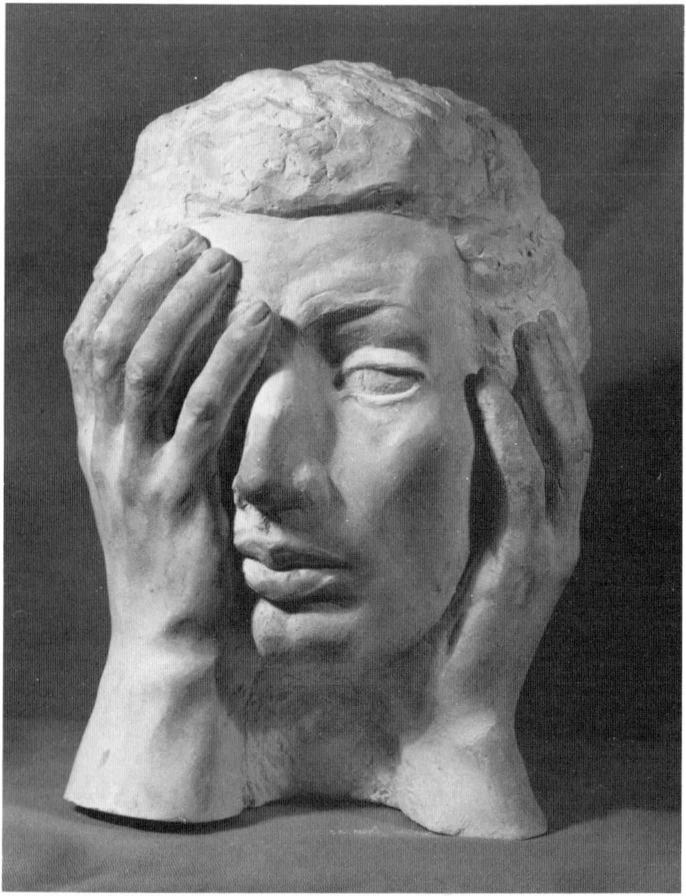

117 H. Leber, Selbstporträt. 1978. Gips

(Gipsmasse mußte in der Zone der vorragenden Stirnhaare und an der Nasenspitze angetragen werden).

Vergleicht man die eben genannten Steinwerkzeuge mit dem Angebot modern ausgestatteter heutiger Lieferfirmen, so kommt man zu einem erstaunlichen Ergebnis: Vielfältig vari-

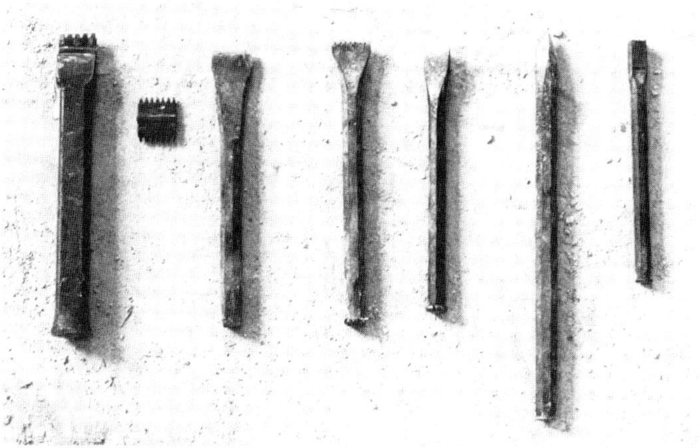

118 Bildhauereisen *(von links nach rechts):* Zahneisen mit Einsatz, Zahneiseneinsatz, Marmorbeizeisen, Zahneisen, Schlageisen, Spitzeisen, Stockeisen

119 Arbeit mit dem Spitzeisen

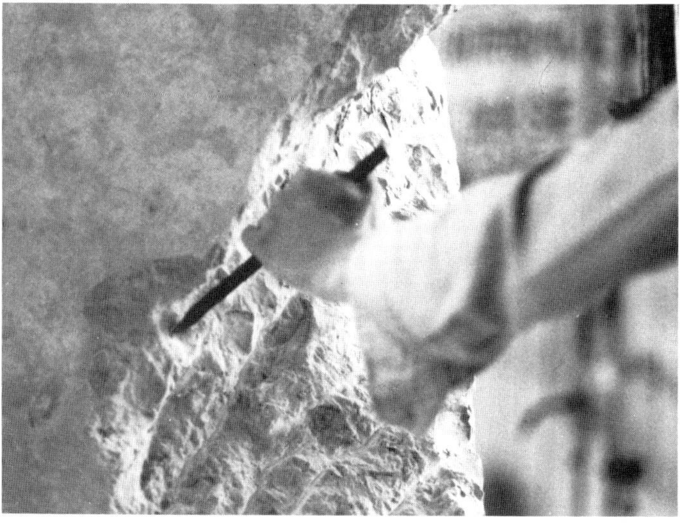

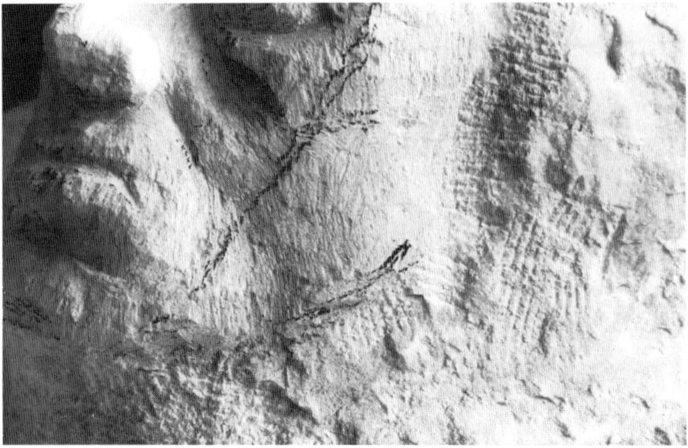
120 Parallelspuren des Zahneisens im Marmor

121 Mit der Raspel geglättete Marmoroberfläche
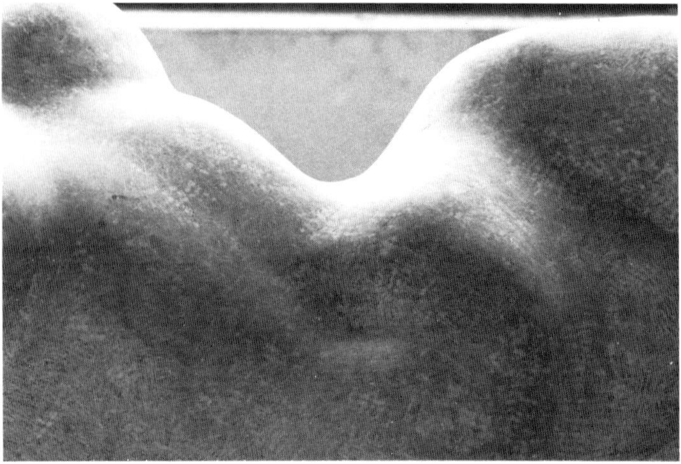

iert wird die Schaftlänge, die Schneidenbreite, die Härtung und Beschaffenheit der Stahlarten der Werkzeuge (je für *Weichgestein* wie Muschelkalk und Sandstein, je für Marmor und sonstiges *mittelhartes Gestein* und je für Granit, Syenit und sonstiges *Hartgestein*), aber alle Vielzahl des Angebots läßt sich doch auf wenige Grundtypen zurückführen.

Im Prinzip werden heute noch dieselben wenigen Meißel benutzt wie in der Antike, in der Renaissance und zur Zeit Rodins. *Was sich jeweils verändert hat, ist nicht das Werkzeug, sondern der Arbeitsablauf und die Anwendung der verschiedenen Werkzeuge.* Der Vielfalt der Formungsmöglichkeiten und der Vielzahl der Verwendungsarten weniger Hauptformen der Werkzeuge soll deshalb im folgenden an wenigen exemplarischen Beispielen nachgegangen werden.

2 Technik und künstlerische Methode der griechischen Bildhauer

Als im Jahre 1816 die Parthenonskulpturen in London zum Verkauf angeboten wurden, bezweifelte der Sachverständige Richard P. Knight der königlichen Kommission gegenüber die Echtheit der Skulpturen. Er hatte entdeckt, daß die Parthenonfiguren nicht mit Schlageisen und Raspel geglättet sind, wie zum Beispiel die berühmte Laokoongruppe. Knight stellte vielmehr fest, daß die Parthenonfiguren *ohne vermittelnde Glättung* durch das flache Schlageisen *unmittelbar* über der Spitzenarbeit mit Bimsstein geglättet worden sind und folgerte daraus, daß sie deshalb nicht echt sein könnten. Daß die Beobachtung Knights zutrifft, kann auch heute noch jeder Beobachter nachprüfen, dem der fundamentale Unterschied zwischen den matt schimmernden Marmoroberflächen früher griechischer Plastik und dem harten Glanz griechisch-hellenistischer Plastik (z. B. Laokoon, Barberinischer Faun) auffällig wird. Tatsächlich hat Knight treffsicher auf einen grundsätzlichen Unterschied zwischen früher griechischer Plastik und den Werken des Hellenismus und auch fast *aller* nachfolgenden Plastik verwiesen. Demgegenüber erscheint die falsche Folgerung Knights, die Unechtheit der Parthenonfiguren betreffend, nicht so gewichtig, denn seit der Wiederentdeckung der Laokoongruppe im Rom des Jahres 1506, die der sogleich herbeigerufene Michelangelo als »Wunder der Kunst« erkannte, bestimmte sie die Vorstellung von griechischer Skulptur im europäischen Kulturraum entscheidend.

Unterschiede der Bildhauertechnik bei den frühen Griechen und in der Moderne

Wodurch unterscheidet sich die Arbeitsweise des griechischen Bildhauers von den Arbeitsmethoden der späteren Künstler? Wir verdanken den wissenschaftlichen Untersuchungen von Carl Blümel die genaue Kenntnis sowohl der Werkzeuge der griechischen Bildhauer (besonders des 6. Jh. v. Chr.) als auch ihrer Anwendung. Die Hauptwerkzeuge sind der *Spitzmeißel aus Bronze* (die Griechen kannten noch keinen gehärteten Stahl) und *der Schlägel aus Holz.* Blümel hat zweifelsfrei nachgewiesen (Beispiele: Giebelfiguren vom Zeustempel in Olympia, Giebelfiguren vom Tempel der Aphaia auf Aegina in der Glyptothek in München), daß Meißelspuren, die vom schräg geführten Spitzmeißel herrühren, äußerst selten zu finden sind. Vielmehr wurde nahezu die gesamte Arbeit des griechischen Bildhauers mit *senkrecht zur Oberfläche* angesetzten Spitzmeißeln ausgeführt. Dieses *Prellen* des Marmors, das der moderne Bildhauer gerade vermeidet, läßt sich auch noch durchführen mit einem abgestumpften Bronzemeißel. Es kommt ja dabei nicht darauf an, große Stücke abzuarbeiten, sondern es geht darum, kleine Teile der Marmoroberfläche so weit zu zermürben, bis sie absplittern. Durch die kontinuierliche Spitzeisenarbeit werden die Kristalle bis zu einer Tiefe von

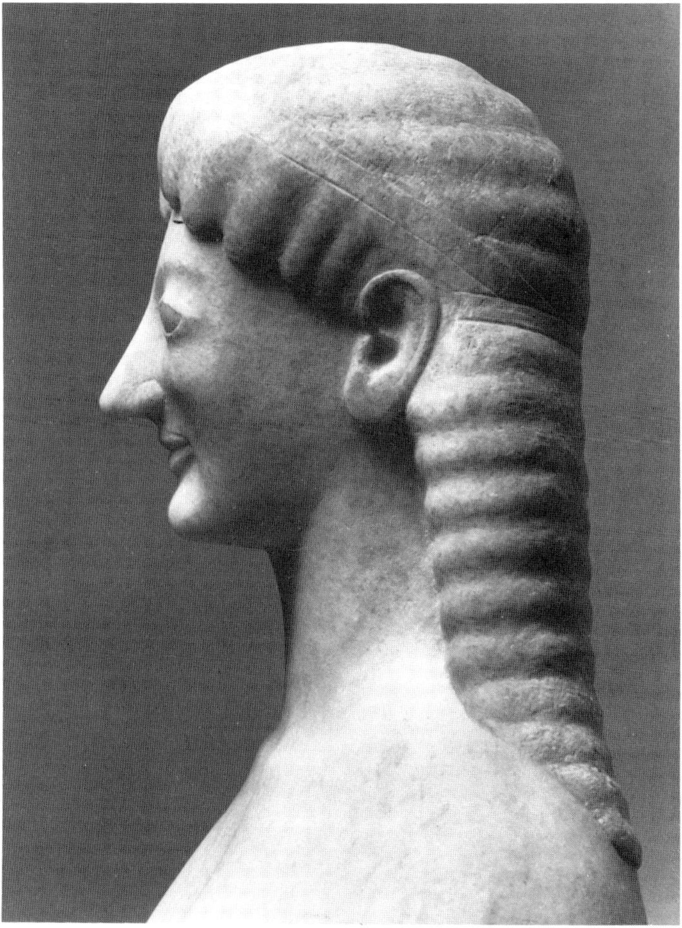

122 Kopf des »Apoll von Tenea«. 565/550 v. Chr. Marmor, Höhe des Details 33 cm. München, Glyptothek

1–2 cm so geprellt, daß sie das Licht nicht nur reflektieren, sondern auch einfangen, so daß jedes einzelne Marmorkörnchen lebendig erscheint. Dieses mühsame Abziehen dünner Schichten wurde so lange fortgeführt, bis die Oberfläche mit

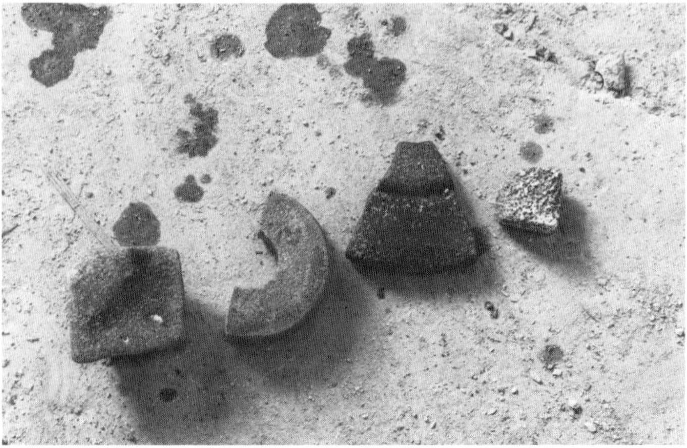

123 Zerbrochene Karborundschleifscheiben eignen sich für feinere Glättung von Steinplastiken

124 Polierte Marmoroberfläche

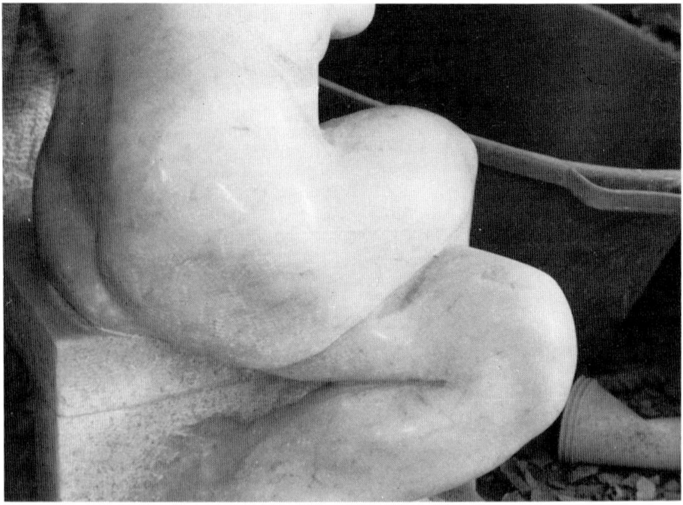

Schmirgel und Bimsstein in sehr mühevoller Arbeit glatt gerieben werden konnte. Als Ergebnis dieser zeitraubenden und hingebungsvollen Arbeit zeigen frühgriechische Plastiken eine Marmoroberfläche von samtweicher Tiefe (Abb. 122).

Diese Art von Marmorbearbeitung steht in großem Gegensatz zu der seit dem Hellenismus bekannten und auch heute üblichen Marmorbearbeitung. Nur am Anfang wird dabei mit senkrechten Spitzeisen oder Spitzhammerhieben gearbeitet. Später werden die Schläge dadurch weicher, daß das Spitzeisen schräg angesetzt wird. Auch das Zahneisen, das ja nichts anderes ist als ein vervielfachtes feines Spitzeisen, wird im Gegensatz zu der auch bei den frühen Griechen bekannten Zahneisenarbeit nicht senkrecht, sondern schräg angesetzt. In der Nähe der Oberfläche wird die Arbeit mit dem Schlageisen weitergeführt, wobei ähnlich wie mit einem flachen Stemmeisen für Holzbearbeitung dünnste Marmorschichten *heruntergeschnitten* werden. Darauf folgt dann eine sorgfältige Politur (in heutiger Abfolge: Raspel, Feile, Karborund [Abb. 123], Schmirgelleinen, Polierpulver oder Polierpaste), bis der Marmor sein für uns charakteristisches hochglänzendes und durchsichtiges Aussehen bekommt (Abb. 124).

Die Wertschätzung der Arbeit des griechischen Bildhauers in seiner Zeit

Die zeitraubende Methode des Prellens mit dem Spitzeisen hat eine entsprechende Wertschätzung der Arbeit des Bildhauers zur Folge. Aus den inschriftlich erhaltenen Abrechnungen zu einzelnen Figuren vom Erechtheionfries (Akropolis, Athen) geht hervor, daß eine im Hochrelief gearbeitete zweifigurige Gruppe, die heute noch identifiziert werden kann, mit 120 Drachmen bezahlt wurde. In diesem Preis sind weder die Kosten für den Marmor noch für das Gipsmodell enthalten. Da wir wissen, daß zu dieser Zeit selbst der leitende Architekt nicht höher als mit einer Drachme pro Tag entlohnt wurde, muß der Bildhauer mindestens vier Monate an dieser 58 cm hohen Gruppe gearbeitet haben. Dieselbe Wertschätzung der Arbeit des Bildhauers gilt auch für die Modelle, die die Bildhauer der klassischen Zeit für ihre Marmorskulpturen anfertigten (vgl. C. Blümel, S. 79).

Die Gestaltbildung in der frühen griechischen Bildhauerei

Die Methode des Prellens mit dem bronzenen Spitzeisen haben die Griechen von den Ägyptern übernommen, die sogar härteste Gesteine, wie Basalt oder Granit, auf diese Art meisterhaft bewältigt haben.

Wer sich aber der Mühe des Vergleichs ägyptischer Statuen mit dem Apoll von Tenea oder anderen Jünglingsfiguren des 6. Jahrhunderts (Abb. 125) unterzieht, wird sehr rasch zugeben, daß der Hinweis auf das *gemeinsame Werkzeug* nicht alles sagt. Denn es ist nicht möglich, die Gestalt griechischer oder ägyptischer Plastiken allein aus der Beschaffenheit des Werkzeugs und seiner Anwendung zu erklären. Sonst würde keine Erklärung bleiben für die *immer an den Block gebundenen* oder in ihn *eingebundenen* Gestalten der Ägypter im Gegensatz zu den frei und nackt nach vorn *schreitenden Gestalten* der Griechen. Sonst würde keine Erklärung zu finden sein für die Tatsache, daß die Ägypter zwischen den Beinen und zwischen Rumpf und Armen ihrer Gestalten immer Steinmasse stehenlassen, während die Griechen Beine und Arme ihrer Gestalten frei vom Körper lösen. Nicht statische Gründe oder die handwerkliche Überlegenheit der Griechen sind der Grund für die Unterschiede – in diesen Dingen waren die Ägypter den Griechen mindestens ebenbürtig –, sondern die unterschiedliche Auffassung von *Göttern und Menschen*.

125 Attische Jünglingsstatue. 540/530 v. Chr. Marmor, Höhe 211 cm, München, Glyptothek ▷

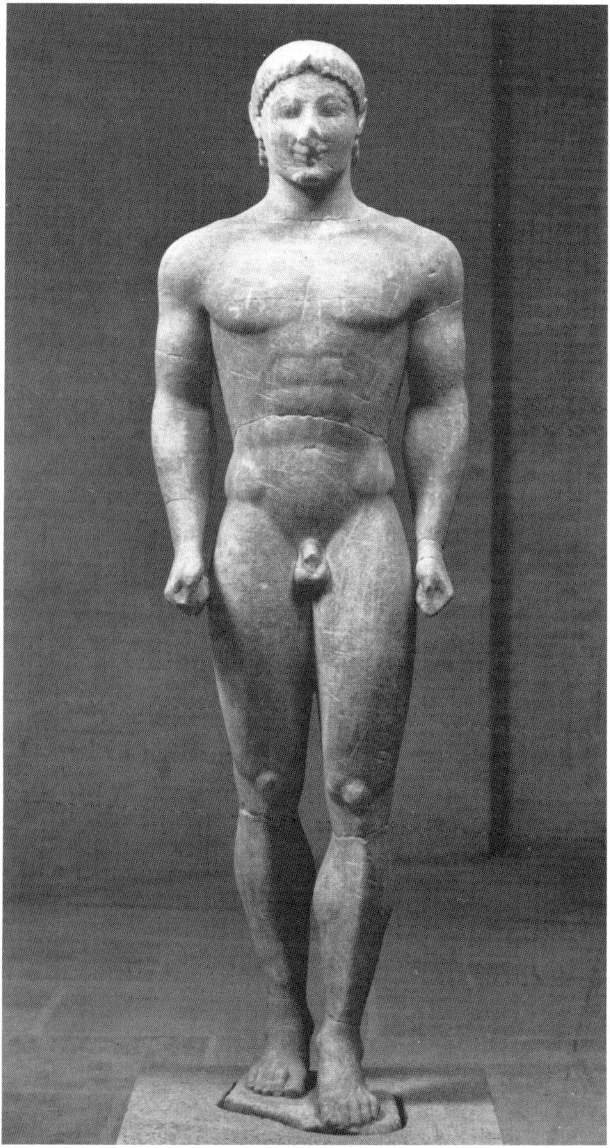

Wenn es im Rahmen dieses Buches auch nicht angebracht sein kann, dem religiösen Hintergrund der Kunst der Griechen, der Ägypter oder Michelangelos nachzuforschen, so möchte der knappe Hinweis doch verhindern, daß die archaische Kunst für eine vergleichsweise primitive Vorstufe späterer Höherentwicklungen gehalten wird. Was wir an den Beispielen (Abb. 122, 125) sehen, ist nicht das Ergebnis irgendeines primitiven »Kunstwollens«, sondern die Blüte einer lange sich steigernden Kunstentwicklung.

Abfolge der Arbeitsschritte in der Spitzeisentechnik

Wir können uns gut vorstellen, wie der Prozeß der Entstehung unserer Beispiele vor sich gegangen sein wird (vgl. auch C. Blümel, S. 18ff.).

1. Zunächst wurde der *Hauptumriß der Vorderansicht* im Groben angelegt. Die Arme sind in diesem Stadium der Arbeit noch dicht mit dem Körper verbunden. Das linke, leicht vorgesetzte Bein wird bereits angedeutet sein, aber nirgendwo legt sich der Bildhauer auf bestimmte Einzelheiten fest, vielmehr wirkt die Gesamtheit des Blocks bestimmend.
2. Die Rücken- und Seitenansichten werden mit in die grobproportionierte Vorderansicht einbezogen, das heißt, die großen rechtwinklig aufeinanderstoßenden Flächen von Front, Rücken und den Seiten werden abrundend miteinander verbunden. Entscheidend ist dabei, daß jedesmal eine *ganze Schicht rings um den Block* heruntergenommen wird.
3. Mit jeder neuen Arbeitsschicht kommen auf allen Seiten gleichmäßig jeweils einige neue Formen hinzu, ohne daß der Kopf oder ein anderer Teil des Ganzen in einem herausgehobenen Maße gesondert bearbeitet wurde, während andere Formen unbearbeitet gelassen werden. Nichts drängt sich besonders vor oder erhält eine besondere Ober-

flächenstruktur. Die Figur wird auch in diesem Stadium als ein Ganzes aufgefaßt.

4. Die in immer feinerer Spitzeisenarbeit bis zu ihrer Fertigstellung in ihrer gesamten Oberfläche vielfach modellierte Figur wird gleichmäßig mit Schmirgel und Bimsstein geglättet. Mit jeder neuen Schicht mußte der Bildhauer dabei alle Formen neu durchdenken.

Das notwendig langsame gleichmäßige Fortschreiten ist also nicht die sinnlose Mühsal erfindungsschwacher Künstler; sondern die notwendige Bedingung eines *stets schöpferischen Verdichtungsprozesses,* der von der wenig gegliederten Form des Marmorblocks (Abb. 113) zur reichen organischen Gestalteinheit gesteigerter plastischer Energie führt.

Veränderungen der griechischen Bildhauertechnik durch die Erfindung der Perspektive

Mit der Wende zum 5. Jahrhundert v. Chr. traten entscheidende Änderungen ein, die den Vorrang der Spitzeisenarbeit allmählich zurückdrängte und mit der Absicht zu neuartigen Figurenbildungen sowohl dem Schlageisen, das bisher nicht zum Glätten, sondern vorrangig zur Schärfung bestimmter Akzente gebraucht wurde (z. B. Abgrenzung der Augenlider vom Augapfel bei Abb. 122), als auch dem Steinbohrer (Gewandfalten) sowie der Raspel zu größerer Bedeutung verhalfen.

Das einschneidende Ereignis in der griechischen Kunst am Anfang des 5. Jahrhunderts v. Chr. ist die *Erfindung der Perspektive.* Statt strenger Achsialität und Frontalität wurde jetzt die allseitige, gedrehte Figur erstrebtes Ziel. Mit der Entwicklung dieses neuen Zieles war eine Fülle von Problemen verbunden, die bis in unsere Zeit reichen.

Während der frühgriechische Bildhauer von den vier Hauptseiten eines Blockes ausgehen konnte, den er immer als *Ganzes in der Vorstellung* hatte, blieb dem Bildhauer des 5. Jahrhunderts als Orientierungshilfe nur eine Hauptansicht, die in sich jedoch in den verschiedensten Richtungen im Raum bewegt war, und eine Anzahl verschiedener Umrißlinien, innerhalb derer er seine Meißelhiebe richtig ordnen mußte. Denn bei stark bewegten Figuren tritt mit der großen Zahl der auftretenden Rundungen, den verkürzten Formen und den dadurch entgleitenden festen Anhaltspunkten die Gefahr auf, daß der Bildhauer sich im Fortschreiten seiner Arbeit *verirrt.* Diese Gefahr gibt es für den archaischen Bildhauer nicht. Jedes Maß, sei es an einer kleinen Figur oder an einem überlegensgroßen Werk, kann von ihm eingeordnet werden in fest umgrenzte Flächenbeziehungen, die erst allmählich in eine überschaubare Zahl von Rundungen und weicheren Übergängen übergeführt werden.

Das bedeutet, daß der Bildhauer der Perspektive im Gegensatz zum Bildhauer der unverkürzten Formen ein Modell als Vorlage benötigt. Für kleinere Arbeiten mag eine Modellskizze genügen, die den Aufbau in den wesentlichen Zügen klärt. Für überlebensgroße Arbeiten ist dagegen ein bewegbares originalgroßes Modell notwendig. Denn wie soll der Bildhauer ohne Modell die Proportionen der Formen im Raum richtig treffen, wo ihm die Übersicht über das Ganze nicht nur durch die Kompliziertheit der Gestaltung, sondern allein schon durch die Größe verlorengeht?

Das Übertragen der Maße des Modells auf den Stein

Wenn ein Modell in Stein übertragen werden soll, ist die Gefahr mechanischer Übertragung an Stelle künstlerischer Arbeit gegenwärtig. Andererseits ist das Messen in der Kunst des Bildhauers etwas ganz Natürliches. Es wird unentwegt mit dem Auge gemessen und auch greifbarer mit den Fingern, der Hand oder aber einem Hilfsinstrument.

Wer die heute üblichen Punktiermaschinen zur Übertragung größerer Modelle in Stein nicht benutzen will, kann auf einfachere Verfahren zurückgreifen:

1. Am Modell und an entsprechenden Punkten der Steinarbeit werden senkrechte Lote angebracht. Dann werden am Modell und am Stein die gleichen Höhenmaße genommen. Von den gewonnenen Meßpunkten aus werden horizontal auf wichtige Punkte am Modell hin gemessene *Stichmaße* auf den Stein übertragen. Entweder werden dann Bohrlöcher mit den vorher gemessenen Tiefen gebohrt oder man beschränkt sich darauf, nach dem jeweiligen Abtragen einer Schicht zu prüfen, wieviel an der erforderlichen Tiefe noch fehlt. Das Loten dient zur Kontrolle der Tiefe einiger besonders wichtiger Punkte und der Richtung einzelner Flächen gegeneinander. Wird stattdessen für »jedes« Stichmaß zum Bohrer gegriffen, dann gleicht der Stein bald einem durchlöcherten Käse. Die zu entwickelnden plastischen Formen sind bis gegen Ende der Arbeit nicht zu erkennen und zu beurteilen und die schöpferische Arbeit wird verkehrt in endloses Messen und Bohren.
2. Wenn es günstig erscheint, die Meßlote nicht am Modell und an der Steinarbeit selbst zu befestigen, kann die Übertragungsmethode leicht variiert werden: Über dem Modell wird ein Brett oder ein rechteckiger Rahmen angebracht mit einer abgeteilten Skala. Ein Lot, das in der Mitte des Rahmens befestigt ist, kann bei jeder Zahl, die durch einen kleinen Einschnitt markiert wird, herab gefällt werden. Eine entsprechende Vorrichtung muß natürlich auch über der Steinarbeit angebracht werden, bevor die wichtigen horizontalen Stichmaße übertragen werden können (Abb. 126).

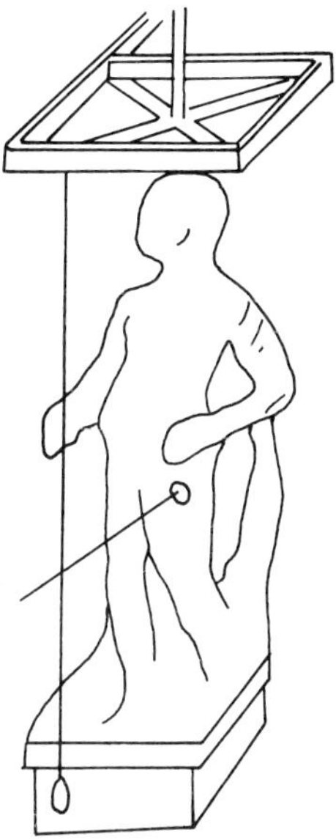

126 Meßverfahren mit dem Lot

3 Technik und künstlerische Methode Michelangelos und Rodins

Die Reliefbildung in der Antike

Bisher war nur von der Rundskulptur die Rede, deshalb müssen jetzt einige Verbindungen zur Gestaltung eines Reliefs hergestellt werden.

Da zu diesem Zweck ein Hauptjugendwerk Michelangelos, das Relief der »Centaurenschlacht«, betrachtet werden soll, gilt es zunächst, den Begriff des Reliefs zu sichern. Das italienische Wort *rilievo* sagt recht genau, daß es im Relief immer eine Grundebene, darauf bezogene Grade des Herausragens und schließlich wieder eine vordere begrenzende Ebene des Reliefs gibt. Adolf von Hildebrand und Alois Riegl sind nicht müde geworden, auf die Bedeutung gerade dieser vorderen Ebene zu verweisen. Denn auch wenn der Hintergrund des Reliefs verschieden tief ausfällt, die Figuren bleiben, da die höchsten Punkte des Reliefs alle in derselben Ebene liegen, *immer in der Einheit der Bildebene* gebunden. Alle antiken Reliefs und auch diejenigen des Mittelalters können innerhalb dieser allgemeinen Systematik begriffen werden. Dementsprechend ist der Aufbau auch vielfiguriger und vielschichter Reliefs (z. B. Parthenonfries) relativ leicht ablesbar. Alle einzelnen Figuren, die selber kraftvoll den Raum beherrschen, sind doch an die übergeordnete Potenz dieser vereinenden Bildebene gebunden und verlangen, ihr gemäß, entlang der Bildebene, gelesen zu werden. Im Unterschied zur Rundplastik ist im Bereich des Reliefs von der Antike an also immer eine strenge Systematik eingehalten worden. Nach der Aufzeichnung der jeweiligen Figuren auf der Steinplatte wurde der Umriß um sie herum mit der Grundfläche vertieft. Wenn in mehreren Schichten bis zum Grund vorgedrungen werden sollte, mußte jedesmal für eine folgende Schicht die Figurenzeichnung neu aufgetragen werden.

Mit der neuen und geschichtlich nicht ableitbaren Kategorie des Reliefs, wie sie der junge *Michelangelo* in seiner »Centaurenschlacht« (Abb. 127) erfunden hat, wird diese Tradition durchbrochen. Die bisherigen Begriffe zur Beschreibung eines *im Raum geschichteten Reliefs* versagen vor der verwirrenden Neuartigkeit der Reliefauffassung Michelangelos.

Ein mittelalterlicher oder antiker Bildhauer hätte Michelangelos Werk wohl als unfertig bezeichnet. Tatsächlich gibt es zum *»non finito«* von Michelangelo bis Rodin ja auch eine eigene Spezialliteratur. Bevor auf inhaltliche Bezüge eingegan-

127 Michelangelo Buonarroti, Centaurenschlacht. Um 1494. Marmor, 79 × 88 cm, Florenz, Casa Buonarroti

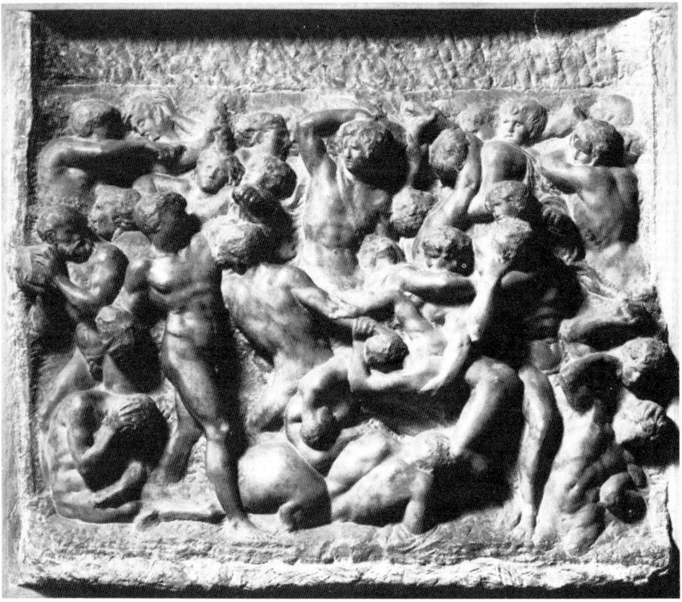

gen wird, gilt es daher, den Charakter seines Reliefs zu bestimmen.

Zunächst *sehen* wir, daß Michelangelo zwischen dem Felsigen *des »Grundes«* und der *Köpfe* und der *fein ausgearbeiteten Oberfläche der Figuren* eine Spannung setzt. *Das hatte es in der Geschichte der Kunst bisher noch nie gegeben, daß ein Bildhauer mit dem Werkzeug »Stoff« erscheinen läßt.* Die Rede vom Unfertigen muß deshalb in dem Augenblick enden, wo erkannt wird, daß die Spur des *Spitzeisens* (Grund, Haare) und der sich daraus ergebende felsige Charakter der Oberfläche von Michelangelo benutzt wird, um gegen und aus dieser Oberfläche heraus mit dem Zahneisen immer feiner *die Körper* zu umrunden, bis in das feinste Relief der Haut hinein. Der Reiz der verschiedenen Oberflächenstrukturen ist nicht um seiner selbst willen da, sondern er gehört zum Gehalt des Bildes. Das ungewohnte Nebeneinander der verschiedenen Meißelspuren ist nicht Willkür, sondern strenge Gesetzmäßigkeit, die überdies eine fast unglaubliche, naturhafte Sicherheit Michelangelos im Handwerk des Steinhauens erkennen läßt. Der Prozeß der Arbeitsschritte kann nicht Schicht um Schicht erfolgt sein, sondern Michelangelo muß in einem Zuge seine Figuren mit dem Spitzmeißel herausgearbeitet haben bis auf den Grund, bevor er mit dem feineren Netzwerk des Zahneisens die bewegten Leiber, ähnlich wie mit den Schraffursystemen seiner frühen Federzeichnungen, herauswölbte. Mit dieser neuen Weise der Meißelarbeit führt Michelangelo *das Runde als neuen plastischen Wert* und die neue Kategorie der *ins Runde gedrehten Figur* in die Kunst ein (vgl. M. Gosebruch, S. 51ff.).

Auguste Rodin ist der Bildhauer der neuen Zeit, der den epochalen Unterschied in der neuen Reliefbildung Michelangelos erkannt und für sein eigenes Werk nutzbar gemacht hat. Wie bei Michelangelo, so gibt es auch bei Rodin keinen Aufbau in bildebenenbezogenen Schichten mehr. Es gibt weder durchgehende plane Grundebenen noch Einheit gebende vordere

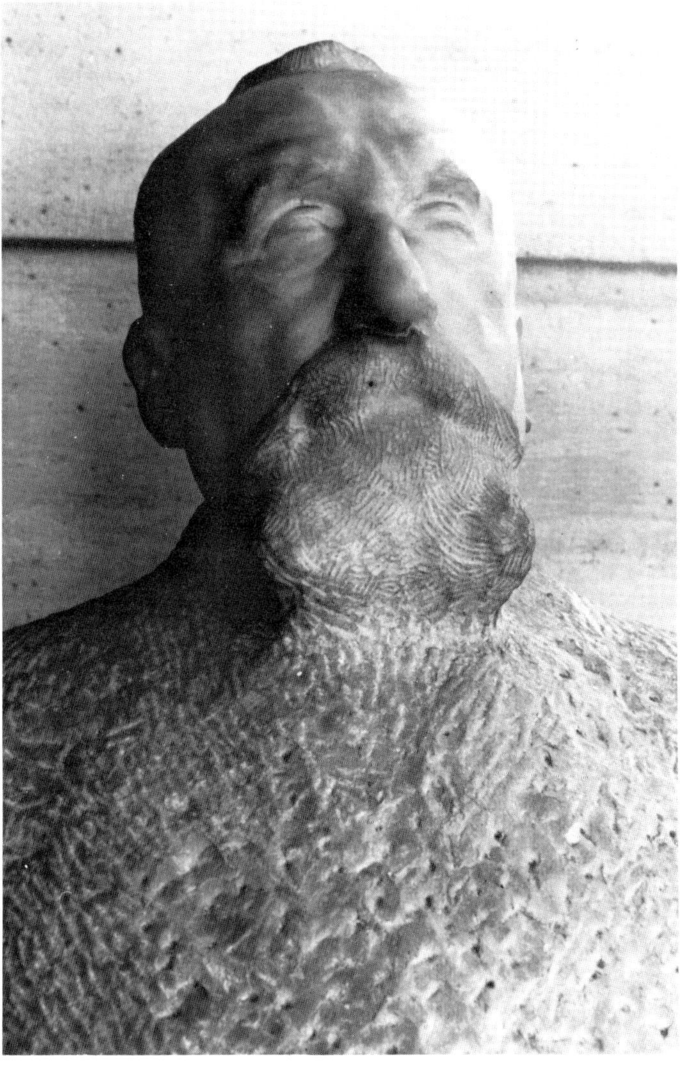

128 Auguste Rodin, Puvis de Chavannes. 1910. Marmor, Paris, Musée Rodin

Bildebenen. Dies gilt bei beiden Bildhauern für den Bereich der Reliefplastik und auch für das Gebiet der Vollplastik. Immer ist es den Figuren zu eigen, daß sie in je verschiedener Weise aus dem Grund herauswachsen. Und immer sind wir als Betrachter mit in den lebendigen Prozeß der Entstehung der allmählich aus dem Fels herausgebildeten Gestalten einbezogen. Aber gerade im Vergleichbaren läßt sich die Unterscheidung zwischen Michelangelo und Rodin treffen. Michelangelo sucht den Kontrast des felsig Groben und fein Geglätteten nie um des bloßen Reizes willen, während Rodin durch seine unglaubliche Sensibilität im Bewegen unterschiedlich geformter Oberflächen leicht zum Verführer wird. Statt der Anschauung und des Denkens fordert seine Kunst, bei aller Sinnlichkeit, vor allem den Tastsinn. Bevor wir die meisten seiner Gestalten sehen und über ihren Sinngehalt nachdenken können, sind wir schon dazu verführt, ihre Körper zu berühren und ihren Formen nachzuspüren (Beispiele: Danaide, Fugit Amor, Christus und Maria Magdalena u. a.). Aber selbst wenn das fein Durcharbeitete in einem so großen Gegensatz zum *absichtlich* felsig Belassenen steht, daß die Grenze zum Komisch-Merkwürdigen erreicht ist (Abb. 128), wird Rodin doch immer noch von der Anrufung Michelangelos getragen. Er ist auch dann noch der schärfste Gegner der Akademie und der Klassizisten, gegen deren verschönte und säuberlich geglättete Gestalten (Beispiel: J. L. David) er mit den von Michelangelo ererbten Waffen wirksam kämpft.

Die Ordnung der Figuren in der »Centaurenschlacht« Michelangelos

Bei Michelangelo finden wir diese Gefährdung der Bildeinheit nicht. Mit der Art des neuen Reliefs hat er auch eine neue Weise der Bildeinheit erfunden. »Herauswachsen« (Gosebruch) des Reliefs aus dem Grund in Einheit mit dem Inhaltlichen ist sowohl im ganzen als auch im einzelnen ein Mittel, *geordnete Einheit* in dem zunächst schwer durchschaubaren Zusammenhang der Gestalten zu erzeugen. (Nicht ableitbar ist die Ordnung des Bildfeldes aus dem verbalen Gegenstand, wie er uns in Ovids Metamorphosen XII 210–394 begegnet, den wir uns als »Vorgabe« für Michelangelo denken dürfen.)

Wir unterscheiden zunächst Zonen bestimmter Charakteristik. *Unten* ist die Zone des Bodens. Unten bedeutet in Michelangelos Relief Hinabsinken zur Erde im Sterben. *Mitte* zeigt das stärkste Anwachsen der Masse des Reliefs und entsprechend auch die stärkste Handlung. *Oben* sinkt das Relief wiederum und noch stärker zurück. Hier ist die Zone der fliehenden und klagenden Frauen.

Im zweiten Schritt sehen wir Zentren, in denen sich das Geschehen verdichtet. Die obere *Mitte* des Reliefs wird sieghaft beherrscht vom freiwerdenden Oberkörper des menschlichen Anteils eines Centauren, der wie ein antiker Feldherr von oben herab den Angriff eines Steinschleuderers abwehrt, der als einziger ganz frei gezeigt wird. Aus der *Drehung* heraus holt er Schwung, um sein Geschoß gegen den ihm Ebenbürtigen nach oben zu schleudern. Es ist kein Zufall, daß der sausende Feldstein von Michelangelo genau da gezeigt wird, wo der ebenfalls steinern *kugelig* geformte, gesichtslose Kopf des Hockenden kurz zuvor noch vorgestellt werden darf. Der Körpermächtigste, der in der Drehung die Schönheit seines Leibes offenbart, ist zugleich der rücksichtslos Kämpfende, der an dem Sterbenden vorbei nach vorn tritt. Es ist auch kein Zufall, daß genau oberhalb des auf der Erde Hockenden, der im Sterben *alle Glieder rund umschließend* an den Körper zurücknimmt, ein alter »Steinkämpfer« gezeigt wird. Es wäre nicht möglich, diesen *verdeckt* Kämpfenden gegen den *offen* Kämpfenden auszutauschen. Als der Schwächere und Ältere kämpft er aus dem Hinterhalt. In seinem ganzen Wesen vorsichtiger benutzt er den Leib des jungen Kämpfers als Bollwerk. Seinen kahlen Sokrates-Schädel mit den ingrimmig zusammengezogenen Augenbrauen zieht er zwischen den Schultern ein, die er, erfahren im Kampf, als Schutz vorschiebt, um dem Feind nicht seinen ganzen Leib als Angriffsfläche zu bieten. Schon diese drei Figuren in ihrer Ordnung, die keinerlei achsialer Verstrebungen bedarf, machen deutlich, daß innerhalb eines zunächst chaotisch wirkenden Durcheinanders jede Gestalt nach ihrem Wesen und ihrer Tat einen genauen Ort besitzt.

Eine besondere Rolle kommt in einem derart animalisch bewegten Relief dabei den *festigenden Eckpositionen* zu. Der sterbend in sich Versammelte in der linken unteren Ecke hatte unsere Aufmerksamkeit schon gefunden. In der Höhe entspricht ihm ein weit nach innen greifender Mann. Auf der Höhe der rechten oberen Ecke des Bildfeldes sehen wir ebenfalls eine in der Drehung agierende männliche Gestalt, an der man den *Anstieg des Reliefs aus dem Grund,* in Einheit mit der Handlung, besonders bewundern kann. Bis zur Kulminationsstelle in der Kuppe der Schulter wächst das Relief des Körpers an. In die Beuge des herabzielenden Ellenbogens ist die Kernform des kugeligen Kopfes eingeformt, die mit dem feinen Achsenkreuz aus Nasenlinie und Augenbrauenlinie, wie mit einem Präzisionsvisier, die Richtung des Schlagens regiert.

Mit der Drehung dieses Kämpfers auf knappstem Raum muß zusammengesehen werden, wie es jeweils unter ihm aufsteigt. Auffallend ist das *doppelte Hochgreifen* der Arme, die in ihrer Tat jedoch unterschieden werden. Oben sehen wir eine kurze, knappe Gebärde des mehrfachen Zuschlagens. Zugleich bildet der Unterarm des Schlagenden eine Bank für die gesteigerte Gebärde des oberen Kämpfers. Der untere Arm des sterbenden Centauren wehrt dagegen nur noch kraftlos ab. Der Kopf sinkt bereits sterbend hinab.

Ebenfalls ganz unten auf der Erde, und zwar präzise unterhalb des Feldherrn der Centauren, liegt der gebrochene Leib eines Pferdemenschen. Mit dem Ellenbogen genau in die Hüftfuge eingebettet, hängt der kugelige Kopf eines gefallenen Lapithen leblos baumelnd herab und teilt den Leib des Pferdemenschen in Hälften; in die eine tierische mit den mächtigen Hinterbacken und dem weggestreckten Pferdelauf und in die andere schmerzlich aufgestützte menschliche Hälfte. Schwerstes Sinken des Gewaltigen wird ausgesagt. Gewichte binden das Riesengewicht.

Oberhalb dieses gebrochenen Leibes im Bereich des Todes und *unterhalb* der triumphalen Erhöhung in der Gestalt des Feldherrn versucht ein *Mann* die vom Gegner zurückgehaltene *Frau* davonzuziehen. Zwischen den beiden Polen des Sieghaften und des Todes zeigt Michelangelo den *Kern und den Grund* des Geschehens, wie er so unverhüllt symbolisch seit der Kunst der Antike nicht gesehen worden ist: *Es ist der Kampf um die Schönheit. Es ist der Kampf der Männer um die Frau.* Weil allen bestimmt ist, einmal ins Dunkel zu gehen, streben alle danach, ins Licht zu treten im Wettstreit auf Leben und Tod. Seit Homers Ilias ist es so nicht gesagt worden, daß *Schönheit des nackten Leibes nichts anderes ist als die Lebendigkeit des Geistes.*

Denn daß die Kraft der Leiber Michelangelos nicht brutale Vitalität ist, sieht man jeder einzelnen Figur der »Centaurenschlacht« an. In einem besonderen Maß aber kann dies an der bedrohtesten Gestalt, der Frau, gesehen werden. Da, wo die Frau davongetragen wird, »wird gerade nicht der Körper in die Länge gezogen, spreizen sich nicht ... die Gliedmaßen nach außen ab, sondern der abgebeugte Körper konzentriert sich zweifach, und die Arme vereinigen sich, wie wenn sie zum Zentrum zurückzukehren trachteten, wie wenn nichts verloren gehen sollte« (M. Gosebruch, S. 68).

Diese Fähigkeit Michelangelos, das Sinnliche/Sittliche *in einem* zu geben, ist seine bis heute begreifbare Leistung. Michelangelos Zeitgenosse G. Vasari schreibt hierzu treffend in seinen Lebensbeschreibungen: »Dieses einzigartigen Menschen Absicht war es, auf nichts anderes seine Kunst zu lenken, als die vollkommene, in den Massen harmonisch stimmige Komposition mit der Grundeinheit des menschlichen Leibes, wobei dieser nicht nur in den verschiedensten Stellungen, sondern in einem mit den Bewegungen des Gemütes und den jeweiligen Zuständen der Seele vorgeführt werden sollte.«

Ausblick

Es ist gewiß, daß die Welt Michelangelos nicht mehr die unsere ist. Es ist schwerer geworden, künstlerische Werke hervorzubringen, denn der einzelne wird sich selten getragen finden von einer größeren Allgemeinheit. Aber gerade, wenn wir das Unvergleichliche des Vermögens und auch den Unterschied der Zeiten sehen, bleibt doch eine gemeinsame Aufgabe. Es wird entscheidend werden, ob wir die Hingabe an das eigene Hervorbringen verweigern oder ob wir trotz des Einblicks in die Not die Herausforderung zur künstlerischen Tat in unserer Zeit annehmen wollen.

Literaturhinweise

Beyer, W. Glasfaserverstärkte Kunststoffe. München 1959

Blümel, C.: Griechische Bildhauer an der Arbeit. Berlin 1943

Burkhart, W.: Polieren von Kunststoffen und Lacken. München 1959

Büsing, F. W./Schumann, C.: Der Portland-Cement. Berlin 1905

Deutsches Kupfer-Institut (DKI): Chemische Färbung von Kupfer und Kupferlegierungen. Berlin 1974

Gosebruch, M.: Zum Disegno des Michelangelo. Würzburg 1964

Goethe, J. W.: Propyläen zur Kunst. München 1962

Herbeck, A.: Der Marmor. München 1953

Hildebrand, A.: Das Problem der Form in der Bildenden Kunst. Straßburg 1893

Houwink, R./Stavermann, A. J.: Chemie und Technologie der Kunststoffe. Leipzig 1963

Jordan, O.: Das Kleben von Kunststoffen. München 1963

Jungblut, H.: Gießereitechnik I. Berlin 1951 (Sammlung Göschen)

Klee, P.: Die Fähre (10). Bamberg 1963

Moye, A.: Der Gips. Leipzig 1906

Moore, H.: Schriften und Skulpturen. Frankfurt a. M. 1959

Mörike, K./Mergenthaler, W.: Biologie des Menschen. Heidelberg 1959

Naumann, F.: Hundert Kniffe für den praktischen Former. 3. Aufl. München 1951

Nickel, H.: Entwicklungspsychologie des Kindes- und Jugendalters. Stuttgart 1975

Otto, W. F.: Das Wort der Antike. Darmstadt 1962

Riegl, A.: Spätrömische Kunstindustrie. Darmstadt 1973

Rilke, R. M.: Rodin. Frankfurt a. M. 1956

Rost, A.: Verarbeitungstechnik der Epoxyd-Gießharze. München 1963

Saechtling-Zebrowski: Kunststoff-Taschenbuch. München 1974

Schmidt, H.: Das Gießereiwesen in gemeinfaßlicher Darstellung. Düsseldorf 1953

Schmidt, H.: Die modernen Marmore und Alabaster. Leipzig 1897

Schulenburg, A.: Neuzeitliche Metallgießereien. Berlin 1955

Schulenburg, A.: Handbuch der Schmelz- und Legierungspraxis in der Metallgießerei. Berlin 1952

Sobotta, J./Becker, H.: Atlas der deskriptiven Anatomie des Menschen I. München 1957

Stegmann, C.: Handbuch der Bildnerkunst in ihrem ganzen Umfange. Weimar 1864

Uhlenhut, E.: Die Technik der Bildhauerei. Wien 1893

Vasari, G.: Lebensbeschreibungen der ausgezeichnetsten Maler, Bildhauer und Architekten der Renaissance. Berlin 1920

Bezugsquellenhinweise

Bei vielen Produkten für das Plastische Gestalten empfiehlt es sich wegen der hohen Transportkosten, auf ortsansässige

1. Baustoffirmen
2. Steinmetzbetriebe
3. Ziegeleien u.ä.

zurückzugreifen. Für ausgefallenere Stoffe, Werkzeuge und Geräte möchte die folgende Übersichtsliste als Hinweis dienen.

4. Hans W. Barbe, 6200 Wiesbaden/Schierstein
5. Bayer AG, Bayerwerk, 5090 Leverkusen
6. Brohltal, AG für Stein- und Tonindustrie, 5475 Burgbrohl (Koblenz)
7. Brown Boveri & Cie. AG., 6800 Mannheim
8. Büsing & Fasch KG, Postfach 129, 2900 Oldenburg
9. Ciba Geigy, 7867 Wehr
10. Eckart-Werke, Postfach 101, 8510 Fürth
11. Erbslöh & Co., Kaolinwerke, Geisenheim/Rh.
12. K. D. Feddersen & Co., 2000 Hamburg 11
13. A. J. Gasser, Westendstr. 15, 8000 München 12
14. Gerstäcker Verlag, Postfach 349, 5208 Eitorf/Sieg
15. G. E. Habichs & Söhne, Farbenfabriken, 3512 Reinhardshagen
16. F. Hoffmann & Söhne KG, Chemische Fabrik, 8858 Neuburg/Donau
17. Interglas-Textil GmbH, Postfach 619, 7900 Ulm
18. J. König & Co., Werkzeugfabrik, Wichhausstr. 8, 7500 Karlsruhe 41
19. Lehmann & Voss + Co., Alsterufer 19, 2000 Hamburg 36
20. Metallgesellschaft KG, Reuterweg 14, 6000 Frankfurt a.M. 1
21. Metallhütte C. Fahlbusch, Postfach 189, 7550 Rastatt
22. Nienburger Gelatine GmbH, Postfach 1610, 3070 Nienburg
23. H. Pontzen, Maschinenfabrik, Postfach 5042, 4000 Düsseldorf
24. Peroxyd-Chemie GmbH, 8023 Höllriegelskreuth
25. Quarzwerk GmbH, Postfach 1780, 5020 Frechen
26. F. W. Rosenbach, Lenneperstr. 62, 5630 Remscheid
27. G. Schmieder & Co., Steinindustrie- u. Handwerkerbedarf, Julius-Hölder-Str. 8, 7000 Stuttgart 70 (Degerloch)
28. G. Liegle & Co. GmbH, 7000 Stuttgart 30
29. Wacker Chemie GmbH, 8000 München 22
30. W. + W. Weidemann + Weg, Postfach 110, 7798 Pfullendorf

Die Ziffern hinter den aufgeführten Produkten verweisen auf die vorgenannten Firmen.

Kleines Lexikon der Werkstoffe und Materialien

Abbinden Wird Zement mit Wasser zu einem Brei verrührt, so erstarrt dieser nach einiger Zeit. Ist die *Erstarrung* so weit fortgeschritten, daß die Masse einem leichten Druck mit dem Fingernagel standhält, dann hat der Zement abgebunden. Die Zeit bis zu diesem Zeitpunkt nennt man *Bindezeit.* Wird das Abbinden durch allzu fleißiges Durcharbeiten des Zements gestört, so kann man den Zement leicht verflüssigen. Es tritt dann das sogenannte *Verrühren* ein. Der Zement bindet dann nur noch langsam oder überhaupt nicht mehr ab. Er erreicht auf keinen Fall mehr die Härte und Festigkeit, die er bei normalem Abbinden erreicht hätte.

Alabaster ist schneeweißer bis gelblich gefärbter Gipsstein, der für kleinere Bildhauerarbeiten und auch im Kunstgewerbe seit dem Altertum hoch geschätzt wird. Alabaster ist kein wissenschaftlicher, sondern ein technischer Begriff, der von den Bildhauern etwas willkürlich gebraucht wird. Gewöhnlich wird jeder harte körnige Gipsstein, der durchscheinend ist und *Carraramarmor* ähnlich sieht, als Alabaster bezeichnet. Die Ähnlichkeit mit Carraramarmor geht oft so weit, daß lediglich die Härteprobe (im Gegensatz zu Marmor kann Alabaster mit dem Fingernagel geritzt werden) den Unterschied erkennbar macht. Der körnige Gips (Alabaster) geht oft ins »Dichte« über. Das kristallinische Gefüge des *dichten Gipses* ist im Gegensatz zu dem kristallinischen Gefüge des *körnigen Gipses* nicht mehr mit bloßem Auge zu erkennen.

Antimon gleicht äußerlich den Metallen, aber in seinem chemischen Verhalten bildet es mit Phosphor und Arsen eine Gruppe. Es ist glänzend bläulichsilberweiß (spez. Gewicht 6,71); es schmilzt bei 630 °C. Hauptsächlich verwendet man Antimon zu Legierungen.

Armierung Biege-Zug-Verstärkung bruchgefährdeter plastischer Massen (Gips, Beton) durch festigende Einlagen.

Beschleuniger Unter einem Beschleuniger (Katalysator) versteht man einen Stoff, der eine chemische Reaktion auslöst bzw. ihren Verlauf bestimmt.

Beton Die Bezeichnung Beton ist ein sehr inhaltsreicher Sammelbegriff. Als Beton gilt Zementmörtel (Zement und Sand), der für Zementsteine (Kunststeine) verwendet wird, aber ebenso die Mischung aus Zuschlagstoffen verschiedenster Größe (Sand, Kies, Schotter usw.) und Zement.

Wegen der ausgezeichneten Eigenschaften der Zemente ist Beton der wohl wichtigste Baustoff im heutigen Baugewerbe (Mauern, Wölbungen, Decken, Gesimse, Röhren, Kanäle, Hochbauten, Wasserbauten usw.). Er besitzt eine außerordentlich starke Erhärtungsfähigkeit und erreicht in wenigen Tagen sowohl im Wasser wie an der Luft eine Festikeit, die mit vergleichbaren Stoffen nicht erreicht werden kann. Der Portlandzement-Beton übertrifft alle vergleichbar feinen Mörtel- oder Betonstoffe an Festigkeit, Wasserdichtigkeit und Haftfähigkeit am Stein. Beton ist durch höchste Widerstandsfähigkeit gegen äußere Einflüsse ausgezeichnet. Er übertrifft die Mehrzahl der natürlichen Gesteine an Wasserbeständigkeit.

Betonaußenflächen lassen jede Beschaffenheit zu, die wir von Natursteinen her kennen (z. B. rauh, gespitzt, körnig, glatt, geschliffen, poliert). Neben den aufgeführten Eigenschaften ist für das Plastische Gestalten besonders die leichte Formungsfähigkeit des Betons von ausschlaggebender Bedeutung.

Blei ist ein schweres (spez. Gew. 11,25–11,3) Metall, das sehr leicht zu verarbeiten ist. Es schmilzt bei 335 °C, siedet bei lebhafter Weißglut und verdampft. Diese Bleidämpfe sind sehr gesundheitsschädlich. In den Bleihütten ist die Bleivergiftung deshalb eine gefürchtete Krankheit. Gut ziehende Abzugsvorrichtungen und Flugstaubkammern sind bei bleiverarbeitenden Betrieben notwendig. Alle Bleiverbindungen sind, im Magensaft gelöst, mehr oder minder starke Gifte.

Bleilegierungen Als Legierungsmetall ist Blei für das Plastische Gestalten wichtig. Besonders die *Schriftmetalle* (10–19% Antimon und 2,5–10% Zinn) lassen sich gut vergießen und liefern scharfe Abgüsse. Die beste Vergießbarkeit hat *Linotypemetall* mit etwa 15% Antimon und 10% Zinn. Die Gießtemperatur soll etwa bei 285 ± 4 °C gehalten werden.

Duroplastische Kunststoffe sind starr und auch bei hohen Temperaturen nicht plastisch formbar. Sie entstehen aus der chemischen Reaktion fließbarer Vorprodukte zu räumlich eng miteinander vernetzten Makromolekülen. (Näheres: R. Houwink/A. I. Staverman).

Füllstoffe spielen bei der Verarbeitung von Polyester-Flüssigharzen eine wichtige Rolle. Quarzmehl, Talkum, Metallpulver u. ä. ermöglichen das Einsparen teurer Grundstoffe, setzen jedoch die mechanische Festigkeit der Endprodukte herab.

Gelatine ist ein sehr reiner, farb-, geruch- und geschmackloser natürlicher Leim.

Gips ist ein Mineral, ein wasserhaltiger, schwefelsaurer Kalk ($CaSO_4 + 2H_2O$ mit 32,55% Kalk, 46,52% Schwefelsäure und 20,93% Wasser). Neben außerordentlich vielfältiger Verwendung in der Medizin, in der Tonindustrie, in der Papierherstellung, im Baugewerbe usw. spielt der gebrannte Gips im Bereich des Plastischen Gestaltens eine überragende Rolle. Ausgangsmaterial für den gebrannten Gips ist der in der Natur in großer Menge vorkommende Gipsstein (Harz: Osterode, Illfeld), Ansbach, Tirol (Gröden, Salzburg), Oberitalien (Volterra), Schwäbisch Hall, Crailsheim am Jagst usw. Der gebrannte, das heißt durch Erhitzen entwässerte Gips hat die Fähigkeit, nach dem Anrühren mit Wasser (Löschen) zu erhärten. Guter, frisch gebrannter Gips erstarrt in wenigen Minuten unter leichter Erwärmung und dehnt sich dabei um ungefähr 1% aus. Hierauf beruht seine Anwendung zu Kunstgüssen und Abformen. Der Vorgang ist wiederholbar. Gelöschter und erhärteter Gips ist nach erneutem Brennen wieder wie frischer zu verwenden.

Zur Herstellung darf der rohe Gipsstein nicht über etwa 190° erhitzt werden, da er sonst totbrennt und beim Anrühren mit Wasser ungenügend oder gar nicht bindet. Derartiger Gips erstarrt oft erst nach Jahren. Bei Erhitzung auf 400–500° C wird der Gips hydraulisch; er bindet dann das Wasser zwar langsam (in Wochen), nimmt dabei aber größere Härte und Dichte als gewöhnlicher Gips an.

Der Grad der Härte, den der gebrannte Gips nach dem Anrühren mit Wasser erlangt, hängt zum Teil von der Beschaffenheit des ungebrannten Gipssteins und von dem Grad des Brennens ab. Zum Teil ist die Härte auch abhängig von der Menge des Wassers beim Anrühren. Nimmt man zuviel Wasser, so wird der Gips locker und porös. Für das Plastische Gestalten benutzt man schnellbindenden *Stuckgips* oder *Modellgips*, wie er in den Baugeschäften gehandelt wird. Die beste und feinste Sorte ist der *Alabastergips* aus den zur Bildhauerarbeit nicht mehr zureichenden Alabasterbruchstücken.

Glasfasern sind zu dünnen Fäden (Fasern) ausgezogenes Glas hoher Biegsamkeit und Festigkeit.

Haarrisse (Schwindrisse) sind feine Risse in der Oberfläche von Betongüssen. Sie verbleiben in der oberen Schicht und setzen sich nicht ins Innere fort. Ihre Entstehung wird vermieden, wenn die Oberflächenschicht eines Gußstücks statt aus reinem Zement aus einer Betonmischung (1 Raumteil Sand auf 1 Raumteil Zement) besteht. Eine Oberflächenschicht aus reinem Zement ist jedoch nur gegen Haarrisse anfällig, wenn sie Witterungseinflüssen ausgesetzt ist oder wenn der Beton zu rasch austrocknet und dadurch schwindet.

Härter sind Stoffe, deren Reaktion mit flüssigen Polyesterharzen den Prozeß der Härtung (Polymerisation) erlaubt.

Kollophonium ist gelbbraun, glasartig durchscheinend und wird in leicht zerreibbaren Brocken gehandelt. Es hat einen schwach terpentinartigen Geschmack, da es der Rückstand von der Gewinnung des Terpentinöls aus Terpentin ist.

Kunststoffe Entsprechend allgemeinen Definitionen umfaßt der Begriff organische Werkstoffe, die durch chemische Umwandlung von Naturprodukten oder durch Synthese aus chemisch aufgeschlossenen Primärprodukten von Kohle, Erdöl und ähnlichem hergestellt werden.

Laminieren Beim Laminieren werden im Wechsel mehrere Schichten zweier verschiedener Stoffe aufgetragen, die miteinander eine mechanische Verbindung hoher Festigkeit eingehen.

Lehm ist ein durch Quarz, Kalk und Eisen stark verunreinigter Ton.

Lunker sind Hohlräume im Gußstück. Ihre Entstehung beruht auf der Volumendifferenz zwischen flüssigem und erstarrtem Metall. Wenn an Knotenpunkten des Gußstücks eine größere Materialansammlung länger flüssig bleibt als das übrige Gußmaterial, entstehen Lunker. Deshalb strebt der Gießer eine kontinuierliche *»gerichtete Erstarrung«* des Gußmaterials an.

Messing ist eine Legierung von Kupfer und Zink. *Tombak* ist der veraltete Name für kupferreiche Legierungen bis etwa 30% Zinngehalt. Kupfer-Zinklegierungen mit anderen Zusätzen wie zum Beispiel Aluminium, Nickel, Eisen usw. werden als *Sondermessing* bezeichnet.

Paraffin ist eine wachsähnliche Substanz, die unter anderem aus Erdöl gewonnen wird. Die in Plattenform erhältlichen Paraffine des Handels sind farb-, geruch- und geschmacklos. Sie fühlen sich etwas schmierig an.

Polyester Ungestättigte Polyesterharze (Polyester) sind Reaktionsharze, die in verschiedener Form im Handel erhältlich sind. Unter dem Einfluß von Härtern bilden sie räumlich vernetzte Mischpolymerisate.

Roving Rovings sind Glasfaserstränge aus etwa 60 leicht gedrehten Fäden, die wiederum etwa 180 Elementarfäden enthalten.

Saugen Das Saugen ist dem Verziehen verwandt. Wenn die Wandung des Gußstücks unterschiedlich stark ist, bleibt das Erz an den dicksten Stellen länger flüssig und bestimmt so den Verlauf der Oberfläche. Die Oberfläche, die durch Berührung mit der wärmeableitenden Gußform früher erstarrt als das noch flüssige innere Metall, wird durch das später erfolgende Erstarren und Zusammenziehen des Metallinneren trichterförmig nach innen gezogen. Verziehen und Saugen können durch gleichmäßige Wandstärken und durch möglichst verlangsamte Abkühlung der Metalle verhindert werden.

Schwärze ist ein Anstrich der Negativform, der das Ankleben des Metalls an der Form verhindert. Er besteht im allgemeinen aus einem Gemenge von Graphitmehl, Ton und Wasser. *Schlichte* erfüllt in den Gießereien denselben Zweck. Sie enthält jedoch noch Schamotte als Zusatz.

Schwefelleber (Kaliumsulfid) eignet sich gut zur Patinierung von Bleigüssen. Die weißen, zerfließlichen Kristalle verfärben sich an der Luft. Der leberbraunen Farbe verdankt das Kaliumsulfid den volkstümlichen Namen Schwefelleber.

Schwinden nennt man die Veränderung des Volumens des Gießmaterials; bei Metallen meist Zusammenziehung beim Übergang vom flüssigen in den festen Zustand. Die Bestimmung der Schwindmaße der einzelnen Metalle ist besonders wichtig für alle industriellen Güter. Beim Figurenguß spielt sie jedoch ebenfalls eine Rolle, da Metalle und Metallegierungen mit hohem Schwindmaß keine scharfen Abgüsse ermöglichen. Ein Guß ist dann scharf, wenn selbst die feinsten Züge einer Gießform genau wiedergegeben werden. Das Schwindmaß hängt neben anderen Faktoren auch von der Gießtemperatur des Metalls ab. Je heißer gegossen wird, um so stärker ist das Schwinden. Wenn das Metall bedeutend über seinen Schmelzpunkt erhitzt ist, so zieht es sich schon durch die Abkühlung im flüssigen Zustand zusammen, außerdem durch das Erstarren und schließlich noch durch das Abkühlen in festem Zustand.

Siliconkautschuk ist ein Kunststoff, dessen chemisches Grundgerüst die beständige Silicium-Sauerstoffverbindung bildet (Verwandschaft mit Quarz und Glas). Die Grundsubstanz der Siliconkautschuke besteht aus langen Ketten sich abwechselnder Sauerstoff- und Siliciumatome. Diese Ketten werden bei der Vulkanisation so untereinander verknüpft, daß ein Netzwerk entsteht, das gummielastische Eigenschaften besitzt.

Spannbeton ist Stahlbeton mit besonders hoher Biegezugfestigkeit, da die Bewehrungen (aus hochwertigem Stahl), bevor sie mit Beton umgossen werden, künstlich gespannt werden. Er hat eine große Bedeutung in der Entwicklung der sogenannten Ingenieurbauten des 20. Jahrhundert.

Speckstein (Steatit) ist ein weiß-grünliches oder -gelbliches Mineral aus kieselsaurer Magnesia. Die vorkommenden Aggregate sind blättrig, schuppig oder dicht in ihrer Struktur. Bei blättrigen und schuppigen Stücken ist die Gefahr leichter Spaltbarkeit gegeben. Speckstein ist leicht bearbeitbar und hat einen matten Fettglanz.

Speiser Der Speiser ist die trichterförmige Öffnung der Form, durch die das Gußmaterial eingegossen wird.

Stahlbeton (Eisenbeton) ist ein Beton mit Einlagen (Armierungen) aus Baustahl, die so eingearbeitet sind, daß hohe Biegezugfestigkeit erreicht wird. Die Möglichkeit der Verbindung des Eisens mit Beton beruht auf drei Eigenschaften des Betons: 1. Er schützt das Eisen gegen Rost, falls es vollkommen von Beton bedeckt ist – 2. Beton haftet sehr fest am Eisen – 3. Die Ausdehnung des Eisens und Betons unter Temperatureinfluß ist nahezu gleich.

Stuck Die aus steifem Gipsbrei frei geformten Verzierungen an Decken und Wänden von Gebäuden nennt man nach dem Erstarren Stuck. Im Gegensatz zu gegossenem Stuckgips wird für Stuck kein reines Wasser zum Anmachen des Gipsbreis benutzt, sonder Leimwasser, das sowohl das langsamere Erhärten als auch die stärkere Härtung bewirkt. Zusätze von Kalkhydrat, die durch Aufnahme von Kohlensäure aus der Luft in kohlensauren Kalk umgesetzt werden, bewirken ebenfalls das Härten des Stucks. Die Verwendung des angetragenen Stucks reicht bis ins Altertum zurück (Vitruv, Plinius). Reiche Verwendung fand Stuck im Mittelalter, der Renaissance, dem Barock und Rokoko.

Thermoplastische Kunststoffe können, wiederholbar, bis zum Fließen erwärmt und durch Abkühlen wieder erhärtet werden. Das Formen der Thermoplaste beruht auf umkehrbaren Zustandsänderungen. Die vernetzten Makromoleküle (d. h. das Aufbauschema der Makromoleküle ist netzförmig) werden dadurch nicht verändert, außer wenn durch übermäßige Erhitzung der chemische Abbau verursacht wird.

Ton ist in seiner reinsten Form als *Porzellanerde* (Kaolin) ein wasserhaltiges Aluminiumsilikat bestimmter Zusammensetzung. In der Regel ist er das Verwitterungsprodukt von Gesteinen, die sich leicht in Kaolin umwandelnde *Silikate* in größerer Menge und sonstige Zersetzungsprodukte (z. B. Karbonate bei *Mergel*) als Gemenge enthalten. Ton ist in trockenem Zustand fein- oder groberdig und läßt sich leicht zerreiben. Im feuchten Zustand ist er in verschiedenem Grade geschmeidig und plastisch. Die unreineren Tone bezeichnet man nach dem Gefühl beim Anfassen als *mager,* die reinen als *fett.* Die Tone saugen begierig Wasser auf, das sie beim Trocknen wieder abgeben, wobei sie sehr stark schwinden. Besonders bei den fetten Tonen besteht die Gefahr des Reißens. Durch Magern mit *Schamotte* (gemahlener, schon gebrannter Ton) wird die Reißgefahr fetter Tone vermieden. Durch Brennen / Glühen werden die Tone hart, klingend und *schmelzen* je nach der Art der Bestandteile bei verschieden hoher Temperatur. (Reine Porzellanerde schmilzt nicht, sondern *sintert* nur zusammen.)

Topfzeit ist die Zeit, innerhalb der kalthärtende Kunststoffmassen verarbeitet werden können.

Vernetzende Polymerisation ist das wichtigste Verfahren der Kunststoffverarbeitung zum drucklosen Aushärten von Erzeugnissen aus ungesättigten Polyestern.

Verziehen Wenn ein Gußstück nach dem Guß in seinen verschiedenen Teilen ungleich stark abkühlt (bedingt durch verschiedene Dicke, Luftzutritt), so schwindet es unregelmäßig. Die Gestalt kann sich dann leicht verziehen oder verwerfen.

Verzögerer sind Stoffe, die Zerfallsprozesse flüssiger Polyesterharze verzögern und so eine längerfristige Lagerung der Harze ermöglichen.

Warnschicht ist die auf einem Tonmodell zuerst aufgetragene dünne Gipsschicht, die durch ihre auffallende Farbe die Nähe der Oberfläche des gegossenen Werkstücks anzeigt.

Windpfeife Als Windpfeifen bezeichnet man die Öffnungen der Gußform, aus denen die in der Form eingeschlossene Luft vor dem einfließenden Metall entweicht.

Ytong ist ein künstlicher Baustein. Als Rohstoffe dienen Quarzsand sowie Zement und Kalk als Bindemittel. Diese Mischung wird mit Wasser und einem Treibmittel als Porenbildner in quaderförmige Formen gegossen, die unter Dampf gehärtet werden. Die grauen, porösen, bimssteinähnlichen Bausteine besitzen ein geringes Gewicht und hohe Druckfestigkeit. Sie sind sehr feuerbeständig, unverrottbar, sehr leicht verarbeitbar und eignen sich hervorragend zur Wärmedämmung.

Zement ist ein bei Zusatz von Wasser erhärtender, in seiner Masse homogener (gleichartiger) Mörtelstoff. Er wird dadurch erzeugt, daß man eine innige, in bestimmten Verhältnissen zueinander hergestellte Mischung aus Kalk und Ton bis zur *Sinterung* (angehende Schmelzung der Rohmasse in der Weißglühhitze bei etwa 1500° C) brennt und danach bis zur Mehlfeinheit zerkleinert. Wichtigste Zementart ist der *Portlandzement* (PLZ). Sein Hauptbestandteil ist Kalk (60%). Dann folgen in absteigenden Mengen Kieselsäure (20–25%), Tonerde (5–10%), Eisenoxyd (2–6%). Dem für Bauten sehr geschätzten englischen Portlandstein, dessen Eigenschaften Joseph Aspdin bei seinen Versuchen (1824), einen hydraulischen Kalk zu erzeugen, nahezukommen suchte, verdankt der Portlandzement seinen Namen. Portlandzement bildet ein sich »scharf« anfühlendes Pulver von grünlich-grauer Farbe. Er hat ein sehr hohes spezifisches Gewicht (3,13–3,25). Das ist eine der Voraussetzungen, Zementmörtel von großer Dichte und Widerstandsfähigkeit zu liefern. Je nach Beschaffenheit der Rohmaterialien und ihrer chemischen Zusammensetzung bindet der Zement mehr oder weniger rasch ab. Die tonerdereichen Rohmaterialien geben im allgemeinen raschbindenden Zement *(Tonerdeschmelzzement)*, die kieselsäurereichen langsam bindenden Zement.

Zementmörtel ist ein homogenes (gleichartiges) Gemisch aus Zement, Sand und Wasser.

Ziselieren nennt man das Bearbeiten des Metalls mit Meißel, Feile, Polierwerkzeugen, Ziseliereisen (Bunzen) und Hammer zur letzten Vollendung der Oberflächen.

Zinnbronzen sind Legierungen aus Kupfer und Zinn mit Zinngehalten bis etwa 15%. Üblicherweise enthalten diese Legierungen etwas Phosphor zur günstigen Beeinflussung der Umwandlungsvorgänge. Mehrstofflegierungen enthalten Zink, bisweilen auch Blei. Man unterscheidet zwischen Knet- und Gußlegierungen. Knetlegierungen werden zu Blechen, Stangen und dergleichen verarbeitet. Gußlegierungen spielen in der Technik (Armaturen, Pumpengehäuse) und beim Kunstguß eine wichtige Rolle.

Sachregister

Buntpapier

Geschichte – Herstellung – Verwendung

Von Gabriele Grünebaum. 224 Seiten mit 24 farbigen und 74 einfarbigen Abbildungen, Zeittafel, Literaturhinweisen, Fachwort-ABC, Verzeichnis der Buntpapier-Sammlungen, Sachregister (Band 120)

Ton

Finden – Formen – Brennen

Von Angelika Hofmann. 168 Seiten mit 20 Farbfotos, 64 Schwarzweiß-Fotos und Zeichnungen, Literaturhinweisen (Band 115)

Werken mit Ton

Material – Technik – Gestaltung

Von Hans Neuhaus. 188 Seiten mit 25 farbigen und 143 einfarbigen Abbildungen, kleinem Lexikon der Fachbegriffe (Band 63)

»Ein Fachmann, der Anleitungen im Umgang mit der Töpferscheibe, in der Technik der Glasuren gibt. Die Verschiedenheit der Tone, Brenntemperaturen und der notwendigen Werkzeuge, kurzum das Wissen über Material und praktisches Arbeiten wird dargeboten, damit jedermann die Laientöpferei verstehen und ausüben kann.« *Süddeutsche Zeitung*

Gestalten mit Sand

Sandbilder – Sanduhren – Spielobjekte – Grafische, malerische und experimentelle Techniken – Mosaike – Sandreliefs – Sandplastiken – Sandsgraffiti u. a.

Von Ingeborg Kappler. 172 Seiten mit 21 farbigen und 121 einfarbigen Abbildungen, Literaturhinweisen (Band 179)

Puppen & Theater

Herstellung – Gestaltung – Spiel
Hand- und Stockpuppen, Flach- und Schattenfiguren, Marionetten und Masken

Von Kurt Schreiner. 275 Seiten mit 23 farbigen und 120 einfarbigen Abbildungen und Zeichnungen, kleinem Lexikon der Fachbegriffe, Literaturhinweisen, Verzeichnis der Institutionen, Fachverbände und deutschen Puppentheater (Band 94)

Masken und Maskierung

Kult, Kunst und Kosmetik

Von Ingeborg Ebeling. 272 Seiten mit 70 farbigen und 124 einfarbigen Abbildungen, Literaturhinweisen, Register (Band 153)